'정상인'의 정의 중 하나는 비현실과 현실을 구분하는 능력이다.
조만간 우리는 이 말을 새로 정의해야 할 것이다.

앨빈 토플러

250년 이상 동안 경제 성장의 근본적인 동인은 기술 혁신이었다.
이들 중 가장 중요한 것은
증기기관, 전기, 내연기관 등을 포함하는 범주다.
우리 시대의 가장 중요한 범용기술은 인공지능, 특히 기계 학습이다.
에릭 브린욜프손 & 앤드류 맥아피

여러분이 보는 것이 무엇인지 이해하고
무엇이 우주를 존재하게 하는지 궁금해하고, 호기심을 가져라.
스티븐 호킹

감수자 **김정이**

웹, 앱, 게임 등의 사용자 경험 디자인 측면의 연구에 관심이 많아, 이화여자대학교에서 정보디자인 전공 석사, 영상 미디어 전공 박사학위를 받았다. 현재 성결대학교 공과대학 미디어 소프트웨어 학과에서 조교수로 재직 중이며 웹, 애플리케이션 기획에 관련된 이론과 실무, 인간과 컴퓨터 상호작용에 관한 내용으로 학생들을 지도하고 있다. 앞으로 학생들이 사용자 경험에 최적화된 다양한 웹, 애플리케이션, 게임 등을 개발할 수 있는 자료를 제공하기 위해 노력 중이다. 최근에는 게임/가상현실 콘텐츠 기획 수업을 통해 학생들과 어떻게 하면 가상현실에서 게임 콘텐츠를 통해 인류와 사회의 발전에 기여할 수 있는 교육적 효과를 거둘 수 있을지 고민 중이다.

<元宇宙>
Metaverse by Zhao guodong、Yi huanghuang、Xu yuanzhong
Copyright © 2021, China Translation &Publishing House . All Rights Reserved.
Originally Published in China by China Translation &Publishing House
Korean rights arranged through CA-LINK International LLC (www.ca-link.cn) and EntersKorea Co., Ltd.

디지털 신세계
메타버스를 선점하라

디지털 신세계
메타버스를 선점하라

펴낸날 2022년 1월 20일 1판 1쇄

지은이_자오궈둥·이환환·쉬위엔중
옮긴이_정주은
감수자_김정이
펴낸이_김영선
책임교정_정아영
교정교열_이교숙, 남은영, 이라야
경영지원_최은정
디자인_바이텍스트
마케팅_신용천

펴낸곳 (주)다빈치하우스-미디어숲
주소 경기도 고양시 일산서구 고양대로632번길 60, 207호
전화 (02) 323-7234
팩스 (02) 323-0253
홈페이지 www.mfbook.co.kr
이메일 dhhard@naver.com (원고투고)
출판등록번호 제 2-2767호

값 18,800원
ISBN 979-11-5874-136-5 (03320)

앞으로 인류가 살아갈 가상 세계를 위한 새로운 경제 패러다임

디지털 신세계
메타버스를 선점하라

META
VERSE

자오궈둥 · 이환환 · 쉬위엔중 지음
정주은 옮김 김정이 감수

미디어숲

차례

추천사   • 12

서문 1 | 포스트휴먼 사회의 도래   • 15
서문 2 | 메타버스와 블록체인   • 31
서문 3 | 차세대 무선 인터넷, 메타버스   • 36
서문 4 | 메타버스를 알아야 하는 이유   • 40

머리말 | 경제학이 메타버스를 만나면   • 43

1장 다차원 가상 세계, 메타버스가 온다

로블록스의 창세기   • 62
무한한 가능성이 펼쳐지는 메타버스   • 71
문학과 예술 속의 메타버스   • 73
인터넷의 마지막 진화 형태   • 90

2장 메타버스 네이티브, M세대가 사는 법

메타버스의 시작을 함께한 M세대 · 98

M세대의 외침, 자아실현 · 102

서브컬처에 푹 빠진 M세대 · 105

상상하면 이루어지는 세상 · 108

3장 게임, 캄브리아기 대폭발

문명은 게임에서 시작되었다 · 114

게임을 통해 메타버스가 자란다 · 118

업스트림 산업 발전을 이끄는 게임 · 125

전통 산업의 디지털화는 메타버스에 답이 있다 · 137

4장 메타버스 경제학

가장 역동적이고 혁명적인 디지털 경제 · 153
전통 경제학의 가설과 규칙 뒤집기 · 158
메타버스 경제의 4대 요소 · 171
메타버스 경제의 4대 특징 · 185
메타버스 경제에서 중요한 디지털 화폐 · 197

5장 자치의 유토피아

미국 정부의 '부작위' vs 플랫폼 회사의 'Don't be evil' · 206
탈중앙화의 이상이 현실이 되다 · 213
2가지 관리 방식의 비교 · 217
악한 본성과 플랫폼의 부작위가 만났을 때 · 224
최적의 관리 방식을 찾아라 · 233

6장 메타버스의 초대륙을 선점하라

초대륙의 경계가 디지털 시장의 경계 · 238
메타버스를 위한 새로운 인프라 건설 · 242
2개의 초대륙, 훙멍과 이더리움 · 261
전통 산업의 초대륙, EOP · 270

7장 웜홀, 메타버스 사이를 자유롭게 유영하다

휴대전화의 평면 세상을 초월하다 · 281
단말기의 진보와 산업의 변혁 · 300
포스트휴먼 사회의 미래 · 316
메타버스에 올라탈 준비가 되었는가? · 323

맺음말 | 새로운 세상의 탄생 · 325

추천사

10년마다 새로운 기술 패러다임이 이전의 패러다임을 대체하고 완전히 새로운 사회 혁신과 진보를 이끌어 왔다. 우리는 2000년부터 2010년까지 PC 인터넷의 물결에 몸을 실었다. 2010년부터 2020년까지는 거침없는 기세로 밀어닥친 모바일 인터넷이 순식간에 전 세계를 집어삼켰다. 그리고 2021년 지금, 우리는 역사의 또 다른 갈림길에 서 있다. 앞으로 10년, 메타버스는 물리적 세계와 평행한 디지털 세계로서 모든 산업의 궁극적인 디지털 전환을 실현할 것이다. 메타버스가 가진 에너지는 모바일 인터넷을 훌쩍 뛰어넘을 만큼 어마어마하다. PC 인터넷, 모바일 인터넷을 놓친 당신이라면 메타버스만큼은 절대 놓치지 마라.

- 리이^{李錋} **51월드(51World) 창시자 겸 CEO**

뜨거운 관심이 집중된 메타버스에 관해 세 가지 포인트를 이야기하겠다. 포인트 하나, 현실 세계가 빠르게 디지털화되고 있다. 우리는 모두 디지털화행 특급 열차에 몸을 실었다. 포인트 둘, 디지털 가상 세계도 빠르게 현실화되고 있다. VR, AR, MR이 세상을 뒤집을 날이 머지않았다. 포인트 셋, 메타버스라는 생소한 존재를 이해하는 데, 이 책이 큰 도움을 줄 것이다.

- 류싱량^{劉興亮} **<세 가지 포인트**^{亮三点}**> 프로듀서, DCCI 인터넷 연구원 원장**

메타버스 광풍이 각계각층을 휩쓸며 열띤 토론을 일으켰다. 이 책은 그런 시대의 부름에 발맞춰 탄생했으며 현재 뜨겁게 진행되고 있는 논쟁에 보탬이 될 만한 관점을 제시한다. 이 책은 생태, 관리, 기반시설 등 여러 측면에서 메타버스를 설명하고 있다. 독자는 세 명의 공동저자가 이토록 생생하면서도 날카로운 통찰력의 언어로, 심장이 터질 듯한 기대감을 선사하는 메타버스를 보여준다는 데 놀라움을 금치 못할 것이다. 메타버스는 현재 실제로 존재하고 진행되고 있으며 향후 수십 년의 세계를 근본적으로 바꾸게 될 것이다. 단언컨대, 메타버스는 우리 눈앞까지 들이닥쳤다.

- 류즈양劉志陽 **상하이재경대학**上海財經大學 **교수**

어떤 상황에서도, 시공간이 어떻게 바뀌더라도, 암호화 예술(블록체인 예술), 메타버스 등의 인터넷 문화의 형태는 현실과 미래를 연결하고 비상한 생각과 방식으로 우주 공간과 긴밀히 소통해야 한다. 미래의 어느 순간, 디지털 세계의 슈퍼 에너지가 지금의 현실 구조와 개념을 모조리 뒤엎고 여태껏 한 번도 존재한 적 없는 무한한 형태로 변모시킬 것이다. 이 책은 메타버스를 여러 각도로 조명하고 있기에 깊이 음미하며 읽어볼 만하다. 현실 세계와 물리적 형태를 초월한 메타버스가 실현할 미래가 몹시 궁금하고 기대된다.

- 율리아 A. Yang 우크라이나 NFT 암호화 예술가

이 책은 기술, 경제학, 철학 측면에서 메타버스를 분석하고 새로운 관점들을 제시했다. 물리 세계에서 디지털화된 가상세계로 옮겨가고, 다시 가상세계에 대한 디지털화를 통해 현실 세계를 최적화하는 것, 이는 우리가 지금껏 노력해 온 분야이기도 하다. 메타버스는 디지털화의 다음 단계가 될 수 있을까? 그 과정에서 우리는 무엇에 힘써야 할까? 그 해답을 찾기 위해 우리는 이 책을 깊이 통찰하며 읽어봐야만 한다.

- **자오웨**趙越 **렌통즈왕커지**聯通智網科技 **주식회사 회장**

서문 1

포스트휴먼 사회의 도래

메타버스 돌풍을 일으킨 로블록스

1992년, 닐 스티븐슨Neal Stephenson의 SF 소설 『스노우 크래쉬』가 출간되자 평단과 독자들은 일제히 호평을 쏟아 냈다. 이 책은 현실 세계를 떠나 온라인 속 평행 세계를 경험한 사람들이 두 세계에 대해 느낀 바와 깨달은 바를 묘사한 소설이다. 그러나 작가는 물론이고 비평가들조차 그로부터 30년이 흐른 뒤에도 이 책에서 제기한 '메타버스Metaverse'라는 개념이 엄청난 충격파를 몰고 올 줄 예상치 못했다.[1]

2021년 3월 10일, 상징적인 사건이 발생한다. 바로 '메타버스'라는 개념을 처음으로 증권신고서에 써넣은 샌드박스 게임 플랫폼 로블록스^{Roblox}가 뉴욕증권거래소에 성공적으로 상장되어 상장 첫날 시가총액 400억 달러를 돌파하며 과학기술계와 자본시장을 뒤흔들었다. 곧이어 메타버스에 관한 글과 해설이 각종 매체에서 쏟아져 나와 학계, 과학기술계, 경제계, 기업계, 문화계, 심지어 정부 부처의 관심을 끌어내며 이른바 메타버스 돌풍을 일으켰다. 이런 현상을 어떻게 이해해야 할까? 메타버스를 어떻게 정의해야 할까?

메타버스에 관한 가장 대표적인 정의는 이러하다. '메타버스는 현실 세계에 평행하면서도 독립적인 가상 세계로, 현실 세계를 투영한 온라인 가상 세계이자 점점 진실해지는 디지털 가상 세계다.' 위키백과의 설명은 이보다 메타버스의 새로운 특징을 훨씬 더 잘 보여 준다. 즉 메타버스는 '가상적으로 향상된 물리적 현실과 물리적으로 영구적인 가상 공간이 융합되어 미래 인터넷을 기반으로 감각을 연결하고 공유하는 특징을 가진 3D 가상 공간'이다.

다시 말해 2021년에 말하는 메타버스의 의미는 이미 1992년 『스노우 크래쉬』에서 말한 메타버스보다 훨씬 광범위하다. 차세대 이동통신 5G, 6G, 지능형 웹(Web 3.0), AI 혁명, VR, AR, MR, 특히 게임 엔진을 포함한 가상현실 기술 분야에서 거둔 성과는 전통적인 물리적 세계에 평행한 홀로그램 디지털 세계를 구축할 수 있다는 가능성을 보여 주며 정보과학, 양자역학, 수학과 생명과학 등과 상호작용을 일으키고 과학의 패러다임을 바꿨다. 그뿐만 아니라 전통적인 철학, 사회학, 더 나아가 인문과학 체계에 새로운 진전을 촉진했다. 블록체인의 성과를 포함해 모든 수학 기술의 통합을 이뤄 냈으며,

16

디지털 경제 전환 모델을 다양화했고 DeFi(Decentralized Finance, 탈중앙화 금융), IPFS(InterPlanetary File System, 분산형 파일 시스템), NFT(Non-Fungible Token, 대체불가능한 토큰) 등 디지털 금융 성과를 융합시켰다.

현재 '가상 세계가 연결돼 이루어진 메타버스'는 장밋빛 미래가 약속된, 방대한 분야에 걸쳐 영향을 미치는 투자 주제로 여겨지고 있으며, 디지털 경제 혁신과 산업 가치 사슬의 새 지평을 열었다고 생각된다. 이뿐만이 아니다. 메타버스는 인류가 궁극적 형태의 디지털 사회로 발전하는 데 새로운 길을 제시했으며, '포스트휴먼 사회' 와 포괄적인 교집합을 형성해 대항해 시대, 산업혁명 시대, 우주항해 시대와 같은 역사적 의의를 지닐 새로운 시대를 보여 줬다.

메타버스를 이루는 7개 층
'우주' 탐구의 기원은 인류 문명 초기로 거슬러 올라간다. 기원전 450년, 고대 그리스의 철학자 레우키포스Leukippos는 밀레토스Miletus에서 아브데라Abdera로 가는 길에 『대우주론The Great Cosmology』을 썼다. 그 뒤를 이어 레우키포스의 제자 데모크리토스Democritos는 『소우주론The Little Cosmology』을 지었다. 스승과 제자 사이였던 이 두 사람이 고전 원자론과 우주학의 기초를 다졌다.

인류가 가치관, 인문사상, 기술적 틀, 경제체제에 '우주'에 대한 인지까지 하나로 융합하자 특수한 이념이 부여된 '우주'는 '메타버스'로 재탄생했다. 이런 의미에서 '메타버스'는 역사적으로 세 단계를 거친 것으로 볼 수 있다.

1단계: 문학, 예술, 종교를 매개체로 한 고전적 형태의 메타버스
다. 서양의 『성경』, 단테의 『신곡』, 심지어 다빈치의 〈모나리자〉, 바
흐의 종교음악까지 모두 1단계 메타버스에 속한다. 단테의 『신곡』은
모진 삶에 지친 인류의 영혼이 머무는 곳, 즉 '폐쇄된 완전무결한 우
주'에 대한 상상을 내포하고 있다. 한편 중국의 『서유기西遊記』는 동양
적인 메타버스를 그려 낸다.

2단계: SF와 전자오락 형태를 매개로 한 신고전 메타버스다.
가장 대표적인 작품은 200년 전 메리 셸리Mary Shelley가 쓴 SF 소
설 『프랑켄슈타인Frankenstein』과 J. K. 롤링J. K. Rowling의 『해리 포터
Harry Potter』다. 1996년, 3차원 가상 공간을 모델링하기 위한 언어인
VRMLVirtual Reality Modeling Language로 구축한 사이버타운Cybertown은 신
고전 메타버스의 중요한 이정표다. 그러나 가장 대표적이면서도 엄
청난 충격을 선사한 것을 꼽으라면, 단연 1999년 전 세계 극장가를
강타한 영화 〈매트릭스The Matrix〉일 것이다. 얼핏 보아서는 우리가
사는 세계와 다를 바 없어 보이는 현실 세계가 사실은 '매트릭스'라
고 불리는 컴퓨터 인공지능 시스템에 의해 지배당하고 있다는 내용
이다.

3단계: '분산화' 게임을 매개로 한, 고도로 지능화된 형태의 메타
버스다. 2003년 미국 인터넷 회사 린든 랩Linden Lab이 Open 3D에
기반한 '세컨드 라이프Second Life'를 출시한 것은 상징적인 사건이다.
이후 2006년 로블록스는 가상 세계, 캐주얼게임, 사용자 제작 콘텐

츠를 융합한 게임인 로블록스를 출시했다. 2009년에는 스웨덴의 모장 스튜디오Mojang Studios가 마인크래프트Minecraft 게임을 출시했다. 2019년 페이스북Facebook은 소셜 VR 플랫폼인 '페이스북 호라이즌 Facebook Horizon'을 발표했다. 2020년, 이더리움 블록체인을 기반으로 사용자가 가상 자산을 소유하거나 운용할 수 있도록 지원하는 메타버스 플랫폼인 디센트럴랜드Decentraland가 3단계 메타버스의 중요한 역사적 연결 포인트가 되었다.

메타버스는 게임에서 비롯되었으나 현재 게임을 뛰어넘어 3단계 중후반기로 들어서고 있다. 일단 게임을 중심으로 한 메타버스 인프라와 틀이 성숙 단계에 접어들었다. 한편, 게임과 현실의 경계가 흐려지기 시작했다. 크리에이터는 초기 플레이어일 뿐 소유자가 아니며, 메타버스 속 규칙은 커뮤니티 유저가 스스로 정한다.

로블록스 CEO인 데이비드 바스주키David Baszucki는 메타버스의 기본적인 특징 8개로, 정체성Identity, 친구Friends, 몰입감Immersive, 저마찰 Low Friction, 다양성Variety, 어디서나Anywhere, 경제Economy, 문명Civility을 제시했다.

바스주키의 기준에 따르면, '메타버스=창조+오락+전시+소셜라이징+거래'로 사람들은 메타버스 속에서 몰입감 강한 경험을 할 수 있다.

메타버스는 현재 특유의 구조를 만들어 가고 있다. 비머블Beamable 의 CEO 존 래도프Jon Radoff도 메타버스를 이루는 7개 층으로 경험 Experience, 발견Discovery, 창작자 경제Creator Economy, 공간 컴퓨팅Spatial

Computing, 탈중앙화Decentralization, 인간-기계 인터페이스, 사회기반시설Infrastructure을 제시했다.

2020년, 전 세계가 코로나19로 고통받는 상황에서 다음 몇 가지 대표적인 사건들이 메타버스에 대한 기대를 증폭시켰다.

1. **가상 콘서트:** 미국의 유명 가수 트래비스 스콧Travis Scott은 '포트나이트Fortnite' 게임 속에서 가상 콘서트를 개최했는데 전 세계 게임 유저 1,230만 명이 가상 콘서트를 관람했다.

2. **가상 교육:** 샌드박스 게임 '마인크래프트'와 로블록스가 학부모들이 가상 공간에서 자녀들을 위해 생일파티를 열 수 있게 했다.

3. **가상 금융:** CNBC는 메타버스의 부동산 투자 열풍을 보도했다. 메타버스에 투자하는 자산펀드가 설립돼 메타버스 자산과 자원을 다각도로 가상화하는 모델이 구축되고 있다.

4. **가상 학술 활동:** 세계적인 AI 학술회의 ACAIAnimal Crossing Artificial Intelligence Workshop가 Animal Crossing Society에서 개최됐다.

5. **가상 창작:** 로블록스는 게임 생태계 전체에 영향을 미쳤다. 월간 활성 사용자 1억 명 이상을 불러 모아 1,800만 개 이상의 게임 경험을 창조했다.

이대로 가면 머지않아 시공간에 상관없이 정체성을 바꿔 현실과 가상 세계를 오가며 가상의 공간과 시간의 접점이 만들어낸 메타버스로 들어가 그곳에서 학업, 업무, 소셜 네트워킹, 쇼핑, 여행을 즐길 날이 도래할 것이다. 현재의 상상력만으로는 이러한 경제 시스템, 사회 시스템, 사회 생태계를 구축하는 것이 몹시 힘들 듯하다.

메타버스를 지원하는 기술

2021년은 메타버스 원년이라 불러도 무방하다. 메타버스는 상상을 초월하는 폭발성을 보인다. 그 이면에는 메타버스 관련 요소의 '임계질량Critical mass'이 존재하는데 이는 1995년 인터넷이 겪은 '임계질량'과 비슷하다. 메타버스를 제대로 이해하려면 기술을 이해해야 한다. 기술적 측면에서 보면, 메타버스는 콘텐츠 시스템, 블록체인 시스템, 디스플레이 시스템, 오퍼레이팅 시스템이 융합돼 있으며 최종적으로는 스크린의 한계를 뛰어넘어 3D로 구현된다. 또한 메타버스는 PC 시대, 모바일 시대의 뒤를 잇는 홀로그램 플랫폼 시대를 상징한다. 메타버스를 지원하는 기술군은 크게 5가지로 나뉜다.

1. **네트워크와 알고리즘 기술:** 공간 및 위치 인식 알고리즘, 가상 시나리오 맞춤 알고리즘, 실시간 네트워크 전송, GPU 서버, 에지 컴퓨팅Edge Computing 등이 포함되며 비용과 데이터 처리 시간을 줄일 수 있다.

2. **인공지능**

3. **전자게임 기술:** 게임 프로그램 코드와 자원(이미지, 음성, 애니메이션)을 지원하는 게임 엔진 등을 이른다.

4. **디스플레이 기술:** VR(가상현실), AR(증강현실), MR(혼합현실), 특히 XR(확장현실)이 있는데 지속적인 기술 향상으로 몰입경험을 단계적으로 높이고 감각의 상호작용을 심화한다.

5. **블록체인 기술:** 스마트 계약Smart Contract을 통해 탈중앙화된 결제 및 정산 플랫폼과 가치 전달 메커니즘으로 가치 귀속 및 유동을 보장하고 경제 시스템 운행의 안정성, 효율성, 투명성, 확정성을 확보한다.

메타버스를 안정적으로 지원하는 '하드웨어 기술'로는 컴퓨터, 네트워크 장비, 집적회로, 통신 모듈, 신형 디스플레이 시스템, 혼합현실 기기, 정밀 자유곡면 광학 시스템, 고화소 고해상도 카메라 등이 있다. 2021년, VR 기기 제조업체 오큘러스^{Oculus}의 최신 VR 제품 판매량이 계속해서 예상치를 뛰어넘어 다시금 가상현실에 대한 시장의 기대에 불을 붙였다. 메타버스가 형성한 산업 가치 사슬은 마이크로 및 나노 가공 산업, 하이테크 제조업, 고정밀지도 제작, 광학 제조(회절성 웨이브가이드 렌지, Micro-LED와 칩 제조 등)를 포함해 관련 소프트웨어 산업까지 포괄한다.

메타버스의 네이티브

현재 차근차근 형태를 갖춰 가는, 심지어 '빅뱅'이 머잖은 메타버스를 보고 있자면 메타버스의 주체가 무엇인지, 즉 메타버스의 네이티브가 누구인지 짚고 넘어가지 않을 수 없다.

메타버스 초기, 현실 세계 속 사람들은 디지털 매핑 방식으로 가상 정체성을 얻고 디지털화를 통해 실제 사람의 생리적 존재, 문화적 존재, 심리적 존재, 정신적 존재의 가상화 세팅을 실현해 메타버스 속 1세대 가상 네이티브가 되었다. 이 네이티브들은 실존 인물이자 가상 인물로 두 가지 정체성을 가지고 있으며 자체 학습능력까지 있어 메타버스 속에서 상호작용하고 소통할 수 있다. 몇 년 전 개봉한 〈블레이드 러너 2049〉는 사이보그, 안드로이드, 가상 인간, 인공지능 홀로그램, 그리고 다양한 성격과 기능, 지식, 경험 등을 지닌 채로 태어난, '미래의 인류'를 보여 준다.

단언컨대 미래 메타버스의 구성원은 매우 다양할 것이고, 〈블레이드 러너 2049〉 속 사회보다 훨씬 복잡할 것이다. 개개인은 다수의 복합적 정체성을 가질 것이고 끝이 없는 무한한 생명을 누릴 것이다.

메타버스의 본질이 '정보 블록'이라고 한다면, '정보의 시각으로 본 생명'은 무엇인가? 인공지능 홀로그램, 안드로이드, 그리고 가상 인간이라면 정보로 이루어진 네트워크를 상상하는 데 아무런 무리가 없을 것이다.

메타버스의 주체인 인간, 사이보그, 안드로이드, 가상 인간, 인공지능 홀로그램은 궁극적으로 유기체와 무기체로 변해 인공지능과 유전공학의 결합으로 만들어진 신인류, 이른바 '포스트휴먼 Posthuman'이 된다. 사실 지난 30~40년 동안, '포스트휴먼' 문제에 관심을 가진 일부 학자들은 이미 연구에 착수했다.

미국의 포스트모더니스트 도나 해러웨이Donna Haraway는 「사이보그 선언: 20세기 말 과학, 기술, 그리고 사회주의-페미니즘A Cyborg Manifesto: Science, Technology, and Socialist-Feminism in the Late Twentieth Century」을 발표해 포스트휴먼을 '사이보그'라고 명명했다. 사이보그는 미래에 생물체와 로봇 사이를 오가는, 가상과 현실 사이의 신인류다.

미국의 미래학자 레이 커즈와일Ray Kurzweil은 1986년에 출판한 『지적 기계의 시대The age of Intelligent Machines』에서 인류 사회의 진화 개념을 여섯 시기로 나눠 설명했다.

제1기는 물리와 화학, 제2기는 생물과 DNA, 제3기는 뇌, 제4기는 기술, 제5기는 인간지능과 기술의 융합, 제6기는 우주의 각성이다. 이 단계에서 기존의 인류는 비생물 인류, 다시 말해 몸의 절반이 로봇인 상태가 되어 3.0버전의 신인류로 업그레이드되고 우주는 결국 특이점(Singularity, 인공지능이 비약적으로 발전해 인간의 지능을 뛰어넘는 기점)이라는 운명을 맞이하게 된다.

미국 사회학자 프랜시스 후쿠야마Francis Fukuyama는 그의 저서 『부자의 유전자 가난한 자의 유전자Our Posthuman Future: Consequences of the Biotechnology Revolution』에서 현대의 바이오테크놀로지가 가진 가장 큰 위험성으로 인류의 본성을 수정하고, 더 나아가 그것을 변화시킬 수도 있다는 점을 들었다.

> "결국 인류의 본성은 바이오테크놀로지에 의해 텅 비게 되어 우리를 포스트휴먼의 역사 시대로 이끌 것이다."

현재 현실 인간과 그들이 창조한 가상 인간은 새로운 사회적 관계를 맺고 감정적 연대를 쌓아 가면서 메타버스의 경계를 넓히는 선구자가 되어 가상의 신대륙에 '포스트휴먼 사회'를 건설하고 있다.

여기서 우리가 주목해야 할 점이 있다. 1990년을 전후해 태어난 'Y세대'는 태어나면서부터 메신저, 온라인 게임, 클라우드 컴퓨팅을 자연스럽게 받아들였으며 삶의 '경험'에 큰 의미를 두었다. 또한 현실 세계와 가상 세계에서 동시에 살아가는 1세대로 욜로You Only Live Once 문화를 일으켰다. 반면 2010년 이후에 태어난 세대는 인류 역사상 처음으로, 태어나는 순간부터 첨단 과학기술과 상호작용하면서 날로 발전하는 과학기술을 자신의 삶 속에 녹여낸 디지털 네이티브이자 훗날 완전한 의미의 '메타버스 네이티브'가 될 존재들로, 이미 메타버스 구축에 참여하기 시작했으며 메타버스를 고차원으로 끌어올리기 위해 역동적으로 활동하고 있다.

'포스트휴먼 사회'의 형성 과정을 생명 형태의 변화 측면에서 설명할 수도 있다. 즉 '탄소생명체Carbon-based life'에서 '규소생명체Silicon-based life'로 변하는 과정이다. 이 과정에는 시종일관 2가지 변천이 존재한다. 하나는 생물학적, 정보론적, 기술적 변천이고 다른 하나는 윤리적, 문화적, 사회적 변천이다. 이 2가지 변천의 끝과 관련해서는 기대와 우려가 뒤섞여 있다. 일각에서는 향후 과학연구, 예술, 교육, 개발, 디자인을 비롯해 90%가 넘는 인류 활동이 메타버스에서 이뤄질 것이라고 주장한다.[2] 따라서 '메타버스' 모델의 위험성 평가에 관한 토론이 하루 빨리 이뤄져야 할 것이다.

바야흐로 메타버스의 시대

메타버스 시대의 도래는 미래형이 아니라 현재진행형이다. 따라서 일련의 새로운 문제들을 시급히 살펴봐야 한다.

하나, 메타버스의 가치 지향(Value Orientation, 행위나 태도의 선택을 가치 기준에 두는 행위의 방향성), 제도, 질서를 어떻게 정비할 것인가? 현실 세계의 인류는 매우 다양한, 심지어 서로 대립하는 가치 지향과 서로 다른 신념을 가지고 있다. 특히 종교적 신념은 매우 다양하다. 그래서 메타버스는 다수의 매우 도전적인 과제에 직면할 것이다. 예를 들어 이런 것들이다. '제도'는 어떻게 설계할 것인가? 제도를 설계할 때 자유, 주권, 정의, 평등 등의 원칙을 지켜야 하는가? 메타버스 내 질서와 운행 규칙은 어떻게 정할 것인가? 메타버스 헌장은 무엇으로 정할 것인가? 이런 문제들은 '메타버스 문명 구조를 떠받칠 체계를 어떻게 확정할 것인가?'로 간단히 정리할 수 있다.

둘, 경제 규칙은 어떻게 정할 것인가? 메타버스에는 인류가 겪은 농경사회와 산업사회가 존재하지 않고 현실 세계의 전통적인 산업 구조도 존재하지 않는다. 메타버스에서는 '관념경제'가 경제 활동의 기본 형태가 될 것이며 금융 화폐의 자연적인 형태는 귀금속이 아닌, 가상의 화폐가 될 것이다. 이제 막 밑그림을 그리고 있는 메타버스 경제체제는 각종 가상화폐를 비롯한 디지털 경제의 혁신적 성과를 그대로 적용하고 실험할 수 있으며, 협력 경제와 공유 경제, 그리고 포용 금융(Financial Inclusion, 금융 소외계층에게 금융 접근성을 높여 취약 가구나 기업에 기회를 확장해 주는 것)을 시험해 현실 세계에서는 불가능에 가까운 '빈부격차 해소'를 실현할 수도 있을 것이다.

셋, 독점 문제는 어떻게 해결할 것인가? 메타버스에서는 소수에 의한 독점이 원초적으로 불가능하다. 인덱스 벤처스Index Ventures의 공동 창업자이자 로블록스의 이사인 닐 라이머Neil Rimer는 메타버스의 힘은 회사가 아닌 이용자에게서 나온다고 했다. 그 어떤 회사도 단독으로 메타버스를 구축할 수는 없으며 여러 분야의 역량을 하나로 모아야 한다. 에픽게임즈Epic Games CEO 팀 스위니Tim Sweeney도 메타버스의 중요한 특징으로 어느 한 거대기업이 아니라 수백만 명이 함께 만든 결정체라는 점을 꼽았다. 이용자들은 콘텐츠 제작, 프로그래밍, 게임 디자인 등으로 메타버스에 기여하고 다른 방식으로도 메타버스의 가치를 높일 수 있다.

넷, 메타버스의 패권주의와 메타버스 사이의 충돌을 어떻게 막을 것인가? 메타버스는 단 '한 개'가 아니다. 앞으로 새로운 '메타버스'가 끊임없이 쏟아져 나와 마치 태양계와 은하계처럼 다원화된 메타버스 체계를 형성할 것이다. 또한 메타버스는 개방적이다. 어떤 메타버스에 속해 있든, 동시에 다양한 메타버스에서 활동할 수 있다. 메타버스도 진화한다. 이런 상황에서는 모든 메타버스가 평화롭게 공존할 수 있는 규칙을 정해 인류를 두려움에 떨게 한 '스타워즈'의 발발 가능성을 원천 봉쇄해야 한다.

다섯, 현실 세계와 메타버스 사이의 긍정적인 상호작용을 유지할 방법은 무엇인가? 메타버스로 인해 현실 세계와 가상 세계에 동시에 머무를 수 있게 되면, 인류의 신경을 통한 감지가 확대되고 의식이 확장될 것이다. 메타버스는 현실 세계와의 상호작용 속에서 발전해야 한다. 그리하여 좁게는 이념, 기술에서 넓게는 문화에 이르기까지 현실 세계와 가상 세계가 상호보완하고 균형을 이뤄 새로운 문명의 생태계를 형성해야 한다.

메타버스 초기 단계에서 현실과 가상 세계의 상호작용이 이루어지는 방식을 보면, 인류가 끊임없이 정체성을 바꾸거나 가상 컴퓨터와 오라클 머신(Oracle Machine, 판정 문제를 연구하는 데 사용되는 추상 기계)을 기술적 매개로 해서 이루어진다. 만약 인류와 그들의 가상 생명체가 메타버스에서의 사회활동과 생활방식에서 더 큰 행복감을 느낀다면, 이러한 느낌과 경험을 현실 세계로 끌어올 테고, 이는 곧 현실 세계에 긍정적 변화를 일으키고 인류 공동체 이념을 깊이 인식하는 데 도움을 줄 것이다.

여섯, 메타버스 구축에 참여하는 자본과 정부, 대중의 역할을 고민해야 한다. 메타버스를 구축하는 과정에서 정부와 자본, 대중은 각자 맡은 역할이 있다. 초기에는 정부의 역할이 매우 중요하다. 2021년 5월 18일, 한국은 여러 기업으로 구성된 '메타버스 얼라이언스' 출범식을 개최했다. '메타버스 얼라이언스'를 출범시킨 목적은 통일적인 국가 차원의 VR, AR 플랫폼을 마련하고, 가상 환경에서의 도덕과 법률 규범을 정리하며, 단일 거대기업의 메타버스 공간 독점을 방지하고 가상 서비스를 새로운 공공재로 만들기 위해서였다. 한국이 구상한 '메타버스 얼라이언스'는 시사하는 바가 크므로 계속 주시하면서 배워야 한다.

사실 위에서 언급한 문제들은 현재 '인류'의 사고방식에서 크게 벗어나거나 뛰어넘은 것들은 아니다. 완전히 새로운 형태의 메타버스 사고 패러다임에 따르면, 일단 형성된 메타버스는 자체적인 생명력과 자기조율 능력을 비롯해서 스스로 변화하는 내재적 힘을 지니게 될 것이다.

지금까지의 주요 개념과 가치관이 전복된다
인류가 메타버스의 형성과 발전에 주목하고 참여하는 과정에서 전통적인 생명, 시공간, 에너지, 집단, 경제에 대한 개념과 가치관이 모두 변하고 뒤집힌다. 이는 철학, 심지어 윤리학까지 건드린다.

왜냐하면 메타버스는 선험지식, 존재와 존재주의, 경험주의, 이원론, 언어 본질, 초현실주의, 1차원 등 기본적인 철학 개념을 다시 생각해 보게 한 뒤, 다음에서 언급할 철학자들이 제시한 철학적 인식에 영향을 미치기 때문이다.

첫 번째는 데카르트René Descartes의 이원론이다. 데카르트는 정신과 신체가 각기 다른 실체가 있다고 보고 정신과 신체를 지배하는 보편적인 법칙이 존재하냐는 문제를 제기했다. 메타버스 세계에서는 정신과 신체가 하나로 겹쳐져 '나는 생각한다. 고로 나는 존재한다.'라는 명제를 완벽하게 실현한다. 인식론적 의의에서만 세계가 주체에 의존한다. 또는 주체가 세계의 성질을 구성한다고 할 수 있다.

두 번째는 사르트르Jean Paul Sartre의 '존재'와 '무無'의 관계다. 사르트르의 대표작인 『존재와 무』는 '물질과 정신'의 이원성을 '존재와 무'의 이원성으로 대체해, 인간이 무에 둘러싸여 있으며 무가 바로 인간의 진실한 존재로, 인간은 결국 비존재에 의해 제약된다고 주장했다. 그래서 인간은 곧 무이자, 모든 무의 근원이다. 메타버스의 본질에서 존재와 무의 진정한 '관계'와 '통일'을 실현했다.

세 번째는 미셸 푸코Michel Foucault의 '인간은 무엇이어야 하는가'이다. 푸코의 『말과 사물』에 따르면 18세기 말 이전에는 '인간'이 존재하지 않았다. '인간'은 최근의 산물이자 현대 에피스테메(Épistémè, 인식체계)의 산물이다. 그래서 『말과 사물』의 마지막 장에서 푸코는 이렇게 말했다. "인간은 마치 바닷가 모래 위의 얼굴이 파도에 씻기듯

지워질 것이다." 그래서 '인간의 죽음Death of Men'은 피할 수 없다. 푸코의 포스트모더니즘이 모더니즘에 던진 물음은 가상 공간과 메타버스가 전통적 인류를 대신할 '포스트휴먼'을 만드는 것에 합법적인 이유를 제공했다.

네 번째는 하이데거Martin Heidegger와 비트겐슈타인Ludwig Josef Johann Wittgenstein의 '언어가 곧 세계'이다. 하이데거는 언어가 세계관을 표현하는 도구가 아니라 세계 자체라고 생각했다. 또한 그는 언어를 두고 게임이자 삶의 양식이라고 했다. 메타버스의 언어체계는 컴퓨터 프로그래밍 언어와 코드가 전환된 텍스트, 사운드, 이미지, 동영상 및 기타 부호 형식인데, 이것이 새로운 문명 규칙을 구성한다. 그래서 활동과 게임, 언어게임 사이에는 명확한 경계가 없다.

다섯 번째는 장 보드리야르Jean Baudrillard의 '대중화된 허무한 세계'다. 보드리야르는 저서 『침묵하는 다수의 그늘 아래서À l'ombre des majorités silencieuses』에서 현대 사회에 대한 날카로운 통찰력을 드러냈다. 그에 따르면 낡은 계급구조는 무너지고, 전통 사회의 질서를 지탱하던 모든 가치는 불가피하게 '중성화'되면서 이른바 대중화된 허무한 세계, 또는 허무한 상태로 들어가 현실과 허구의 경계가 사라졌다. 그렇다면 메타버스는 허무를 향해 가는 현대 사회가 보이는, 긍정적인 의의가 있는 모습이라고 볼 수 있다.

주자밍朱嘉明

경제학자, 디지털금융연구원 학술 및 기술 위원회 주석

메타버스와 블록체인

그동안 줄곧 '메타버스'라는 개념에 지대한 관심을 가져왔다. 메타버스는 블록체인과 밀접한 연관이 있으면서 블록체인보다 훨씬 큰 의의가 있다. 메타버스는 블록체인과 상호보완적인 관계다. 블록체인이 있었기에 메타버스가 별 볼 일 없는 '가상 세계'에서 천지개벽할 '우주'로 약진할 수 있었다.

블록체인은 전 세계적이고 안전한 P2P 네트워크이지만 전 세계 첫 번째 P2P 네트워크는 아니다. 또한 암호화 기술을 응용한 첫 번째 네트워크도 아니며 원격 교류를 실현한 첫 번째 네트워크는 더더욱 아니다. 전 세계 P2P 파일 공유 프로그램인 비트 토렌트^{Bit Torrent}는 세계 곳곳의 사람들이 인터넷상에서 빠르게 파일을 공유할 수 있도록 무려 15년 전에 만들어졌다. 비트 토렌트는 서로 멀리 떨어져 있는 사용자들이 쉽고 빠르게 교류할 수 있게 하는 플랫폼으로 처음으로 이 기술이 응용된 것도 블록체인이 아니다. 인터넷은 지난 수십 년 동안 이미 엄청난 발전을 이뤘다.

암호학(사람들이 서로 믿게 만드는 기술)은 거의 40년에 이르는 역사를 자랑하는데 이는 우리가 멀리 있는 사람들과 교류하면서도 이 과정에 참여한 모든 사람을 믿지 않아도 되게 한다. 인터넷을 사용할 때 거의 모든 컴퓨터나 모바일, 어떤 응용프로그램을 실행하는 서버 사이의 통신은 암호화되어 있다.

암호학의 가치는 매우 크다. 암호학은 허가받은 사람만이 정보를 볼 수 있게 만들어 주며 그 과정에서 정보 내용이 수정되지 않도록 한다. 또 정보의 발신인도 그들이 말하는 '자신'임을 보장한다.

그러나 암호학으로 실현할 수 없는 것이 무척 많다. 예를 들어 암호학은 그 정보가 언제 만들어졌고 언제 발표되었는지 알려 줄 수 없다. 어떤 정보가 어떤 시간 이전에 이미 존재했는지 증명할 수 없으며, 어떤 사람이 이 정보를 확인했는지도 증명할 수 없다. 암호학은 참여자들이 공감대를 형성하게 할 수 없다. 금융 체계에서는 모든 참여자가 소유권자 자산의 공통 가치에 대해 공감하지 않으면 금융 체계가 정상적으로 돌아가지 않는다.

암호학은 경제적 인센티브를 제공하지도 않는다. 주주의 권리를 증명해 주지도 않고 지불 방법을 제공하지도 않기 때문이다. 암호학은 현실 세계에서 온 정보를 증명할 수도 없다. 수학적 방법으로 홍콩의 기온이 화씨 100도임을 증명할 수도 없고 수학적 방법으로 미국과 홍콩의 달러 환율이 1:7.18임을 증명할 수도 없다. 현실 세계에서 벌어지는 대부분의 일은 암호학으로 증명할 수 없는 것들이다.

블록체인이 모든 문제의 답은 아니지만, 암호화 기술이 해결할 수 없는 많은 문제를 해결한 것은 사실이다. 블록체인 기술은 단순히 P2P 네트워크와 암호화 기술의 선형 결합linear combination이 아니다. 가장 중요한 점은 블록체인 네트워크 참여자 모두의 합의를 이룰 수 있다는 것이다. 블록체인 네트워크 속 모든 노드가 역사의 증인이 됨으로써 신뢰 부족으로 인해 운영에 차질이 생기는 일을 피한다.

우리가 현재 가지고 있는 대다수 응용프로그램은 중앙화된 데이터베이스를 사용한다. 어떤 응용프로그램의 경우, 인터넷상에 상당히 큰 데이터베이스를 보유하고 있기 때문에 최근 들어 수많은 독점 상황이 발생했다. 응용프로그램의 이용자가 많을수록 데이터베이스를 검색하려는 이용자도 많아지므로 다른 이용자들은 더 빠르고 쉽게 기존 이용자들과 상호작용할 수 있는 기회를 더 많이 얻을 수 있다. 이는 곧 규모가 작은 회사는 아무리 좋은 상품을 가지고 있어도 대기업과 경쟁하기 어렵다는 뜻이 된다.

블록체인의 데이터베이스와 거래장부는 특정 기업에 의존하지 않는다. 서로 다른 두 기업은 분산 데이터베이스와 암호학으로 이용자의 개인정보를 보호하고 네트워크 효과(Network Effect, 특정 상품에 대한 어떤 사람의 수요가 다른 사람들의 수요에 의해 영향을 받는 효과)의 장점을 누리면서도 대기업의 독점을 피할 수 있다. 그러면 특정 대기업이 업계를 좌지우지하는 상황은 더 이상 발생하지 않을 것이다.

수많은 사이트가 네트워크 효과를 확실히 누리고 있는데, 그 데이터는 특정 기업에 통제되지 않는다. 위키백과가 좋은 예라고 할 수 있다. 사람들은 단순히 정보만 나누는 것이 아니라 공감대도 형성할 수 있고 잔액, 계좌까지 공유할 수도 있다.

그러므로 블록체인을 기반으로 구축된, 완전히 개방된 플랫폼을 이용하는 유저는 엄청난 네트워크 효과 덕분에 응용프로그램이 가져다주는 이점을 제대로 느낄 수 있다. 이는 특정 업계에 국한된 것이 아니라 다양한 업계, 다양한 국가를 넘나들 수도 있다.

블록체인을 응용할 수 있는 분야는 무궁무진해서 결제, 예약, 개인 신원 인증 등 다양한 분야에 적용할 수 있다. 그 첫 번째는 결제 분야이다. 많은 사람이 토큰, 화폐, 각종 금융 도구에 지대한 관심을 보인다. 투명성을 높이려는 분야(자선단체 기구 등)와 예산 집행 상황을 공개할 필요성을 느끼는 나라의 입장에서 블록체인 결제는 굉장히 매력적으로 다가올 것이다.

현재 블록체인으로 기차표, 호텔, 비행기표를 예약할 수 있지만, 그 과정을 보면 개선해야 할 부분이 적지 않다. 그런데 블록체인이 가장 실력을 발휘하는 분야가 바로 다수 참여자의 합의가 필요한 곳이다. 최근 몇 년 동안 일부 사람들이 적극적으로 추진한 '코체인Cochain은 진척이 미미한 상태다. 중요한 이유 중 하나는 코체인 자산과 실물이 불일치하는 상황이 있을 수 있는데 이를 블록체인 네트워크를 통해 보장할 방법이 없기 때문이다. 그러나 메타버스에서는 모든 자산이 디지털화된 것이므로 당연히 네트워크상에 존재한다. 엄격하게 말해, 메타버스의 모든 자산은 블록체인 네트워크를 기반으로 할 수 있다. 특히 위에서 언급한 장점들은 메타버스 속 디지털 자산이 대기업에 집중돼 창조적인 소기업이 곤경에 처하는 상황이 발생하지 않도록 한다. 블록체인은 메타버스 이용자들 스스로 데이터를 가질 수 있는 권리를 보장해 데이터에 대한 권리를 메타버스 이용자에게 돌려준다.

메타버스도 블록체인의 발전에 지극히 중대한 영향을 미친다. 메타버스의 디지털 자산 규모는 단시일 내에 현실 세계의 자산 규모를 넘어설 것이다. 이런 급격한 성장 환경에서 블록체인은 더욱 두각을 나타낼 수 있다. 블록체인 기술을 잘 활용하고 블록체인 기술을 완벽하게 개선해 메타버스의 발전을 촉진해야 한다. 메타버스 이용자들은 국적이 서로 다를지라도 국경을 초월하며 무리없이 소통한다. 우리는 메타버스에서 블록체인 기술로 하나의 공동체를 실현할 수 있고 모든 메타버스에서 평화롭게 공존할 수 있다.

『디지털 신세계, 메타버스를 선점하라』에 축복이 있기를!

비탈릭 부테린Vitalik Buterin

컴퓨터 프로그래머, 이더리움 공동 창시자

차세대 무선 인터넷, 메타버스

메타버스란 무엇인가?

"천 명의 눈에 천 명의 햄릿이 있다."라는 말이 있다. 메타버스에 대해 설명할 때도 여러 차원에서 다각도로 볼 수 있다. 나는 '인간'의 측면에서 본 메타버스에 대해 설명하고 싶다.

메타버스는 인류가 디지털화된 환경에서 살아가는 궁극의 형태로 사람들에게 디지털 세계의 '아바타'를 제공한다. 가상 인간인 당신은 현실 세계의 자신과 디지털 트윈(Digital Twin, 현실 세계의 기계나 장비, 사물 등을 컴퓨터 속 가상 세계에 구현한 것-옮긴이)이자 디지털 세계에서 태어난 또 다른 자신으로, 현실 세계에 사는 진짜 자신보다 훨씬 다채롭고 생기발랄하면서 다양한 역할을 할 수도 있다. 메타버스도 인간의 사회이고, 인간의 세계이다. 다만 가상의 인간이 사는 사회이자 가상의 인간이 사는 세계라는 점이 다를 뿐이다.

따라서 메타버스도 본질상 지난 수천 년 동안 이어진 현실 사회와 다르지 않다. 인류는 늘 자손을 남기고 더 번영하기 위해 애써 왔다. 메타버스를 더 깊이 이해할수록 철학자이자 종교학자인 제임스 P. 카스James P. Carse가 주장한 '무한 게임'과 닮았다는 생각이 든다.

무한 게임에는 시공간이 없고 분명한 끝도 없다. 승자도 패자도 없으며 오직 참여해서 공헌하는 플레이어만 있을 뿐이다. 모든 참여자는 게임을 무한히 지속시키기 위해 노력한다. 작가는 『유한 게임과 무한 게임』이라는 책에서 이렇게 말했다.

"무한 게임 플레이어들은 어떤 스토리 속의 진지한 배우들이 아니라, 그들이 끝낼 수 없는 것이 계속 생겨나는 이야기 속의 즐거운 시인들이다. 이 이야기는 절대 끝나지 않으며 영원히 계속된다."

스포츠 시합이나 도박 게임 같은 메타버스는 상상하기 어렵다. 개개인의 디지털 아바타는 무한한 삶을 살 것이다. 특히 AI의 도움으로 죽은 뒤에 오히려 더 멋지게 살 수도 있을 것이다.

복잡계 이론 연구의 발원지인 산타페 연구소Santa Fe Institute의 전 소장이자 이론물리학자인 제프리 웨스트Geoffrey West는 저서 『스케일』에서 생물, 기업, 도시의 성장과 죽음에 관한 보편 법칙에 관해 이야기했다.

도시의 흥망성쇠는 수백 년에 걸쳐 이루어지는데 기업은 기껏해야 평균 수십 년에 불과하다. 도시보다 오래 존재한 기업은 찾을 수가 없다. 가장 중요한 원인은 위로부터 아래로 내려오는 폐쇄적 시스템인 기업이 시장 경쟁을 수단으로 이윤의 극대화만을 추구하는 까닭에 한계비용은 점차 늘고 한계효용은 점차 줄어드는 규칙을 따라가기 때문이다. '스케일'은 기업이 영원히 넘을 수 없는 '경계'다. 반면 도시는 개방적이고 포용적인 시스템으로 생태 시스템의 특징을 보인다. 도시 인구수가 2배 증가할 때마다 사회기반시설은 0.85배씩만 증가하면 된다. 하지만 지식의 전파, 일자리와 창조 능력은 사람이 더 많이 모일수록 배로 증가한다. 도시의 경우, 스케일 비용은 점차 줄고 스케일 효용은 점차 늘어나는 규칙을 따른다. 메타버스는 바로 이 스케일 비용은 점차 줄고 스케일 효용은 점차 높이는 생태 시스템이기 때문에 영원히 성장과 진화를 이뤄 갈 수 있다.

이처럼 '무한 게임'인 메타버스의 관리 구조는 분산식, 탈중앙화, 자기조직화Self-Organizing로 설명할 수 있다. 메타버스는 가입하는 데 허가가 필요 없으며 자유로운 몰입의 즐거움을 누릴 수 있다. 메타버스 규칙은 이용자들이 합의해서 정하며 규칙의 준수도 자치에 따른다.

'무한 게임'인 메타버스의 경제 모델은 '이해 당사자 제도'로 설명할 수 있다. 가치를 함께 만든 이용자 모두가 바로 이해 당사자이며 주주, 고위관리자, 직원의 구분이 따로 없다. 모든 참여자는 '함께 구축하고, 함께 창조하고, 함께 관리하고, 함께 나눈다.'

이처럼 '무한 게임'인 메타버스의 비즈니스 모델은 '창작자 경제'로 설명할 수 있다. 인터넷의 발전은 소비자가 이끌었다. 이용자 수는 인터넷의 가치를 평가하는 핵심 지표다. 블록체인은 기술 개발자가 이끌어 간다. 그래서 블록체인의 성공 여부는 개발자 커뮤니티의 구축 여부로 판단할 수 있지만 메타버스는 콘텐츠 창작자가 이끌어 간다. 다채롭고 시선을 사로잡는 콘텐츠가 메타버스 '무한 게임'의 관건이다.

메타버스는 차세대 인터넷이 아니라 차세대 네트워크다. CT 기술은 통신 네트워크를 형성했고 컴퓨터 인터넷은 정보 네트워크를 형성했다. 인류 사회가 디지털 시대로 진입하면서 AI, 클라우드 컴퓨팅, 블록체인 등이 디지털 네트워크를 형성했다. 메타버스는 바로 이 차세대 네트워크인 '디지털 네트워크'다.

이 책의 저자들은 사고가 기민하고 실사구시를 추구한다. 세 저자가 메타버스에 관한 책을 함께 썼다고 했을 때, 그들의 추진력에 진심으로 탄복했다. 원고를 세세히 읽으면서 유익한 정보를 많이 얻었다. 그래서 책에서 얻은 깨달음을 적는다는 초심으로 흔쾌히 서문 요청을 받아들였다. 『디지털 신세계 메타버스를 선점하라』가 베스트셀러의 반열에 오르길 기원한다.

샤오펑^{肖風}
완샹^{Wanxiang} 블록체인 회장

메타버스를 알아야 하는 이유

 세 청년이 이제 막 불타오르기 시작한 신조어 '메타버스'를 세세하고 조리 있게 분석하고 적절한 설명을 더해 하나의 학문으로 만들었다. 이들은 모바일 인터넷, 빅데이터, 블록체인 분야의 전문가들이자 열정 넘치는 전도자들이다.

 "그 용감한 재주꾼은 파도 위에 올라섰는데, 손에 든 붉은 깃발이 조금도 젖지 않았다."

 메타버스 이야기를 게임으로 시작해 네트워크 디지털, 인공지능을 기초로 한 가상 세계를 풀어놓는다. 비트코인에서 NFT까지, 혼돈이 시작된 환상의 피안을, 수많은 유일무이한 거래 가능한 상품과 시나리오로 걸러냈다.

이 책에서 전통적 가치 체계는 무정하게 버려진다. 익숙한 경제학, 사회학, 정치학 규칙이 하나둘씩 효력을 잃어 간다. 한마디로 정리하자면, 새로운 세대가 이룬 합의만이 메타버스의 가치를 창조할 수 있다는 것이다.

번잡한 짜임새, 낯선 어휘, 느슨한 논리, 성급한 분석만 놓고 따지면, 이 책은 잘 만들어졌다고 할 수 없으며 작가는 그 어떤 해결 방법도 제시하지 않는다. 그러나 이 책은 독자가 마음껏 해독하고 자유롭게 상상할 수 있는 공간을 마련해 준다. 흥미로운 점은, 세 작가가 여전히 전통적인 현실 세계에 발붙인 채, 미래 세계를 위한 지혜를 짜내 온갖 가설, 기대, 지표, 심지어 '인프라'에 대한 건의까지 내놓고 있다는 사실이다. 그러나 '메타버스'는 이미 인류를 유전자 탯줄이 끊긴 새로운 구조로 밀어 넣고 무한한 '0'과 '1'의 조합 속에서 자신의 생명을 파생시키고 있다.

과거 100년 동안, 인류는 의식주를 비롯한 현실 세계의 여러 가지 문제를 대체로 해결했다. 또한 과거 30년 동안, 인류는 정신을 기탁할 수 있는 네트워크 플랫폼과 데이터 도구를 창조했다. 현실 세계에서는 이룰 수 없는 환상과 해소할 수 없는 근심을 현실과 평행한 '메타버스'에서는 다 내 뜻대로 할 수 있다니, 이 얼마나 좋은가! 메타버스에서는 하고 싶은 일을 마음대로 할 수 있고 아무리 허황한 꿈도 이룰 수 있고 다시 현실로 돌아와서 나름의 실력을 발휘할 수 있다면, 이보다 좋을 수는 없을 것이다.

근본적으로 인간은 정신 활동을 하는 생물이다. 지난 수천 년 동안 산업 문명을 축적해 온 끝에 인간은 문명의 이기는 누렸으나 지난 수십 년 동안 발전한 인터넷과 디지털 혁명은 다시 우리를 정신 사회로 되돌리고 있다.

메타버스야말로 인류의 초심이다. 7월 15일, 베이징 세인트레지스 호텔에서 열린 '가이아 별 총회'에서 Z세대라고 불리는 젊은 대학생 약 300명을 대상으로 강연을 하면서 이런 말을 했다.

> "메타버스는 하나가 아니라 무수히 많습니다. 모든 사람은 각자의 메타버스를 가지고 있으며 무수히 겹쳐진 메타버스를 동시에 가질 수도 있죠. 여러분은 아직 현실 세계에서 고군분투하는 우리 같은 전통 세대보다 훨씬 행복하며 넘치는 창의력을 가지고 있습니다."

메타버스는 철학자들이 명상하는 공간이 아니라 데이터화된, 네트워크화된, 지능화된 광활한 세상이며 우리가 설계하고 수정하고 운영하고 경험하고 파악할 수 있는 초현실 세계이자 우리의 생존에 관계하고 관여하고 창조하고 조작할 수 있는 현실 세계이다.

메타버스를 이해해야 우리가 살아가는 현실 세계를 더 잘 이해하고 누릴 수 있다. 여러분도 이 책을 읽고 미래로 향하는 지식의 배에 올라타길 바란다.

왕웨이王巍
중국 금융박물관 이사장

경제학이 메타버스를 만나면

눈이 팽팽 돌아갈 만큼 어지러운 세상에서 우주 만물은 서로 얽히고설켜 있다. 그러므로 이론을 연구하고 규칙을 찾아내려면 다음 몇 가지 조건을 지켜야 한다.

하나, 합리적으로 취사선택해야 한다. 만물이 얽히고설킨 상황에서 가장 대표적이고 진보적이면서도 파격적으로 변한 전형적인 사례를 추출해 내야 한다.

둘, 이런 사례를 연구하면서 원자 수준의, 더 이상 분할할 수 없는 구성 요소를 찾는다. 이런 요소 자체의 특징과 요소 사이의 관계를 연구하고 더 나아가 원자 조작(Atomic Operation, 기능적으로 나눌 수 없거나 나누지 않도록 보증된 조작)을 정의한다.

셋, 다시 전체의 문제로 돌아온다. 전체의 문제는 전체 속에서 풀어야 한다. 연구 끝에 내린 결론이 시간과 다른 요소의 검증을 통과할 수 있는지 살펴본다.

메타버스 경제는 디지털 경제의 모범 모델이다. 메타버스를 파고들면, 신자유주의 경제학과 신제도주의 경제학을 계승한 모든 경제학자를 포함해 전통 경제학과는 완전히 다른 결론을 얻을 수 있다. 비록 메타버스 경제가 전통 경제학의 여러 원칙을 완전히 뒤집었다고 할 수는 없지만 완전하면서도 진보적인 경제학 체계가 구축되고 있다. 메타버스 경제학의 진보성은 메타버스를 누리는 과정에서 발견되는 특수성에 있다.

메타버스는 완전하면서 자기모순이 없는 경제체제로 오직 가상 세계에서 제품의 생산과 소비, 전 과정이 이루어진다. 제품의 속성 측면에서 보자면 메타버스 경제학은 전통 경제학과 마찬가지로 비슷한 수요 공급의 법칙을 따른다. 그러나 제품이 생산되고 소비되는 일련의 과정을 보면 결이 완전히 다르다. 메타버스 속 제품은 메타버스 안에서만 만들어지고 소비된다. 이를 심층적으로 분석하면, 결국 '0'과 '1'의 순열 조합이다. 어떤 의미에서 보자면 메타버스의 제품은 현실 세계를 벗어나(설령 둘 사이가 굉장히 복잡하게 얽혀 있다 하더라도) 단독으로 존재한다고 볼 수도 있다.

메타버스의 특성에 근거해, 경제를 두 종류로 나눌 수 있다. 하나는 실물 상품을 주요 연구 대상으로 삼는 전통 경제이고, 다른 하나는 디지털 제품을 주요 연구 대상으로 삼는 메타버스 경제다. 디지털 경제는 디지털 요소가 가장 중요한 생산재가 되는 경제 활동이다. 전통 경제는 디지털 경제 방향으로 발전하고 있으며, 디지털 경제에서 가장 역동적이고 철저하면서도 급격히 변하고 있는 부분이 바로 메타버스 경제다. 따라서 메타버스 경제에 담긴 경제 규칙은 보편성을 지닌다. 오랜 세월을 거치면서 전통 경제학 연구는 길을 잘못 들어 보수적이고 폐쇄적인 틀에 갇혀 버렸다. 전통 경제학자는 IT 기술이 불러온 변화에 눈과 귀를 닫고 사회의 변화가 가장 극심한 분야에서는 거의 모두 입을 닫았다.

반면 미래학자는 목소리를 높이기 시작했다. 이미 세계의 변화를 설명할 능력을 상실한 전통적 서양 경제학이 어떻게 미래를 예측할 수 있겠나? 어불성설이다. 옛것을 바탕으로 창조를 이루고, 창조를 바탕으로 고차원으로 발전해 새로운 경제 이론 체계를 확립하는 것이 현재 경제학의 발등에 떨어진 불이다.

메타버스 경제의 특수성은 디지털 제품의 창조와 소비 과정에서 드러난다. 디지털 제품은 현실 세계의 그 어떤 '물질'도 소모하지 않고 현실 세계의 창고나 물류 등의 문제도 없어 어떤 의미에서 보자면 '양자'의 특성을 보인다. 본질적으로 디지털 제품, 더 엄밀하게 말하자면 디지털 물체는 모두 이산적Discrete으로, 어떠한 물리 법칙도 따르지 않는다. 메타버스에서 나타나는 '규칙'은 모두 코드가 규정한 인공적인 규칙으로, 양자 얽힘, 순간이동 등 어떠한 물리 규칙도 시뮬레이션할 수 있다. 메타버스에서는 시간과 광속조차도 임의로 수정할 수 있는 파라미터다.

메타버스는 갖출 건 다 갖춘 사회다. 메타버스 속 아바타들[3]은 현실 속 실제 인간의 어떤 특정한 면모를 반영한 분신으로 다양한 메타버스 속에서 살아간다. 선한 부분은 더욱 선하게, 악한 부분은 더욱 악하게 부각해 메타버스 속 아바타를 구현한다. 현실 세계의 모든 정부는, 그 정부가 어떤 이데올로기를 지지하든 상관없이 '권선징악'을 장려하며 생명 보호를 가장 중요하게 생각하고 이를 기본적인 사회 가치로 삼는다. 그러나 신화에서도 세상이 만들어진 뒤에 천당과 지옥이 생겼다고 한 것처럼, 메타버스에도 지옥과 같은 존재가 있다. 이 문제에 관해서는 5장에서 자세히 다룰 것이다.

메타버스는 자연스럽게 '원자성'을 지닌다. 모든 물품, 관계, 규칙이 결국은 이진법 코드 0과 1의 순열 조합 속에 드러난다. 메타버스에서는 이 최소 구성단위를 더 작게 나눌 수 없다. 그러나 현실 세계에서는 다르다. 쪼갠 것을 다시 쪼개는 과정을 반복하다가 원자를 발견했는데 원자는 양성자, 중성자, 전자로 구성되어 있었다. 이것을 다시 쪼개 보니 양성자와 중성자는 '쿼크'로 이루어져 있음이 밝혀졌다. '쿼크'를 연구해 보니 쿼크의 본질은 하나하나 떨어진 에너지에 불과함이 밝혀졌다. 과학자들은 '끈'으로 쿼크를 묘사하기 시작했다. 그렇다면 '끈'은 무엇으로 설명할 수 있을까? 끈 이론에서 보면, 우주는 몇 가지 '끈'이 다양한 진동 방식으로 구성한 화려한 악곡일 뿐이다. 우주와 메타버스 중에서 더 진실한 존재는 과연 무엇일까?

다행히 적어도 메타버스의 원자성과 이산화는 의심할 바 없다. 원자성을 바탕으로 빠짐없이 완전하게 원자성 조작을 정의할 수 있다. 불 대수(Boolean Algebra, 대수학의 한 분과로, G.불이 논리계산을 형식화하여 도입한 대수계)는 0과 1로 할 수 있는 모든 조작을 모조리 파헤쳤다. 메타버스와 현실 세계의 관계는 표본화 정리'로 정할 수 있다. 현실 세계는 메타버스 속에 정확하게 환원될 수 있다. 예를 들어 메타버스 속에서 거시 세계 물체의 양자 상태를 구축할 수 있다. 이와 반대의 경우는 꼭 성립한다고 장담할 수 없다.

비트코인은 금융 시나리오의 원자 조작, 즉 개인 거래[P2P] 화폐의 대안으로 만들어졌다. 모든 금융 행위는 결국 P2P 화폐 지불로 귀결될 수 있다. P2P 금융 지불은 모든 금융 업무를 파생시킬 수 있다. 이더리움은 데이터 변환의 원자 조작, 즉 P2P 데이터 변환이다. 프로그래밍으로 어떠한 P2P 데이터 변환도 실현할 수 있게 했을 뿐만 아니라 불가역적이면서도 위변조가 불가능하다. 이는 메타버스 사회에서 '신뢰', '신용'에 관한 원자 조작을 실현했다.

블록체인 기술을 활용해 임의의 암호화된 '어떤 데이터'를 디지털 자산으로 만들 수 있어 무차별적인 '데이터'에 유일무이한 '정체성' 태그를 붙였다. 이렇게 자산이 된 데이터는 유상으로 유통이 가능한 까닭에 경제 행위를 파생시켰고 결국 역동적인 비즈니스 세계로 발전했다.

사람의 생리적 니즈[Needs]를 만족시키는 현실 세계와 정신적 니즈를 만족시키는 가상 세계는, 사람의 니즈 측면에서 봤을 때는 둘이 합쳐져 온전한 하나를 이룬다. 물론 현실 세계에서도 정신적 니즈를 일부 만족시킬 수는 있지만 말이다. 이 두 세계는 물리적 의미의 '평행우주'가 아니라 상호 긴밀한 관계를 맺은 세계로, 사람이 중요한 연결고리다. 현실 세계에서든 가상 세계에서든, 인간은 지식을 얻을 수 있다. 가상 세계에는 현실 세계와는 비교도 안 될 정도로 매우 다양한 지식이 존재한다(예: 모의 비행 시뮬레이터). 그러므로 현실 세계와 가상 세계를 따로 떼어 생각할 수 없다. 사람의 니즈 측면에서 봤을 때 두 세계는 여전히 하나로 합쳐져야 온전해지는, 사람의 다양한 니즈를 만족시키는 여러 방식 중 일부다.

물질 자산이 늘고 현실 세계를 개조하는 기술이 진보하면서, 사람이 현실 세계에서 일하는 시간은 갈수록 줄어드는 반면 가상 세계에 몰입하는 시간은 점점 늘어난다. 가상 세계로의 이동은 거스를 수 없는 대세다. 통계 데이터에 따르면 사람이 현실 세계에서 일하는 시간은 하루 중 4시간에 불과하다. 미래에 대한 사고와 정책 결정은 모두 가상 세계에서 이루어지고 실행은 현실 세계에서 이루어진다. 생각은 뇌가 하고 실행은 팔다리가 하는 것과 다를 바 없다.

이를 근거로 현재 메타버스를 연구하는 것은 현실적인 의의가 있다. 유토피아와 같은 뜬구름 잡는 이야기를 하는 것이 아니다. 메타버스에 대한 연구와 토론을 통해 세상을 더 빨리 바꾸고 나날이 풍요로워지는 디지털 세계를 구축하고 현실 세계를 더 아름답게 바꿀 수 있다.

이 책은 6개 분야에서 메타버스에 대해 이야기하며 총 7장으로 나뉘어 있다. 1장에서는 메타버스의 여러 특성과 기반 기술에 대해 대략 이야기한다. 이 책이 말하고자 하는 바를 대충 짐작할 수 있을 것이다.

2장은 메타버스 이용자에 대해 분석하고 그들에게 'M세대'라는 이름을 붙여 준다. M은 'Metaverse'의 알파벳 첫 글자다. M세대는 1995년 이후 출생자와 2000년대 출생자가 주축을 이룬다. 그들의 관심사가 메타버스의 여러 특징을 결정지었다. M세대야말로 메타버스의 네이티브다.

3장은 주로 게임에 관해 이야기한다. 게임은 메타버스의 초기 형태로 가시화된 형식으로 메타버스의 특징을 구현할 수 있다. 해상도, 지연 시간, 몰입감을 개선하려는 게임 업체의 부단한 노력은 통신, 3D 기술, 알고리즘 발전의 원동력이 되어 왔다. 더 중요한 점은 게임의 발전을 참고해 다른 업계도 메타버스로 향하는 길을 찾을 수 있다는 사실이다. 물론 업계에 따라 난이도가 다르고 기술 발전의 순서도 다를 테지만 생각의 진전은 발걸음을 맞춰야 할 것이다.

4장에서는 메타버스 경제학에 관해 이야기한다. 메타버스 경제학이 디지털 경제에서 가장 활력 넘치고 전망이 밝다는 사실과 전통경제와 다른, 메타버스 경제의 주요 특징을 설명하면서 전통 경제학을 금과옥조로 여기는 관점에 분명한 반박을 보인다.

5장에서는 메타버스 관리 문제를 이야기한다. 메타버스에 '정부'와 비슷한 기구를 만드는 것은 불가능한 일이다. 자치만이 유일한 해결책으로 보인다. '악의 공감대'가 형성되거나 대규모 '재난'이 발생했을 경우의 대처방안은 아직 합의되지 않았다. 그래서 메타버스 관리 모델에 관해서는 여전히 길을 찾는 중이다. 기술은 빠르게 발전하는데 관리 모델에 대한 탐색은 현실 세계의 마찰 속에서 지지부진한 모습을 보이고 있다.

6장에서는 '초대륙'이라는 이름으로 메타버스의 기반시설에 관해 이야기한다. 이 장은 물리적 측면에서부터 소프트웨어, 데이터, 규칙, 애플리케이션 측면에까지 다양하게 이야기를 풀어나간다. 또 산업 '초대륙'의 선구적인 응용 모델인 EOP(생태 운영 플랫폼) 개념을 제시한다.

7장에서는 기술이 산업과 사회에 미치는 영향을 이야기한다. 디지털 기술은 현재 체계적으로 인간의 뇌, 몸통과 더 긴밀하게 융합하고 있다. 포스트휴먼 사회와 규소생명체(규소 원자를 기반으로 하는 가상의 생명체. 지구 생명체는 탄소화합물을 기반으로 한다–옮긴이) 사회가 디지털 기술의 거대한 파도 속에서 한 발 한 발 현실이 되어 가고 있다. 이런 상황에서 인류는 VR, AR 등 기기의 힘을 빌려 다양한 메타버스 사이를 자유롭게 오간다.

이 책이 세상의 빛을 보기까지 한 달이 조금 넘는 시간이 걸렸다. 촉박한 시간 탓에 완성도 면에서 독자들에게 부끄럽다. 틀렸거나 부족한 부분이 있다면 기탄없이 지적해 주길 바란다. 메타버스는 '진화'를 중시한다. 이 책은 메타버스와의 '첫 만남'일 뿐이며 앞으로 진화하면서 차츰 완벽을 찾아가길 바란다.

자오궈둥

메타버스는 현실 세계에 평행하면서도
독립적인 가상 세계로,
현실 세계를 투영한 온라인 가상 세계이자
점점 진실해지는 디지털 가상 세계다.

하늘을 나는 새를 볼 때마다 '아, 나도 날개가 있었으면 좋겠다.' 하고
부러워하며 하늘 끝까지 날아오르는 상상을 하곤 했다.
〈아바타〉에서 하늘을 나는 새 '이크란'을 부리며
자유롭게 하늘을 나는 장면을 본 관객들은 아마 '이게 바로 인생이지,
한없이 자유로운 인생!' 하며 감탄을 금치 못했을 것이다.
이런 경험은 메타버스가 아니면 불가능하다.

1장

다차원 가상 세계, 메타버스가 온다

사람들이 '오아시스'를 찾는 것은 무슨 일이든 할 수 있기 때문이지만 여기 머무르는 것은 무엇이든 될 수 있기 때문이다.

-영화 <레디 플레이어 원(Ready Player One)> 중에서

메타버스는 사람들이 여가와 일상생활, 업무를 영위하는 가상 세계다. 로블록스는 이런 메타버스의 여러 특징을 보여 주는 게임으로 디지털 창조, 디지털 자산, 디지털 거래, 디지털 화폐와 디지털 소비가 핵심을 이룬다. 특히 사용자 경험User Experience 측면에서는 허구와 실재가 구분되지 않는 강력한 초실감을 느낄 수 있는 경지에 이르렀다.

메타버스는 가상 상품의 생산부터 소비까지 모두 플랫폼 안에서 이루어지는 순환적 산업 체인을 갖춘 까닭에 가상 상품이 주거래 대상이 되는 독자적인 경제체제를 형성한다. 이에 머잖아 등장할 메타버스 경제학이 디지털 경제에서 가장 역동적이면서도 혁명적인 부분이 되었다.

메타버스의 기본 가치관은 모든 이용자가 함께 만들고, 함께 누리고, 함께 관리하는 것이다. 메타버스에서 일상과 업무를 영위하는 것

이 현재 M세대의 서브컬처의 일부가 되고 있고, 나아가 사회적 트렌드를 형성함으로써 메타버스 사회를 재창조하고 현실사회에까지 영향을 미치고 있다. 전통 문화와 메타버스 문화가 서로 영향을 미치며 융합하는 과정에서 어쩌면 인류 문명이 재창조될 수도 있다.

앞으로 15년쯤 뒤, 인터넷은 일대 변혁을 겪을 것이다. 인터넷 주요 접속 수단이 PC에서 모바일로 변한 것처럼, 지금은 모바일에서 VR과 AR 기기로 넘어가며 다음 15년 주기의 새로운 인터넷 시대 서막을 열었다. 이제 인류는 전혀 다른 인터넷 시대를 맞이하게 될 것이다.

'엔더 드래곤Ender Dragon', '크리퍼Creeper' 이 해괴한 이름들은 다 뭘까? 잘 모르겠다면 겸허한 마음으로 어린이들에게 물어보라. 아주 신이 나서 알려 줄 것이다. 바로 내 이야기다. 아침 식사를 하다가 이제 막 초등학교 1학년이 된 아들에게 '크리퍼'가 뭐냐고 물었더니, "그건 몬스터인데 아빠한테 가까이 다가오면 펑 터져버려요!"라며 손짓, 발짓까지 동원해 설명한다.

　'엔더 드래곤'과 '크리퍼'는 모두 마인크래프트[5] 게임 속 캐릭터들이다[그림 1-1]. 이 캐릭터들은 게임 속에서 생존하며 플레이어가 방심한 틈을 타 갑자기 공격을 시도한다. 이 게임에 등장하는 모든 물체와 생물은 네모 블록으로 이루어져 있다. 태양까지도 네모난 모양이다. 실감 나는 그래픽을 자랑하는 유명 게임들에 비하면 마인크래프트 속 물체들은 굉장히 조잡해 보인다. 그런데도 플레이어들은 마인크래프트에 푹 빠져 헤어나지 못한다. 플레이어는 이 네모반듯한 블록으로 온갖 것들을 '창조'할 수 있다. 도시를 건설하기도 하고, 회로 지식을 바탕으로 NAND(역논리) 게이트부터 시작해 완벽한 컴퓨터를 만들어내기도 한다. 더 중요한 것은 플레이어들이 모여 졸업식 같은 이벤트를 열 수도 있다는 점이다.

[그림 1-1] <마인크래프트> 게임 속 화면
(출처: 넷이즈 게임즈(NetEase Games) <마인크래프트> 공식 사이트)

[그림 1-2] 중국촨메이대학 '가상 졸업식' 장면
(출처: 빌리빌리(BiliBili, 哔哩哔哩) <중국촨메이대학의 창의적인 '가상 졸업식',
게임 세계 속 졸업식을 열다>)

2021년 6월 16일, 중국촨메이대학中國傳媒大學 애니메이션·디지털아트 학부 졸업생들은 마인크래프트 안에 실제 캠퍼스 풍경을 바탕으로 독특한 '가상 졸업식'을 진행했다[그림 1-2]. 기본적인 캠퍼스 풍경은 물론이고 학교 마스코트 고양이까지 확인할 수 있다. '졸업식' 도중, 총장이 학생들에게 "레드카펫에서 왔다 갔다 날아다니지 마세요!"라고 주의를 시키기도 했다. 빌리빌리BiliBili 동영상 플랫폼에서 진행된 이 '졸업식'을 생중계로 지켜보던 한 네티즌은 "꼭 호그와트 졸업식을 보는 것 같다."며 감탄을 금치 못했다.

사실 처음으로 '가상 졸업식'을 개최한 학교는 촨메이대학교가 아니다. 미국 캘리포니아대학교 버클리 캠퍼스의 재학생과 동문 100여 명이 마인크래프트에 전체 캠퍼스를 복제했는데, 버클리 학생이라면 누구나 알 만한 가게는 물론이고 현수막 몇 개를 포함해 100여

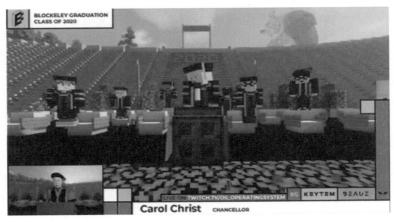

[그림 1-3] 캘리포니아대학교 버클리 캠퍼스 제11대 총장이 축사하는 장면
(출처: 캘리포니아대학교 버클리 캠퍼스 공식 사이트)

[그림 1-4] <포트나이트> 속 트래비스 스콧
(출처: 텐센트 게임즈(Tencent Games) <포트나이트> 공식 사이트)

개나 되는 캠퍼스 내 건물을 6주의 시간을 들여 재현했다[그림 1-3].

포트나이트는 미국 래퍼 트래비스 스콧과 크로스오버 이벤트를 기획해 게임 속에서 트래비스 스콧의 가상 콘서트 '애스트로노미컬 Astronomical'을 개최했다. 미국, 유럽, 아시아, 오세아니아 등 전 세계 곳곳의 서버에서 접속할 수 있다. 포트나이트의 개발사 에픽게임즈 Epic Games의 공식 통계에 따르면, 이미 개최된 콘서트에 동시 접속한 플레이어 수가 무려 1,200만 명이 넘어 경이적인 기록을 세웠다. 위의 그림 속 애니메이션 캐릭터가 바로 포트나이트에 등장한 트래비스 스콧의 이미지다.

가상 세계에서 가장 유명한 피자는 아마 '도미노피자'일 것이다. 도미노피자에서 개발한 이 앱상에서 증강현실용 안경(AR글라스)을 쓰고 가상현실 속에서 피자를 구매할 수 있기 때문이다.

스티븐 스필버그 감독이 연출한 〈레디 플레이어 원〉은 2045년을 배경으로 한 영화다. 혼란으로 가득 찬 붕괴 직전의 암울한 세상을 살아가는 사람들은 괴짜 천재 제임스 할리데이가 만들어낸 가상 게임 세계 '오아시스'에 접속하는 것이 유일한 낙이다. 누구라도 VR 기기만 착용하면 현실과 강렬한 대비를 이루는 이 가상 세계에 들어 갈 수 있다[그림 1-5]. 이 세계에는 변화한 도시도 있고 다양한 생김 새를 가진, 시선을 사로잡는 플레이어들도 있으며 다른 차원의 영화, 게임 속 유명 캐릭터들까지 있다. 현실 세계에서는 사회 변두리에서 아등바등 살아가는 '루저Loser'일지라도 오아시스에서는 당당히 슈퍼 영웅이 될 수도 있고 아무리 아득한 꿈이라도 이뤄낼 수 있다. 할리데이는 죽기 직전, 가장 먼저 세 개의 수수께끼를 풀어 자신이 게임 속에 숨겨둔 '이스터에그(Easter egg, 게임 개발자가 게임 속에 '재미'로 몰래 숨겨 놓은 메시지나 기능-옮긴이)'를 찾아내는 사람에게 엄청난 재산과 '오아시스'의 소유권을 넘기겠다는 유언을 남긴다. 이로

[그림 1-5] 〈레디 플레이어 원〉 포스터

인해 전 세계는 이스터에그를 얻기 위한 무한 경쟁에 돌입한다.

영화 속 주인공은 주변에서 흔히 보는 한 소년이다. 현실 세계에서 의지할 사람 하나 없이 게임에만 빠져 사는 소년 웨이드 와츠는 빈민가에 산다. 수줍음 많고 사람들과 잘 어울리지 못해 존재감도 희박한, 그런 평범한 인물이다. 하지만 '오아시스'에서 웨이드의 아바타 '파시발'은 자신감과 재치가 넘치고 용감하기까지 해 모두가 선망하는 슈퍼 영웅이 된다. 가상 게임 세계의 능력자인 파시발은 온갖 어려움을 딛고 미션을 완수해 세 개의 열쇠를 찾아낸다. 결국 모든 관문을 완벽하게 통과한 웨이드는 '오아시스'의 소유권을 차지하게 된다.

영화 속 '오아시스'는 일찍이 마인크래프트와 같은 유형의 게임에서 실현된 것이다. 화면의 픽셀감이 매우 강하고 사람들의 캐릭터가 굉장히 '네모나긴' 하지만 이미 가상 세계를 제대로 실현했다. 사람들이 '오아시스'를 찾는 것은 무슨 일이든 할 수 있기 때문이지만 여기 머무르는 것은 무엇이든 될 수 있기 때문이다.

유명한 미국 SF 소설가 닐 스티븐슨은 1992년에 쓴 『스노우 크래쉬』에서 현실 세계와 평행한 온라인 세계인 메타버스에 대해 묘사했다[그림 1-6]. 현실 세계의 모든 사람은 메타버스에 아바타가 있다. 스티븐슨이 그린 메타버스는 가상현실을 실현한 이후, 그다음 단계 인터넷의 새로운 형태다.

[그림 1-6] SF소설가 닐 스티븐슨은 1992년에 출판한
《스노우 크래쉬》에서 이미 메타버스의 개념을 제시했다.

로블록스의 창세기

이야기는 1989년 어느 작은 블록에서 시작된다. 당시 데이비드
바스주키David Baszucki와 에릭 카셀Erik Cassel은 2D 시뮬레이션 물리학
실험실인 '인터랙티브 피직스Interactive Physics'를 개발해 향후 로블록
스 창업의 발판을 마련한다. 전 세계 각지의 학생들은 '인터랙티브
피직스'를 통해 차량 두 대가 어떻게 충돌하는지, 건물은 어떻게 짓
는지 등을 연구했다. 이 아이들의 기상천외한 설계에 자극받은 데이
비드 바스주키와 에릭 카셀은 더 큰 꿈을 꾸기 시작한다. '이 청소년
들의 창의력을 더 자극하려면 어떻게 해야 할까?' 이런 문제를 고민
하던 두 사람은 상상력의 무대가 될 기반을 구축하기 시작해 2004

년 정식으로 로블록스를 설립했다. 로블록스는 더 인간적이면서도 모두가 자기 생각을 자유롭게 표현할 수 있는 새로운 형태의 플랫폼을 마련해 사람들이 무한한 상상력과 남다른 개성으로 창조해 낸 각각의 게임을 통해 인생의 경험을 나눌 수 있도록 했다.

게임은 단순히 게임이 아닌 경험이다

로블록스는 설립된 지 17년이 지난 2021년 3월 10일, 뉴욕증권거래소에 상장했다[그림 1-7]. 로블록스는 게임뿐만 아니라 게임을 제작할 수 있는 툴$^{Roblox Studio}$까지 제공한다. 게다가 활발한 소셜 활동도 지원한다. 플레이어가 자체적으로 콘텐츠를 생성하면서 실시간으로 참여할 수도 있고 독립적이고 폐순환적인 경제 시스템을 갖추고 있다. 게임, 개발, 교육적 기능을 두루 갖춘 온라인 게임 개발 시스템인 로블록스 내 콘텐츠 중 대부분은 아마추어 게임개발자가 만든 것이다.

괜찮은 게임 아이디어가 있는데 비즈니스화를 위한 자금이 없다면 로블록스 스튜디오를 통해 자체적으로 게임을 개발한 다음, 다른 플레이어들의 참여를 요청할 수도 있다. 게임의 규칙은 다른 플레이어들이 참여해 다 같이 게임을 즐기는 과정에서 자연스럽게 만들어지고 미비한 점들은 보완된다. 함께 게임을 즐기는 그룹 멤버들의 플레이 방법에 따라서도 변해 갈 것이다.

게임 커뮤니티 플레이어들의 다양한 요구에 맞춰 로블록스 크리에이터들도 더 신속하게 게임을 업그레이드한다. 이처럼 로블록스 클라우드는 끊임없이 구축되고 변화하고 확장되기 때문에 플레이어

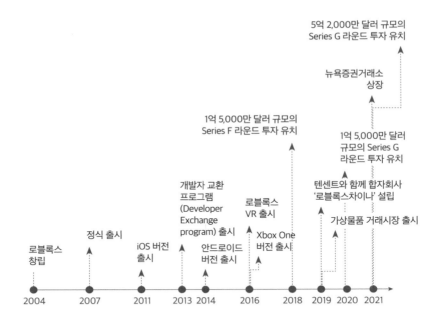

[그림 1-7] 로블록스 발전사

(출처: 로블록스 투자설명서, 톈펑(天風)증권연구소「로블록스 심층 보고: 메타버스 선두주자」)

들은 로블록스에 열광한다.

로블록스의 공식 입장을 보면, 게임은 단순한 게임이 아닌 경험 Experience이다. 2020년 말을 기준으로 로블록스 유저는 이미 2천만 가지가 넘는 경험을 만들어냈으며 이 중 1,300 가지 경험은 이미 수많은 커뮤니티가 방문해 이용하고 있다. 이 경험들은 모두 로블록스 회사가 아닌 유저 스스로 만들어낸 것이다.

로블록스 플랫폼 이용자는 하루 평균 2.6시간을 들이며 매달 약 20여 가지 경험을 탐색한다. 2020년 4분기, 로블록스 하루 활성 이용자 수^{DAU, Daily Active Users}는 3,710만 명에 달했다. 이 중 9~12세 어린이가 차지하는 비중이 가장 커 29%에 달했고, 25세 이상 성인이 차지하는 비중은 15%에 불과했다.

이용자는 휴대전화, PC, 콘솔, VR 단말기를 이용해 로블록스를 즐길 수 있다. 먼저 무료로 아바타를 만들어 등록하면 거의 모든 가상 세계를 방문할 수 있다. 로블록스 게임 안에서 쓰이는 화폐인 '로벅스^{Robux}'로 특정 세계에서 가장 멋진 경험을 하거나 장신구와 같은 아이템을 구입해 개성을 뽐낼 수도 있다. 2020년, 로블록스에 비용을 지불한 이용자는 49만 명에 달했다.

로블록스의 경제 시스템이 굴러가는 방식은 다음과 같다.

이용자는 로벅스를 구매해서 소비하고, 개발자와 크리에이터는 게임을 만들어 로벅스를 획득한다. 로벅스는 다시 게임에 쓸 수도 있고 재투자를 하거나 현실 세계의 통화로 바꿀 수도 있다. 이용자가 액세서리나 의상을 구입할 때 지불하는 로벅스는 그 아이템의 개발자에게 주어지고 이 과정에서 로블록스는 소정의 수수료를 받는다. 2020년, 120만 명 이상의 개발자가 로벅스를 벌었고 그중에서도 1,250명 이상의 개발자가 1만 달러 이상의 수입을 올렸으며 10만 달러 이상의 고소득을 올린 개발자도 300명에 달했다. 다만 매년 최소 10로벅스를 벌어야만 로벅스를 달러로 바꿀 수 있는 '개발자 교환 프로그램'에 가입할 자격을 얻는다.

로블록스 회사는 이용자가 로벅스를 구매하는 행위를 '부킹^{Booking}'이라고 부르는데 로벅스로 액세서리, 의상, 장비나 게임 경험을 구매한 후에야 수입을 확인할 수 있어 회사가 로벅스를 판매하는 것과 매출을 확인하는 데에는 시차가 존재한다. 2020년 1~9월 이용자 누적 충전금액은 12억 달러였고 이 중 5.9억 달러가 소비됐다. 로블록스 측에서는 2021년 한 해 충전금액이 20~21억 달러에 달하고 소비금액은 15억 달러에 달할 것으로 예상한다. 2020년 로블록스 매출액은 9.24억 달러로 동기 대비 80.39% 증가했다. 로블록스는 무서운 속도로 성장하고 있지만, 순이익을 실현하지는 못했다. 2020년, 로블록스는 2.6억 달러의 적자를 기록했다. 이는 플랫폼과 커뮤니티 정비를 위한 투자, 즉 크리에이터와 개발자에 대한 보상에서 비롯된 손실이다.

비용 구조에서는 로블록스가 이미 플라이휠 효과Flywheel Effect를 내고 있음을 보여 준다. 바퀴를 처음 돌릴 때는 매우 힘들지만 계속 밀다 보면 좀 더 빨라지고 언젠가는 가속도가 붙으며 연료 공급 없이도 엔진이 돌아가는 현상을 '플라이휠 효과'라 한다. 더 많은 개발자가 더 좋은 콘텐츠를 만들어내면 플랫폼은 더 많은 고객을 끌어들이게 된다. 결국 플랫폼을 찾는 이용자가 많아질수록 끊임없이 늘어나는 이용자들과 접촉하기 위해 더 많은 개발자가 로블록스를 찾게 될 것이다.

현재 로블록스는 180개 국가에서 서비스되며 회사 측에서는 번역 보조 기술에 투자함으로써 다른 시장으로의 진출을 꾀하고 있다. 이밖에 거대 테크기업인 텐센트와 합자회사를 설립해 중국 시장의 거대한 잠재력을 모색하고 있다.[6]

자본시장에서 높은 관심을 받은 로블록스

2021년 3월 10일, 로블록스는 DPO 방식으로 뉴욕증권거래소에 상장했다. 상장 전, 뉴욕증권거래소가 밝힌 기준 가격은 주당 45달러였고 시가총액은 295억 달러였다. 2021년 3월 11일 종가 기준 로블록스의 시가총액은 400억 달러로 치솟았다. 상장 주가는 단숨에 치솟아 주당 103달러까지 올랐다. 상장 전의 평가액에 비해 10배나 오른 로블록스 주가는 미국 자본시장에서 뜨거운 이슈가 되었다.

2021년 2월, 테슬라 투자로 유명한 아크 자산운용사(ARK Investment Management, 이하 ARK)는 미래 전망이 밝은 투자 테마 15개를 추린 'Big Ideas 2021' 투자보고서를 내놓았다. 그중 하나가 가상의 공간과 밀접하게 연결된 메타버스다. '상승주 여왕' ARK CEO 캐시 우드Cathie Wood는 로블록스 주식 약 52만 주를 매수하면서 로블록스의 상승장을 이끌었다. 미국 자산운용사 프로덕트 매니저에 따르면 로블록스가 상장 첫날 흥행 축포를 터뜨린 것은 지난 6개월 동안 다른 게임 회사와 다양한 분야 테크기업의 상장 상황을 반영한 것으로 제2부 시장(처음 상장하여 1부 종목으로 지정되기 전이나 1부 종목에의 지정요건이 미달되어 증권시장의 제2부시장에서 매매되는 종목-옮긴이)의 수요량이 엄청난 영향 때문이었다.

로블록스의 시가총액은 한때 전통 게임회사 일렉트로닉 아츠Electronic Arts, EA를 넘기도 했고, 여러 개발사를 거느린 테이크투Take-Two보다 높았다.

자본시장에서의 폭발적인 관심의 배후에는 로블록스가 자부심을 가지는 경영 데이터가 있다. 지난 2년간, 로블록스는 북미 지역을 휩쓸었다. 2020년 애플 스토어Apple Store와 구글의 플레이스토어Google Playstore에서 로블록스 다운로드 횟수는 1.6억 회에 달했고 모바일 플랫폼 수입은 11억 달러가 넘었으며 2020년 북미 지역 성탄절 기간 수입 1위 게임이 되었다.

로블록스 가라사대, 메타버스의 8가지 특징

SF 소설 《스노우 크래쉬》에 '메타버스'라고 불리는 온라인 가상 세계에 대한 묘사가 나온다. 유저는 직접 만든 '아바타'가 되어 가상 세계에서 활동한다. 주인공은 VR HMD(가상현실 헤드셋)를 통해 메타버스의 광경을 보며 컴퓨터가 그려낸 가상 세계에서 활동한다. 휘황찬란한 불빛이 번쩍이는 그곳에서 수백만 명이 거리 한복판을 오간다. 메타버스 내에서의 주요 간선도로와 세계 규칙은 '컴퓨터협회 글로벌 매스미디어 협의체'의 의해 제정된다. 개발자는 토지의 개발 허가증을 구매한 다음에야 자신의 구역에 도로를 만들고 빌딩, 공원을 비롯해 현실의 물리 법칙에 위배되는 것들도 만들 수 있다.

메타버스는 사람들이 일상생활과 업무를 영위하는 가상 공간을 가리킨다. 로블록스는 '메타버스'라는 개념을 처음으로 자사의 증권 신고서에 써넣은 회사다. 로블록스 측은 이렇게 말한다.

"혹자는 우리를 메타버스의 범주 안에 넣는다. 이는 가상 우주 속에 지속적으로 공유하는 3차원 가상 공간을 묘사하는 용어다."

갈수록 성능이 향상되는 컴퓨팅 설비, 클라우드 컴퓨팅, 초고속 인터넷 통신망이 출현하면서 메타버스는 점차 현실이 되어 갈 것이다. 로블록스는 이미 메타버스의 초기 형태를 갖췄으며 메타버스 테마주라고도 불린다.

또한 로블록스는 Identity(신분), Friends(친구), Immersive(몰입감), Low Friction(저마찰), Variety(다양성), Anywhere(어디서나), Economy(경제), Civility(문명), 등 '메타버스'로 향하는 이 8가지 핵심 특징을 밝혔다. 이처럼 로블록스는 처음으로 메타버스의 특징을 대략 설명한 회사이기도 하다.

- **Identity(신분):** 로블록스에 가입한 유저는 모두 개별적인 신분을 얻는다. 현실 세계에 신분이 있듯이 가상 세계에서도 가상 신분이 필요하다. 가상 세계의 신분은 개별 유저마다 하나씩 갖는다. 모든 사람은 메타버스 속에 '분신'을 둘 수 있다. 《스노우 크래쉬》에서는 이 분신을 '아바타'라고 했는데, 본 책에서는 개인의 가상 신분을 지칭하는 말로 '아바타'를 사용하고자 한다. 신분은 완벽한 생태계를 구축하는 첫걸음이다.
- **Friends(친구):** 메타버스 안에 소셜 네트워크가 존재해 모든 아바타의 활동과 교류가 메타버스 안에서 진행된다.
- **Immersive(몰입감):** 몰입감은 현재까지 인간과 컴퓨터의 상호작용에서 간과되어 온 부분이다. 몰입감은 게임 환경에서도 종종 언급되지만 굉장히 흥미로운 책이나 영화, TV 프로그램을 볼 때도 쓰는 용어다. 그러나 책, 영화에 몰입할 때의 느낌과 게임에 몰입할 때의 느낌은 전혀 다르다. 대다수 미디어에서 이용자는 외부의 영향이 아니라 줄거리의 진행 상황에 따라 캐릭터를 인지한다. 이는 그 캐릭터의 개성이 이미

작가나 감독에 의해 결정된 것이기 때문이다. 반면 게임에서는 유저의 게임 캐릭터에 대한 통제나 현존감^{現存感}이 게임 환경에 영향을 미치는 중요 요소가 된다.

- **Low Friction(저마찰):** 게임 지연은 데이터가 게임 이용자에게서 서버로 갔다가 다시 돌아오는 속도를 가리킨다. 인터넷 연결 상태가 좋을수록 서버 응답 속도도 빠르며 사용자 수가 적을수록 지연이 적다. 스포츠나 RPG류의 대전 게임처럼 신속한 반응 속도가 요구되는 게임에서, 지연은 게임에 지대한 영향을 미친다. 로블록스에서는 이와 같은 지연이 현저히 적다. 모든 것이 픽셀 단위로 매우 투박해 이때의 컴퓨팅양도 적어져 평범한 컴퓨터도 문제없이 처리할 수 있다. 만약 디테일이 살아 있는 정교한 그래픽이라면 상당수 컴퓨터의 속도로는 구현하는 데 한계가 있을 것이다.
- **Variety(다양성):** 가상 세계에는 현실을 뛰어넘는 자유와 다양성이 존재한다.
- **Anywhere(어디서나):** 장소에 구애받지 않고 단말기를 이용해 언제 어디서나 게임을 즐길 수 있다.
- **Economy(경제):** 로블록스는 온라인 게임 플랫폼이자 게임 제작 시스템이며, 자신만의 경제 시스템을 갖췄다. 플랫폼을 이용하는 플레이어와 개발자 수가 충분해진 2008년, 로블록스는 회사에서 자체적으로 게임을 개발하던 것을 멈추고 플랫폼에 가상화폐 '로벅스'를 출시했다. 또한 2013년, 로블록스는 개발자를 위한 교환 프로그램을 제공했다. 이후 로블록스는 현실 세계와 유사한 통화 거래 시스템을 끊임없이 업그레이드했다. 게임이나 아바타 장식용 아이템을 만들어 판매하면 게

임 화폐인 로벅스를 얻을 수 있고, 조건을 갖추면 페이팔Paypal로 현금화할 수 있다. 게임개발자는 게임판매, 자신이 개발한 무료 게임에서 유저들이 즐긴 시간에 따라 받는 배당, 개발자 간 콘텐츠 및 툴 거래, 플랫폼에서 아이템 판매 등 네 가지 방식으로 로벅스를 벌 수 있다.

예를 들어 21살 알렉스는 9살 때부터 로블록스에서 게임을 만들었다. 17살 때, 그가 제작한 '탈옥수와 경찰Jailbreak'은 최고의 인기를 구가하며 현재까지 총 40억 번이나 플레이되었다. 이 게임 속의 스킨, 액세서리 등을 판매한 대가로 알렉스는 매년 수백만 달러의 수익을 올리고 있다.

• **Civility(문명):** 로블록스 안에도 자체적인 문명 체계가 존재한다. 게임 안에는 일상적인 삶도 있고 몇 명만 모여도 만들 수 있는 커뮤니티, 이 커뮤니티가 모여 이룬 큰 도시도 있다. 시골과 도시, 심지어 모두가 함께 만든 공동의 규칙으로 이 안에서 함께 살아가며 점점 문명사회로 발전해 간다. 즉 로블록스는 끊임없이 변화하고 있다.

무한한 가능성이 펼쳐지는 메타버스

메타버스는 사람들이 일상생활과 업무를 영위하는, 현존감이 강한 가상 공간이다. 메타버스에서는 존재와 허상, 육체와 정신, 선량함과 사악함, 자아와 우주 등의 철학적 명제를 다시금 생각해 봐야 한다. 유한과 무한, 질서와 자유, 자치와 법치, 경제와 관리, 윤리와 문명의 경계를 끊임없이 탐색하기도 해야 한다. 그뿐만 아니라 블록체인, AR, 5G, 빅데이터, 인공지능, 3D 엔진 등 신기술을 모두 융합해 디지털 창조, 디지털 자산, 디지털 거래, 디지털 화폐와 디지털 소비의 새로운 틀을 형성해야 한다.

메타버스는 자유롭게 '마음'을 드러내고 '꿈'을 이룰 수 있는, '나는 생각한다. 고로 나는 존재한다'는 명제를 홀로그램으로 나타내는 공간이다. 마음이 진정 바라는 바를 형상을 가진 실체로 구현하고, 모든 물체가 유기적으로 이어지면 메타버스가 완성된다.

인지 측면에서 메타버스는 상상력의 한계를 뛰어넘어 무한히 자유로운 세계를 창조한다[표 1-1]. 메타버스 세계는 사람들이 생각하고 상상하던 모든 것들을 그대로 만들어낸 것으로 인간의 정신을 겉으로 드러낸 것이자 '내 마음이 곧 우주요, 우주가 곧 내 마음'을 3차원으로 실현한 공간이다. 메타버스는 모든 이용자가 함께 만들고, 함께 누리고, 함께 관리한다는 가치관을 따른다. 메타버스는 디지털 신분, 디지털 자산, 디지털 시장, 디지털 화폐와 디지털 소비 등 핵심 요소로 이루어진 완벽한 경제 체계를 갖추고 있다. 메타버스의 기본적인 특징은 몰입식 경험, 자유로운 창조, 소셜 네트워킹, 경제 시스템, 문명 형태로 드러난다. 메타버스는 블록체인, 5G, 인공지능, 3D 엔진, VR/AR/XR, 뇌-컴퓨터 인터페이스[BCI, Brain Computer Interface]와 같은 인류 사회 각 분야의 최첨단 기술을 하나로 녹여내고 이 모든 것이 메타버스의 인프라를 구축한다.

단계적 산업 변혁	게임, 전시, 교육, 여행, 디자인, 의료, 제조업, 정부 공공서비스
세계관	우주가 내 마음, 내 마음이 우주
기본 가치관	공동 창조, 공동 향유, 공동 관리
경제 요소	디지털 신분, 디지털 자산, 디지털 시장, 디지털 화폐, 디지털 소비
기본 특징	몰입식 경험, 자유로운 창조, 소셜 네트워킹, 경제 시스템, 문명 형태
기술 기반	블록체인, 인터랙티비티, 게임, 인공지능, 네트워크, 사물인터넷

[표 1-1] 메타버스 인프라

문학과 예술 속의 메타버스

류츠신劉慈欣은 자신의 SF 소설에서 발달한 외계문명이 지구를 감시하는 상황을 묘사했다. 지구상의 생물이 처음으로 우주를 응시한 순간, 외계인은 지구를 폭발적인 기술 발전을 이룰 위험한 땅으로 분류해 인류에 대해 기술적 봉쇄를 시작한다. 생물이 우주를 탐구한 역사는 인류의 역사보다도 깊었다.

'마음'을 기점으로 밖으로는 물질세계, 별이 총총 뜬 드넓은 하늘을 탐구하고 안으로는 다채로운 정신세계를 구축한다. 이 중 밖으로 뻗어 나간 사유의 최고봉은 단연 『삼체三体』시리즈 3부작이다. 『삼체』는 광활한 시공에서 우주의 경계를 찾다가 한순간의 실수로 사랑하는 사람과 수십만 년을 엇갈린 이야기를 그려 낸다. 반면 안으로 파고든 사유의 최고봉은 지닌 것 하나 없이 그저 자유로이 노닐다가 회오리바람을 타고 구만리로 날아오른 장자莊子의 『소요유逍遙遊』다. '소요유'는 세속의 것을 모두 떨쳐내고 시공을 초월한 절대적인 정신적 자유를 누리는 것을 말한다.

'마음'의 외부에 관한 끝없는 탐구는 이미 역사상 유례를 찾아보기 힘든 경지에 이르렀다. 인류는 나노 수준에서 세계를 파헤치며 극도로 정밀한 일을 하고 있다. 머나먼 우주와 지구 사이를 수없이 오가며 광활한 여정을 시작했다. '마음'의 내부에 있는 정신세계는 종교, 문학, 예술 분야의 창조에 주력했다. 위대한 예술 작품은 대개 완벽한 우주관을 갖추고 있다. 중국 작품『홍루몽紅樓夢』, 『서유기西遊記』 등이 그러하고 서양 작품 중 호메로스Homeros의 서사시와『해리포터』 등도 그러하다.

『서유기』에서 '마음'을 묘사한 부분은 매우 직관적이고 전형적이다. 작가 오승은吳承恩은 작품 곳곳에 '삼장법사 현장玄奘의 마음이 실체화된 것이 손오공'이라는 암시를 남겼다. 손오공이 사부에게 도술을 배우는 곳에는 '영대방촌산, 사월삼성동靈台方寸山, 斜月三星洞'이라고 쓰인 대련 한 폭이 걸려 있었다. 도교道教에서 영대靈台와 방촌方寸은 모두 '마음'을 의미하고, 사월삼성은 '기울어진 달'과 '별 세 개'라는 의미로 결국 마음 심心 자를 파자한 것이다. 그러고 보면 현장이 불교 경전을 구하는 여정을 기록한『서유기』는 현장의 마음을 원점으로 '메타버스'를 구축했다고 볼 수도 있겠다.

영화 쪽에서 가장 직접적인 느낌과 깊은 깨달음을 준 것으로는 〈매트릭스〉와 〈레디 플레이어 원〉을 꼽을 수 있다. 두 작품 모두 '진실은 무엇인가?', '우리 뇌가 느끼는 세계가 가상 세계는 아닐까?'라는 질문의 답을 찾으려 했다.

마음 밖으로 극도로 광대한 것에 이르고 마음 안으로 극도로 심오한 것에 이르는 것은 결국 같다고 볼 수 있다. 내 마음이 우주요, 우주가 곧 내 마음이니 말이다.

진실은 무엇인가?

중국 항공기 제조사 코맥COMAC에 견학 갔을 때 ARJ21 비행기 모의 조종석에서 비행의 즐거움을 체험해 본 적이 있다. 내 체격을 슬쩍 살펴본 트레이너는 초급 모의 프로그램을 작동시켰는데, 한마디로 순항 단계의 모의 조종을 시켰다는 뜻이다. 물론 나도 내 주제 파악은 하고 있었다. 만약 새가 엔진 속으로 빨려 들어가는 버드 스트라이크 Bird strike 상황 프로그램을 켰다면 그 자리에서 기절했을 것이다.

조종사들은 모두 모의 조종석에서 비행 훈련을 하는데 실제로 비행 스케줄을 마치고도 정기적으로 리커런트 트레이닝Recurrent training을 받아야 한다. 이 모의 조종 훈련에서는 일반적인 비행 중에는 겪기 힘든 상황을 시뮬레이션할 수 있기 때문이다. 예를 들어 버드 스트라이크로 인해 한쪽 엔진에 불이 붙어 동력을 상실했을 때 대처법 등을 훈련할 수 있다.

수많은 관객을 극장으로 끌어들인 영화 〈캡틴 파일럿〉에서 쓰촨 항공四川航空 3U8633편을 몰던 류창젠劉長健은 만 미터 상공에서 갑자기 조종석 유리창이 깨져 떨어져 나가고 조종석 안 기압이 급속히 떨어지는, 극도로 드물면서도 위험한 상황에 처한다. 사실 이 정도로 위험한 상황이 발생할 확률은 극히 낮다. 그러나 모의 조종에서는 이런 극단적인 상황을 실제처럼 재현해 조종사의 대처 능력과 비행 능력을 시험할 수 있다.

이와 같은 시뮬레이터는 동체, 비행기 날개 부분만 액압 장치 몇 개로 대체할 뿐, 실제 ARJ21 비행기와 똑같으며 각종 비행 상황을 시뮬레이션한다.

비행기 조종사에게 '비행'은 실제 상황이다. 그러므로 모의 조종에서는 실제 비행 과정 중 거의 겪을 일이 없는 상황을 체험할 수도 있고 가상 세계에서 더 다양한 상황을 경험해 보는 것이다. 조종사들은 이 모의 조종에서 비행 관련 지식을 배우고 훈련을 극대화시킨다.

진실은 무엇인가? '진실'이라는 단어는 언어적으로 모호성을 띤다. 모의 조종이든 실제 비행이든 같은 경험치를 쌓을 수 있으나 모의 조종을 활용할 경우, 조종사는 극단적인 상황을 경험할 수 있다. 물론 조종사들이 현실에서는 영원히 그와 같은 경험을 할 일이 없기를 바라지만 말이다.

경험의 다양성 측면에서 가상 세계는 현실의 물질세계를 아득히 뛰어넘는다. 개인적으로는 가상 세계든 현실 세계든 '경험'은 모두 진실하다. 경험은 진실하고 느낌도 진실해 물질세계를 뛰어넘어 물질세계와 가상 세계의 경계가 서서히 사라질 것이다.

〈매트릭스〉 속 광경을 생각해 보면 모두 컴퓨터 프로그램이 대뇌를 자극해 얻은 신호다. 대뇌의 경험은 진실하므로 주인공 네오는 모피어스가 건넨 파란색 알약을 먹기 전까지는 허구의 세계를 분별하지 못한다(파란색 알약은 물질세계를 대변하고, 빨간색 알약은 가상 세계를 대변한다. [그림 1-8].

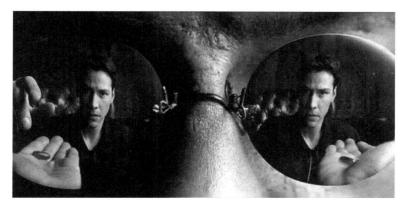

[그림 1-8] 영화 <매트릭스> 스틸 컷

메타버스의 중요한 특성 중 하나는 물질세계를 초월한 경험이 진실하다는 것이다. 메타버스는 정신세계의 무한한 자유와 물질세계의 찬란한 경험을 기묘하게 융합한다. 5G, 3D, VR 등 기술이 발전하면서 마음이 곧 우주라는 심리학적 인지를 초현실적 가상의 존재로 바꾸었다. 만약 메타버스를 업무와 일상생활을 영위하는 가상 공간으로 정의한다면, 게임이나 영화 말고도 이 정의에 부합하는 시스템이 적지 않을 것이다. 다만 영화가 주는 시각적 충격과 게임이 주는 몰입감은 더 쉽게 자유로운 창조를 경험하게 해 주고 무엇에도 얽매이지 않는 본성을 마음껏 드러내 실제 세계에서는 영원히 일어날 일이 없는 일을 경험하게 한다.

함께 창조하고, 누리고, 관리한다

기업과 달리, 메타버스의 수많은 상품은 '아바타'가 창조한다. 몇몇 아바타가 팀을 이뤄 보다 정교한 상품을 내놓을 때도 있다. 그러나 메타버스 속 UGC(User Generated Contents, 사용자 창작 콘텐츠)는 주류의 방향이다. 아바타는 마감시간이 명확한 임무나 심사 지표를 정하기 어렵기 때문에 현실 세계의 직원처럼 관리할 수 없다.

체계를 잘 갖춘 게임은 대부분 '퀘스트' 시스템이 마련돼 있어 게임을 하다가 퀘스트를 완료하고 보상을 받을 수 있다. 보상은 포인트나 게임 화폐일 수도 있고 희귀 장비일 수도 있다. 다시 말해 아바타의 창조 행위에 대한 보상은 반드시 고려해야 할 사항이다. 이는 메타버스 속 '생산'의 전제 조건이자 플레이어의 자아실현 욕구를 만족시키기 위한 필요조건이기 때문이다. 창조가 있어야 상품이 생겨난다. 상품이 생겨나면 거래 장소가 필요해진다. 그리고 이는 디지털 시장의 발전으로 이어진다.

함께 창조한다는 것은 파이를 함께 만드는 것이고, 함께 누린다는 것은 파이를 함께 나누는 것이며, 함께 관리한다는 것은 파이를 키우고 나누는 게임의 규칙을 함께 정하는 것이다. 함께 창조하고 누리고 관리하는 것은 메타버스 사회 구조의 3가지 토대인 생산력(공동 창조), 생산 관계(공동 향유), 상부구조(공동 관리)와 연관돼 있다. 이에 더해 공동 번영은 메타버스 전체가 추구하는 궁극의 목표인 '메타버스의 번영'이다.

함께 창조하고 누리는 점에서는 일부 기업들도 잘하고 있다. 예를 들어 애플은 개발자에게 배당금을 지불한다. 또 마이크로소프트는 새로 출시한 Windows 11을 두고 개발자가 이 시스템상에서 창조한 모든 앱이 무료이며 이에 대해 사측은 어떠한 비용도 부과하지 않겠다고 밝혔다. 틱톡TikTok, 빌리빌리 등 플랫폼에서도 창작자는 상당한 액수의 보수를 받을 수 있다.

그러나 함께 관리하는 부분에서, 이들 중앙화Centralization된 기업 체제는 제도적으로 공동 관리할 수 없다. 반면 블록체인을 기반 기술로 하는 수많은 탈중앙화De-Centralization 앱이 선두를 달리고 있다.

이 3가지 가치관으로 메타버스 대장주 로블록스를 살펴보면 '공동 관리' 면에서 부족한 면이 있다. 공동 관리가 바로 새로운 경제와 낡은 경제, 새로운 이념과 낡은 이념, 새로운 양식과 낡은 양식을 가르는 키워드다. 메타버스 관리 문제에 관해서는 5장에서 자세히 다루겠다.

메타버스 경제체제

디지털 경제는 데이터가 주요 생산 요소인 경제 활동으로 물질 상품의 생산, 유통, 소비는 물론이고 디지털 제품의 창조, 교환, 소비까지 포함한다. 한마디로 물질 상품이든 비물질 상품이든 생산, 유통, 소비의 어느 한 부분에서라도 디지털 기술이나 데이터를 사용한다면 디지털 경제에 포함된다. 메타버스 경제는 디지털 제품의 창조, 교환, 소비의 모든 단계가 디지털 세계에서만 이루어져야 한다고 엄격히 제한한다.

메타버스 경제는 디지털 경제의 특수한 형태로 나름의 특수성과 함께 디지털 경제의 보편적 특성도 보여 준다. 메타버스 경제는 '경제인Homo Economicus' 가설 붕괴, 노동이 아닌 인정이 가치 결정, 한계비용Marginal Cost 체감, 한계편익Marginal Benefit 체증, 거래비용 제로에 수렴 등의 특수성을 보인다. 보편적 특성으로는 경제의 기본 원리에 부합해 시장 규모가 커질수록 경제도 번영한다.

　메타버스 경제는 디지털 창조, 디지털 자산, 디지털 시장, 디지털
화폐, 디지털 소비 등 5가지 요소로 이루어진다. 이는 기존 경제와
확연히 다른 특징을 갖는다. 계획과 시장의 통일, 생산과 소비의 통
일, 규제와 자유의 통일, 행위와 신용의 통일로 정리할 수 있다.
　이런 특징 때문에 메타버스 경제는 디지털 경제를 연구하는 데 최
적의 샘플이 된다. 물론 메타버스 경제에서 얻은 결론을 디지털 경
제체제에 적용해 살펴보면, 두 경제체제에서의 결론이 같지 않음을
알 수 있다. 하지만 적어도 디지털 경제체제를 구축하는 데 도움이
될 시사점은 많다.

명칭	신분	설비	창작 툴	창작 유형	콘텐츠 형식	디지털 시장	디지털 화폐
iPod	Apple ID	-	LogicPro	PGC	음악	iTunes	없음
iPhone	Apple ID	-	Xtools	PGC	App	App Store	없음
WeChat	Wechat ID	스마트폰	Text/Image 편집	UGC	Text/Image	분산 시장	위챗 잔액
틱톡	틱톡 ID	스마트폰	동영상 편집	UGC	동영상	틱톡	틱톡머니
이더리움 (Ethereum)	신원 인증 표준 제공	-	다양한 소프트웨어 패키지	UGC/PGC	App	개방	ETH
훙멍鸿蒙 (Harmony)	화웨이 ID	-	DevEco Studio	PGC	App	앱스토어	없음
마인크래프트	소셜 네트워크 ID	스마트폰	게임 내장	UGC	3D	게임 사이트	금화
로블록스	로블록스 ID	스마트폰/VR	Roblox Studio	UGC/PGC	3D	거래 시장	로벅스

[표 1-2] 다양한 메타버스 경제체제 비교

80

플랫폼 기업들은 필연적으로 메타버스 경제를 선택할 수밖에 없다. 정도의 차이만 있을 뿐, 모든 플랫폼 기업은 메타버스 경제의 특징을 보인다. 표현 형식이 조금씩 다를 뿐이다. [표1-2]는 다양한 종류의 메타버스 경제체제를 비교한 표이다. 메타버스 경제에 관해서는 4장에서 자세히 다루겠다.

메타버스의 기본 특징 5가지

메타버스의 특징에 관해서는 의견이 분분하다. 로블록스가 정리한 8가지 특징에 관해서는 이번 장 세 번째 단락의 내용을 참고하기 바란다. 핵심만 뽑자면, 개인적으로는 다음의 5가지가 메타버스의 특징을 설명한다고 생각한다.

1. 몰입식 경험

틱톡, 위챗, 텐센트의 게임 세계도 모두 메타버스다. 사람들이 메타버스를 일상생활과 업무를 영위하는 가상 공간이라고 생각한다면, 왜 위챗, 틱톡이 엄청난 흥행몰이 하는 것을 보고도 메타버스라는 개념을 떠올리지 못할까?

다들 틱톡에 빠져 시간 가는 줄 모르고 있지만, 자신이 또 다른 '시공간'에 있다고 생각하는 사람은 아무도 없다. 두 눈은 몇 센티미터 크기의 조그만 액정 화면에 고정돼 있지만 화면 밖에서 일어나는 일을 느낄 수 있기 때문이다. 그런데 네모난 휴대전화 화면은 현존감을 선사하지 못한다. 그러나 VR은 다르다. HMD(Head Mounted Display, 안경처럼 머리에 쓰고 대형 영상을 즐길 수 있는 영상표시장치)를 쓰는 순간, 마치 〈레디 플레이어 원〉의 한 장면처럼, 시공간의 터널을 뛰어넘어 또 다른 세계로 온 듯한 착각이 들게 만든다.

　　몰입식 경험은 현실을 뛰어넘어 물질세계와 단절된, 완전히 다른 시공간에 온 듯한 느낌을 준다. 마치 두 개의 평행한 우주처럼 두 시공간을 잇는 '웜홀Wormhole'이 필요한데, 이 웜홀을 통과하면 곧바로 또 다른 우주가 펼쳐진다.
　　영화 〈아바타〉에 이를 표현하는 명장면이 있다. 주인공 제이크 설리는 두 다리를 쓸 수 없어 행동에 제약이 따르지만 그의 분신 아바타는 활동에 아무런 문제가 없는 건강한 신체를 가지고 있다. 제이크는 아바타 안에서 처음으로 눈을 뜬 순간, 놀라움과 흥분을 가누지 못하고 마치 그것이 자신의 발이라는 것을 믿을 수 없다는 듯 두

[그림 1-9] 영화 〈아바타〉 스틸 컷, 아바타들이 이크란을 부리는 장면
(출처: 〈아바타〉 중 캡처)

발을 이리저리 움직여 본다. 몇 걸음 떼어 본 제이크는 실제 마비된 두 다리로는 경험해 본 적 없는 새로운 느낌을 받는다. 바로 신체의 자유였다. 그래서 제이크는 주변의 만류에도 불구하고 의료실 밖으로 뛰쳐나가 튼튼한 두 다리로 마음껏 달리며 바람이 뺨을 스치는 느낌을 만끽한다. 그렇게 제이크는 갓 태어난 아기처럼 한껏 세상을 느낀다.

하늘을 나는 새를 볼 때마다 '아, 나도 날개가 있었으면 좋겠다.' 하고 부러워하며 하늘 끝까지 날아오르는 상상을 하곤 했다. 〈아바타〉에서 하늘을 나는 새 '이크란(판도라 행성에 사는 사납고 큰 새)'을 부리며 자유롭게 하늘을 나는 장면을 본 관객들은 아마 '이게 바로 인생이지, 한없이 자유로운 인생!' 하며 감탄을 금치 못했을 것이다[그림 1-9]. 이런 경험은 메타버스가 아니면 불가능하다.

2. 창조

창조는 본질적으로 정신 활동이다. 창조는 기쁨이지만 아무리 세세하고 절묘하게 묘사하더라도 실제의 것을 고스란히 표현하기란 불가능에 가깝다. 그림, 조각, 건축은 모두 예술이다. 이러한 예술의 아름다움은 말로 설명할 수 있는 것이 아니다.

메타버스에서는 간단하면서도 사용하기 쉬운 툴을 활용해 누구라도 무궁무진한 창조력을 발휘할 수 있다. 창조는 오직 상상력에 달려 있다. 특히 메타버스에서는 세상을 창조하는 창조주와 같은 느낌을 받게 된다.

창조는 메타버스 경제의 밑바탕이기도 하다. 창조하지 않으면 자산이 있을 수 없고, 자산이 없으면 거래도 있을 수 없다. 거래가 없으면 경제 시스템이라는 것도 형성될 수 없다.

3. 소셜 네트워크

『시경詩經』에 이르길, "새들이 지저귀는 소리, 벗을 찾는 소리로다."라고 했다. 한낱 미물인 새조차 벗을 찾는데 사람이라고 다르겠는가! 사람의 정신을 무너뜨리는 가장 큰 위협은 나를 이해해 주는 사람이 아무도 없다는 고독감이다. 예로부터 고독감은 사람이 느끼는 가장 처량한 감정이다. 자신을 알아주는 친구를 찾는 것은 인간으로 태어난 이상 어쩔 수 없는, 유전자가 시키는 일이다.

'소셜 네트워크'는 메타버스의 기준이다. 중국은 위챗, 해외는 페이스북으로 대표되는 소셜 네트워크가 이미 광범위한 영향력을 행사하고 있다.

4. 경제 시스템

경제 활동은 인류 사회의 기반을 이룬다. 메타버스도 가상의 '사회'로서 '가상'의 경제가 없을 수 없다. 경제 시스템은 매우 중요하기 때문에 여기에서는 더 다루지 않고 다음에 다시 이야기하기로 한다.

5. 문명 형태

문명이라는 것은 인류 사회 행위와 자연 행위를 모두 합한 것이다. 사람은 단 한 가지 모습으로만 규정할 수 없다. 아이가 부모 앞에서 하는 행위와 친구에게 하는 행위는 매우 다르다. 메타버스에서의 '아바타' 행위는 각자의 내면 깊은 곳에 자리한 다양한 욕망을 보여주는 것일지도 모른다. 그래서 메타버스 안에 형성된 문명은 현실 세계의 문명과 비슷한 점도 있지만 많은 부분에서 다른 형태를 보일 것이다.

3D 온라인 가상현실 게임 '세컨드 라이프'와 '포트나이트'의 문명 형태만 보더라도 현실과 명확히 구분된다. 메타버스 속 다양한 문명 형태는 현실 세계 속 문명의 복잡성과 다양성을 반영한다. 메타버스에서 다양한 인생을 경험할 수 있는 것은 바로 이 때문이다.

메타버스의 발전을 견인하는 기술

메타버스의 기반이 되는 기술들은 'BIGANT(큰 개미)'라는 한 단어로 정리할 수 있다. B는 블록체인Blockchain, I는 인터랙티비티 기술Interactivity, G는 게임Game, A는 인공지능AI, N은 네트워크 및 연산 기술Network, T는 사물인터넷Internet of Things을 가리킨다. BIGANT는 디지털 기술의 총체라 할 수 있다. [그림1-10]에서 메타버스가 디지털 기술 발전을 견인하고 있다는 것을 확인할 수 있다.

1. AR, VR 등 능동적 상호작용 기술로 게임 몰입감 향상

게임의 발전사를 돌아보면 기술은 항상 '몰입감 향상'을 목표로 발전해 왔다. 앵그리버드Angry Birds부터 CSGOCounter-Strike Global Offensive까지 게임 모델링 방식이 2D에서 3D로 발전하면서 게임 속 물체에 입체감이 입혀졌다. 플레이어가 게임 속에서 자유롭게 시각

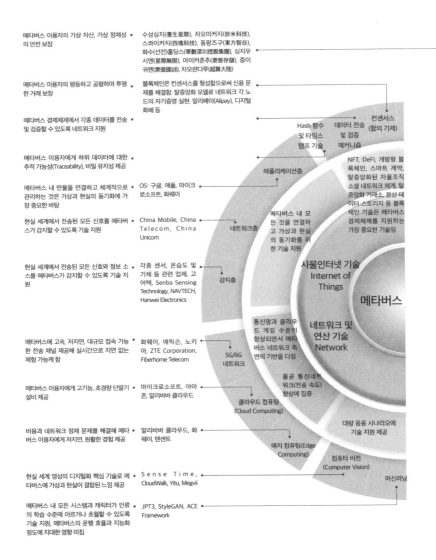

메타버스 이용자의 가상 자산, 가상 정체성 • 수성싱지(書生星際), 차오미커지(炒米科技),
의 안전 보장 스파이커지(四塊科技), 동팡즈구(東方智谷),
화수(선전)홀딩스(華數深圳控股集團), 싱지우
시엔(星際無限), 마이커춘추(麥客存儲), 중이
궈렌(衆億國聯), 차오쏸다루(超算大陸)

메타버스 이용자의 평등하고 공평하며 투명 • 블록체인은 컨센서스를 형성함으로써 신용 문
한 거래 보장 제를 해결함. 탈중앙화 모델로 네트워크 각 노
드의 자기증명 실현. 알리페이(Alipay), 디지털
화폐 등

메타버스 경제체제에서 각종 데이터를 전송 •
및 검증할 수 있도록 네트워크 지원

Hash 함수 데이터 전송 컨센서스
및 타임스 및 검증 (합의 기제)
탬프 기술 메커니즘

메타버스 이용자에게 하위 데이터에 대한 •
추적 가능성(Traceability), 비밀 유지성 제공

NFT, DeFi, 개방형 블
록체인, 스마트 계약,
탈중앙화된 자율조직
소셜 네트워크 체계, 탈
중앙화 거래소, 분산 데
이터 스토리지 등 블록
체인 기술은 메타버스
경제체제를 지원하는
가장 중요한 기술임

애플리케이션층

메타버스 내 만물을 연결하고 체계적으로 • OS: 구글, 애플, 마이크
관리하는 것은 가상과 현실의 동기화에 가 로소프트, 화웨이
장 중요한 바탕

메타버스 내 모
든 것을 연결하
고 가상과 현실
의 동기화를 위
한 기술 지원

현실 세계에서 전송된 모든 신호를 메타버 • China Mobile, China
스가 감지할 수 있도록 기술 지원 Telecom, China
Unicom

네트워크층

현실 세계에서 전송된 모든 신호와 정보 소 • 각종 센서, 온습도 및
스를 메타버스가 감지할 수 있도록 기술 지 기체 등 관련 업체, 고
원 어텍, Senba Sensing
Technology, NAVTECH,
Hanwei Electronics

감지층

사물인터넷 기술
Internet of
Things

메타버스

메타버스에 고속, 저지연, 대규모 접속 가능 • 화웨이, 에릭슨, 노키
한 전송 채널 제공해 실시간으로 지연 없는 아, ZTE Corporation,
체험 가능케 함 Fiberhome Telecom

5G/6G
네트워크

통신망과 클라우
드 게임 수준이
향상되면서 메타
버스 네트워크 측
면의 기반을 다짐

네트워크 및
연산 기술
Network

메타버스 이용자에게 고기능, 초경량 단말기 • 마이크로소프트, 아마
설비 제공 존, 알리바바 클라우드

클라우드 컴퓨팅
(Cloud Computing)

줄곧 통신네트
워크(전송 속도)
향상에 집중

비용과 네트워크 정체 문제를 해결해 메타 • 알리바바 클라우드, 화
버스 이용자에게 저지연, 원활한 경험 제공 웨이, 텐센트

에지 컴퓨팅(Edge
Computing)

대량 응용 시나리오에
기술 지원 제공

현실 세계 영상의 디지털화 핵심 기술로 메 • Sense Time,
타버스에 가상과 현실이 결합된 느낌 제공 CloudWalk, Yitu, Megvii

컴퓨터 비전
(Computer Vision)

머신러닝

메타버스 내 모든 시스템과 캐릭터가 인류 • JPT3, StyleGAN, ACE
의 학습 수준에 이르거나 초월할 수 있도록 Framework
기술 지원, 메타버스의 운행 효율과 지능화
정도에 지대한 영향 미침

[그림 1-10] 메타버스 6대 기반 기술 BIGANT 파노라마
(출처: 중국대외번역출판공사中國對外翻譯出版公司)『메타버스 토큰(元宇宙通證)』)

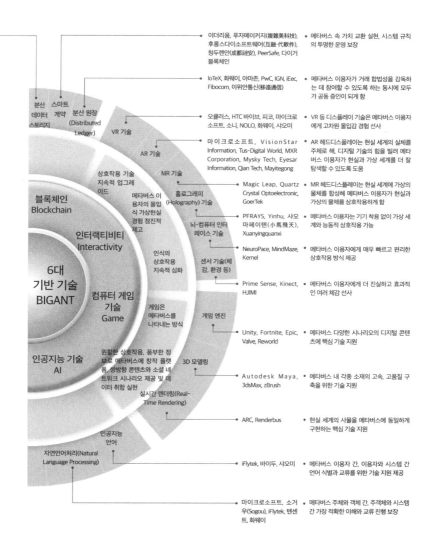

이더리움, 푸자메이커지(復雜美科技),
후룽스다이소프트웨어(互融·代软件),
청두렌안(成都链安), PeerSafe, 다이거
블록체인

• 메타버스 속 가치 교환 실현, 시스템 규칙
의 투명한 운영 보장

IoTeX, 화웨이, 아마존, PwC, IGN, iEec,
Fibocom, 이위안통신(移遠通信)

• 메타버스 이용자가 거래 합법성을 감독하
는 데 참여할 수 있도록 하는 동시에 모두
가 공동 증인이 되게 함

오큘러스, HTC 바이브, 피코, 마이크로
소프트, 소니, NOLO, 화웨이, 샤오미

• VR 등 디스플레이 기술은 메타버스 이용자
에게 고차원 몰입감 경험 선사

마이크로소프트, VisionStar
Information, Tus-Digital World, MXR
Corporation, Mysky Tech, Eyesar
Information, Qian Tech, Mayitegong

• AR 헤드디스플레이는 현실 세계의 실체를
주체로 해, 디지털 기술의 힘을 빌려 메타
버스 이용자가 현실과 가상 세계를 더 잘
탐색할 수 있도록 도움

Magic Leap, Quartz
Crystal Optoelectronic,
GoerTek

• MR 헤드디스플레이는 현실 세계에 가상의
물체를 합성해 메타버스 이용자가 현실과
가상의 물체를 상호작용하게 함

PFRAYS, Yinhu, 샤오
마페이톈(小馬飛天),
Xuanyingquanxi

• 메타버스 이용자는 기기 착용 없이 가상 세
계와 능동적 상호작용 가능

NeuroPace, MindMaze,
Kernel

• 메타버스 이용자에게 매우 빠르고 편리한
상호작용 방식 제공

Prime Sense, Kinect,
HJIMI

• 메타버스 이용자에게 더 진실하고 효과적
인 여러 체감 선사

Unity, Fortnite, Epic,
Valve, Reworld

• 메타버스 다양한 시나리오의 디지털 콘텐
츠에 핵심 기술 지원

Autodesk Maya,
3dsMax, zBrush

• 메타버스 내 각종 소재의 고속, 고품질 구
축을 위한 기술 지원

ARC, Renderbus

• 현실 세계의 사물을 메타버스에 동일하게
구현하는 핵심 기술 지원

iFlytek, 바이두, 샤오미

• 메타버스 이용자 간, 이용자와 시스템 간
언어 식별과 교류를 위한 기술 지원 제공

마이크로소프트, 소거
우(Sogou), iFlytek, 텐센
트, 화웨이

• 메타버스 주체와 객체 간, 주객체와 시스템
간 가장 적확한 이해와 교류 진행 보장

분산
데이터
스토리지

스마트
계약

분산 원장
(Distributed
Ledger)

VR 기술

AR 기술

MR 기술

홀로그래피
(Holography) 기술

뇌-컴퓨터 인터
페이스 기술

센서 기술(체
감, 환경 등)

게임 엔진

3D 모델링

실시간 렌더링(Real-
Time Rendering)

인공지능
언어

자연어처리(Natural
Language Processing)

블록체인
Blockchain

인터랙티비티
Interactivity

컴퓨터 게임
기술
Game

인공지능 기술
AI

6대
기반 기술
BIGANT

상호작용 기술
지속적 업레
이드

메타버스 이
용자의 몰입
식 가상현실
경험 점진적
제고

인식의
상호작용
지속적 심화

게임은
메타버스를
나타내는 방식

원활한 상호작용, 풍부한 정
보로 메타버스에 창작 플랫
폼, 쌍방향 콘텐츠와 소셜 네
트워크 시나리오 제공 및 데
이터 취합 실현

을 전환할 수 있게 되면서 몰입감이 향상됐다. 그러나 3D 게임은 여전히 수직의 스크린을 통해 게임 화면을 보여 주고 키보드, 마우스, 조이스틱 등 하드웨어 툴이 플레이어의 상호작용을 제약하는 까닭에 '현실 세계와 가상 세계의 동기화'라는 메타버스의 요구를 거의 반영하지 못하고 있다.

미래에는 VR, AR로 대표되는 인간-컴퓨터 상호작용 기술이 발전함에 따라 더 현실감 있는 게임이 등장할 것이다. 인간-컴퓨터 상호작용 방식이 지원하는 개방적인 가상 세계 게임의 몰입감도 훨씬 향상될 전망이며 그로 인해 완성형 메타버스와의 간극을 줄여 갈 것으로 보인다.

2. 5G, 클라우드 컴퓨팅 기술로 대규모 이용자의 게임 접근성 제고

메타버스는 대규모 참여 매개체로, 상호작용하는 이용자 수가 수억에 달할 것이다. 현재 대형 온라인 게임은 모두 클라이언트 소프트웨어Client Software를 사용하는데 게임업체 서버와 이용자 개인 컴퓨터가 프로세싱 단말기로 이용된다. 이런 모델에서는 컴퓨터 단말기 사양이 문턱으로 작용해 이용자의 접근을 제한할 수 있다. 또한 단말기 서버 부하 능력의 한계로 대규모 이용자의 동시 접속을 지원하기 어렵다. 이런 상황에서 5G와 클라우드 컴퓨팅 등 하부 기술의 업그레이드와 보급은 향후 게임 접근성의 한계를 뛰어넘는 관건이 될 것이다.

3. 알고리즘, 연산 처리 능력 향상으로 렌더링 모델 업그레이드, 게임 도달성 제고

현재 3D 게임은 기존의 단말 렌더링 모델을 사용하는 까닭에 개인 컴퓨터 GPU 렌더링 능력의 제약으로 게임 화면의 화소 정밀도 및 스큐어모프(Skeuomorph, 대상을 원래 그대로의 모습으로 사실적으로 표현하는 디자인 기법) 효과와는 여전히 큰 격차를 보인다. 지금의 렌더링 모델을 개선하고 게임 도달성을 높이려면 알고리즘, 연산 처리 능력의 획기적 진전 및 반도체 등 인프라 산업의 지속적인 진보가 필요하다.

4. 블록체인, AI 기술을 통해 콘텐츠 창작 문턱을 낮추고 게임의 확장 가능성 제고

PGC(Partner Generated Contents, 전문 기업이 생산해 낸 전문성 높은 콘텐츠) 부분에서, 퍼스트 파티(제1그룹)의 게임 콘텐츠는 메타버스를 구축하는 기본 장소이지만 현재 3D 게임은 시나리오와 캐릭터를 모델링하는데 과도한 인력과 물자, 시간을 소모한다. 메타버스와 현실 사회의 동기화를 실현하기 위해 알고리즘, 연산 처리 능력 및 AI 모델링 기술을 발전시키면 PGC의 생산 효율을 높일 수 있을 것이다. 사용자 제작 콘텐츠 부분에서는 제3자가 자유롭게 제작하는 콘텐츠를 통한 폐순환 경제체제에서 경제활동이 지속적인 동기 부여가 되어 메타버스를 지속시키고 확장시키는 핵심 동력이 된다.

현재 게임 UGC 창작 분야는 프로그래밍 문턱이 너무 높아 수준 높은 맞춤 창작물을 쉽게 구할 수 없으며 폐순환 경제체제를 갖춘 게임도 찾아보기 어렵다. 따라서 메타버스가 요구하는 지속성, 확장성을 실현하려면 블록체인 경제, AI, 통합 콘텐츠 플랫폼 등 산업에서의 획기적인 기술 발전이 필요하다.

인터넷의 마지막 진화 형태

블록체인과 메타버스는 상호의존적 관계로 따로 떼놓을 수 없다. 블록체인은 메타버스 기반 조직 모델, 관리 모델, 경제 모델에 필수적인 기술적 틀을 제공한다. 그러나 이보다 더 중요한 점은 블록체인의 탈중앙화 가치관은 메타버스의 '함께 창조하고 공유하고 관리한다'라는 가치관과 궤를 함께한다.

현실 세계에서 상부구조인 정부의 역할은 대체 불가능하다. 어떤 의미에서 보면 현실 세계를 디지털 세계에 투사한 것이 바로 메타버스인데 메타버스에 정부를 위한 자리를 남겨 두길 바라는 사람은 거의 없다. 메타버스를 창조한 사람들이 무정부주의자가 아님에도 말이다.

일부 서양 사상가는 정부를 문지기에 비유해 사회의 질서와 규칙을 지키는 존재로 정의한다. 물론 정부의 역할이 단순히 이에 그치는 것은 아니다. 그러나 메타버스의 창조주(주로 M세대) 중 상당수가 부모의 권위에 도전하는 것이 곧 자유를 추구하는 행위라고 생각하는 까닭에 이들이 삶을 긍정적이고 건전하게 바라볼 수 있도록 이끄는 것이 매우 중요한 과제임을 놓쳐서는 안 된다. 어떠한 제약도 없는, 무한히 자유로운 경험을 추구하는 마당에 굳이 '부모'와 비슷한 기구를 마련해야 할까? 하지만 메타버스에도 규칙은 필요하다. 또한 이 규칙들을 실행하는 주체는 어떤 중심화된 조직이어서는 안 된다. 이런 이유로 블록체인이 유용하다.

이 밖에 진정으로 통합된 메타버스를 구축하려면 각각의 평행우주마다 각기 다른 정체성을 갖는 것이 아니라, 각기 다른 시공간에서도 동일한 정체성으로 활동할 수 있는, '범우주적' 메커니즘이 필요하다. 게임 A에서 사용하는 ID로 게임 B에 로그인할 수 없고 게임 B에서 사용하는 장비로 게임 A를 즐길 수 없다. 플레이어 입장에서 보면 게임 A와 B는 겹치는 부분이 전혀 없는 평행우주다.

어쩌면 일부 자산의 경우, 예를 들어 '스킨' 같은 것은 각기 다른 게임에서 사용하는 데 문제가 없을 것이다. 이런 '자산'도 '범우주적'으로 전달할 수 있다.

이처럼 범우주적으로 디지털 자산을 전달할 수 있는 기술은, 지금으로서는 블록체인이 유일하다. NFT가 바로 솔루션의 원형을 제공한다.

메타버스 안에서 다양하게 응용되는 NFT

NFT^{Non-Fungible Token}는 '대체 불가능한 토큰'이라는 뜻이다. 그러나 이 뜻만 들어서는 정확한 의미를 파악할 수 없다. NFT는 블록체인 기술을 활용한 것으로, 박물관에 있는 세계적인 명화나 부동산 소유권처럼 희소성 있는 디지털 자산을 대변한다. NFT는 디지털 세계의 자산 중 하나로 희소성을 띠며 복제할 수 없는 동시에 매매할 수 있어 현실 세계의 일부 상품을 대신하는 데 쓸 수 있지만 디지털화되어 이더리움 블록체인에 저장된다.

많은 사람이 블록체인의 가장 중요한 응용사례로 NFT를 들며 NFT가 메타버스의 발전을 이끄는 중요한 힘이라고 강조한다. NFT가 현실 세계의 자산과 가상 세계의 자산을 연결하는 가능성을 보여준 것은 맞지만 NFT 지지자들이 간과한 아주 중요한 문제가 있다. 바로 NFT의 내재 가치에 대한 충분한 공감대가 형성되지 않았다는 사실이다.

양말 한 켤레가 15만 달러에 낙찰되고 트위터상에 쓰인 최초의 영어 단어 5개는 250만 달러에 낙찰됐다. 5,000일 동안 날마다 선보인 JPEG 그림 파일을 하나로 모은 디지털 이미지는 6,900만 달러가 넘는 거액에 낙찰됐다. 이 같은 낙찰가는 무엇을 근거로 정해졌을까? 앞서 언급한 물품들(양말 한 켤레, 영어 단어 5개, 이미 발표한 디지털 이미지들을 하나로 합친 작품)의 면면만 보면 이런 낙찰가는 얼토당토않다.

그렇다면 이들 물품에 NFT의 암호화된 권리증명을 더하면 그 가격이 수십 배, 수백 배, 심지어 수천 배까지 뛸 수 있을까? 양말 한 켤레에 어떤 암호화된 권리증명 기술을 썼다고 하더라도 그 정도로 가격이 뛰는 건 말이 안 된다. 트위터상에 쓰인 최초의 다섯 단어를 보낸 사람이 누군지는 모르는 사람이 없을 텐데 굳이 NFT의 권리증명이 필요한지조차 의문이 든다. 5천 일 동안 날마다 발표한 그림 파일을 하나로 모은 새 작품에 NFT 권리증명을 더했다고(한데 모은 작품 5천 점 전체에 대해 권리증명 보호를 했다는 뜻은 아님) 가격이 대폭 오른 데는 합리적 근거가 없다.

이처럼 엄청난 가격에 대한 합리적 근거를 대보라면 믿음의 힘, 투기의 결과라고 할 수밖에 없다. 그런 이유로 어떤 전문가는 공문을 보내 NFT에 대해 신중한 태도를 보이라고 호소하기도 했다. 수많은 사람이 앞다퉈 NFT에 투자하는 중요한 이유 중 하나는 디지털 세계에서의 주도적 위치를 드러내고 훗날 NFT가 뜬 후에 대폭 평가절상될 잠재적 수익을 차지하기 위해서다. 또 이를 위해 적극적으로 NFT의 가치를 과대포장하고 심지어 NFT의 가격을 높이기 위해 서로 노이즈 마케팅까지 서슴지 않으며 더 많은 사람이 그 가치를 믿고 투자 행렬에 끼어들도록 만든다. 이처럼 '다단계 판매'의 전형적인 특성을 보이는 NFT는 투자 위험이 극도로 높다.

메타버스에서 모든 디지털 제품의 존재를 뒷받침하는 것은 '진짜' 디지털 이용자다. NFT는 실제 가치를 대변하기는 어렵지만 이용자의 진실한 경험을 기록한다. 이런 의미에서 메타버스는 NFT에 의의를 부여한다.

NFT가 없더라도 메타버스는 계속 발전할 것이다. 현재 로블록스가 하는 것처럼 말이다. 그러나 메타버스는 NFT의 성장을 이끌고 더나아가 거래 규칙을 규범화하고 이성적인 방향으로 이끌 수도 있다.

모바일 인터넷에서 메타버스의 시대로

팀 버너스 리Tim Berners-Lee가 1990년에 월드와이드웹WWW을 창시하면서 인터넷은 급속히 발전하기 시작했다. 2007년, 애플이 1세대 iPhone을 출시하면서 모바일 인터넷 시대가 도래했다. 17년 동안 독주한 PC 인터넷의 뒤를 이어 모바일 인터넷이 판을 장악한 지도 어느덧 14년째다. 인터넷에 접속하던 단말기는 PC, 노트북에서 스마트폰으로 바뀌었다. 그리고 현재, 새로운 변혁이 일어나고 있다. 이제 인터넷에 접속하는 단말기는 스마트폰에서 VR과 AR 등의 기기로 바뀌어 갈 것이다. 다음에 맞이할 새로운 인터넷 시대도 10~15년 동안 지속될 것으로 예상한다.

이 밖에 앞서 언급한 블록체인의 발전사도 되짚어 보자. 2009년 비트코인이 처음 발행된 이래, 블록체인 기술은 날로 널리 퍼져 왔다. 블록체인에서 파생된 관리 모델, 비즈니스 모델은 인터넷의 발전에 힘입어 엄청난 파장을 불러왔다.

현재 VR과 AR 기기, 블록체인, 게임이 겹쳐져 이루어진 새로운 인터넷 형태가 모습을 드러내려 하고 있다[그림 1-11]. PC 인터넷, 모바일 인터넷의 뒤를 이어 머잖아 메타버스 시대로 넘어갈 것이다.

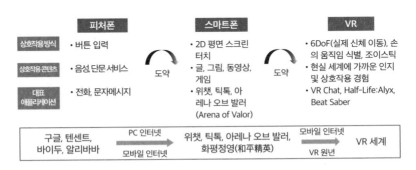

[그림 1-11] 하드웨어에 따른 콘텐츠 비교
(출처: 텐펑증권연구소 『로블록스 심층 보고: 메타버스 선두주자』)

2장

메타버스 네이티브,
M세대가 사는 법

You Only Live Once(인생은 한 번뿐이야!)

M세대Metaverse Generation는 인터넷과 함께 성장한 세대를 가리킨다. M세대가 처음으로 사용한 휴대전화는 스마트폰이고, 처음으로 사용한 애플리케이션은 게임이다. 이들은 메타버스의 시작과 함께했다. M세대는 메타버스 사회만 창조한 게 아니라 현실 세계까지 바꾸고 있다. 그들은 현재 이 시대를 이끌고 있다.

M세대에게 '창조 + 공유'는 자아실현의 주요 원동력이다. 메타버스에서는 상상력의 한계만큼 창조가 이루어지는데, 이 메타버스에서 무언가를 생산할 때는 자원 고갈을 염려하지 않아도 된다. 상상력의 한계를 뛰어넘은 자에게는 무한한 세계가 펼쳐지기 때문이다.

M세대는 메타버스 경제의 주요 참여자이자 선도자이다. M세대가 메타버스에서 하는 행위와 현실 세계에서 하는 행위는 꼭 일치하지는 않는다. 메타버스에서는 더 많이 협력하고 더 많이 나누려고 한다. 아바타는 '이기적 유전자'가 없다. 전통 경제학은 '경제인' 가설(인간은 일하는 것을 싫어하고 일 자체보다 그에 따른 보수에 관심이 크다는 가설-옮긴이)을 다시 생각해 봐야 한다.

"과학기술은 발전하고 문화는 번영하고 도시는 변화했다. 인류는 한 꺼풀씩 벗겨지는 현대 문명의 성과를 마음껏 누리고 있다. 자유롭게 원하는 외국어를 배우고 쉽게 기술을 익히고 마음껏 영화를 감상하고 머나먼 곳으로 여행을 떠난다. 많은 이들이 어려서부터 자신이 좋아하는 일을 자유롭게 탐색하며 취미를 개발한다. 그리하여 아주 어린 나이에 이미 자신이 좋아하는 것과 싫어하는 것을 명확히 판단할 수 있는 불혹의 경지에 이른다.

(……)

그대들 덕분에 이 세상의 소설, 음악, 영화가 그리는 청춘은 더 이상 우울하거나 막막하지 않고 선량하고 용감하고 헌신적이고 두려움이 없다. 가슴에는 뜨거운 불을, 눈에는 찬란한 빛을 담은 그대들은 우리들의 상상 속 모습으로 살아갈 필요가 없다.

우리 세대의 상상력으로는 그대들의 미래를 상상할 수 없음이라. 그럼에도 우리의 축복이 필요하다면, 뒷물결이여, 솟구쳐라! 우리는 솟구치는 물결에 함께할 것이니!"

2020년, 청년의 날에 즈음하여 빌리빌리는 '신세대에게 바치는 글'을 발표했다. 한 평론가는 이에 "청년들에게 보내는 한 통의 편지 같은 글로서 청춘의 소리를 불러일으킨다."라고 평했다.

지금 젊은이들은 유례를 찾아볼 수 없는 기세로 더 다채롭고 관대한 환경에서 맹렬히 성장하고 있다. 시대마다 나름의 특징이 있는데, 그 특징은 곧 주류의 특징이다. 청년 시절에 겪은 중대한 역사적 사건은 그 세대의 정신을 이루고, 마찬가지로 그 세대에 속한 사람들도 역사의 발전을 이끈다.

1970년대 출생자는 인터넷 사용 1세대일 것이다. 2000년 이후 출생자가 처음으로 가진 휴대전화는 100% 스마트폰이었다. 피처폰은 이전 세대의 기억 속에나 존재하는 유물이 되었다.

가장 젊은 이 세대는 세계의 흐름을 대변한다. 이전 세대의 눈에는 아직 철없는 어린애들로 보일지라도 이들의 선택이 곧 미래다.

4장에서 다룰 메타버스 경제학에서는 '메타버스의 아바타들에게는 이기적 유전자가 없다'라는 가설을 제기한다. 이 특징은 사실 M세대의 경험, 추구, 정신 등과 깊은 관계가 있다.

메타버스의 시작을 함께한 M세대

일본의 한 사회학자는 단체란 '특정한 공동의 목표와 공동의 귀속감을 가진, 상호작용 관계가 있는 다양한 개인들의 집합체'라고 했다. 우리는 같은 특성을 가진 부류의 사람들을 습관적으로 어떤 '세대'라고 정의한다. 밀레니얼 세대⁷, X세대, Y세대, Z세대처럼 말이다. 이제부터 우리는 가장 활력 넘치고 유연성이 강한 Z세대를 주시할 것이다. 이 책에서는 Z세대 대신 'M세대Metaverse Generation'라는 이름을 사용한다.

M세대, 즉 메타버스에서 생활하는 이 세대는 대략 1995년부터 2010년 사이에 태어났다. M세대는 인터넷과 함께 성장해 인터넷, 인스턴트 메신저, 문자 메시지, MP3, 스마트폰, 태블릿 PC 등 과학기술의 산물에 지대한 영향을 받았다. 이들은 권위를 두려워하지 않고 인간관계에서 인정받고자 하며 자아실현을 중시하고 지적 욕구를 채우고 좋아하는 일을 하는 데 지출을 망설이지 않는다. 이들은 메타버스 세계의 네이티브이며 스마트폰과 함께 성장해 스마트폰의 발전사가 곧 이들의 성장사다.

M세대는 풍족한 생활을 하는 까닭에 소비 의식이 매우 강할 뿐만 아니라 소비력과 소비 의향도 왕성하다. 이들은 새로운 기술을 가장 먼저 소비하고 모바일 인터넷과 24시간 한몸처럼 지내며 굉장히 다양한 취미를 즐기고 소셜 네트워크, 오락, 쇼핑 등 분야를 선도한다.

도대체 M세대는 어떤 삶을 사는가? 1995년 출생자들을 예로 들어, M세대의 성장사와 인터넷 발전사에 획을 그은 사건들을 연결해보면 뭔가를 알 수 있을지도 모른다[표 2-1].

연도	M기(紀)	인터넷 발전사 중요 사건
1995	0	· 1994년 야후 설립, 1995년 아마존 설립 · Java 개발 · 미국의 64k 전용회선 접속
1996	1	· 웹 브라우저 전쟁, 넷스케이프와 마이크로소프트의 치열한 경쟁, 인터넷 접속 우위 쟁탈전 · 중국의 인터넷 기간망 차이나넷(ChinaNet) 공식 개통
1997	2	· 차이나넷, 중국 내 기타 3개 인터넷 네트워크-중국과학기술연구망 (CSTNET), 중국교육 및 과학연구 컴퓨터망(CERNET), 중국금교네 트워크(ChinaGBN)와의 상호 회선 연결 실현
1998	3	· 전자상거래, 온라인 옥션, 인터넷 포털사이트 폭발적 성장 · 구글 설립 · 텐센트 설립
1999	4	· 알리바바 설립 · 인터넷 뱅킹 확산, 자오상은행(招商銀行) 인터넷 뱅킹 서비스 실시
2000	5	· 바이두 설립 · IT 버블 붕괴로 수많은 닷컴 기업 도산
2001	6	· 중국 인터넷 게임 시장 폭발적 성장 · 전신 개혁 방안 비준 후 China Telecom, China Mobile, China Netcom, China Unicom, China Tietong, 그리고 China Satcom의 '5+1' 구도 형성
2002	7	· 상하이 국제 컨벤션 센터에서 제1회 '중국 인터넷 총회'가 성공적으로 개최됨
2003	8	· 알리페이 출시 · 중국 국가 코드 최상위 도메인(Country Code Top-Level Domain, ccTLD) '.cn' 이하, 차상위 도메인(SLD: Second Level Domain) 공식적 등록 가능해짐 · e스포츠(e-Sports)를 정식 스포츠 종목으로 채택
2004	9	· 페이스북 설립
2005	10	· 야후 본사가 야후 차이나 경영권을 알리바바에 넘김
2006	11	· 캠퍼스 소셜 네트워크 돌풍
2007	12	· 애플 1세대 iPhone 출시, 모바일 인터넷 시대 도래
2008	13	· 베이징올림픽 · 중국 최초의 100 teraflops 이상급 슈퍼컴퓨터 출시

2009	14	· 공업정보화부(工業和信息化部) 3G 영업 허가 · 비트코인 블록(block) 탄생
2010	15	· 상하이엑스포 개막
2011	16	· 위챗 출시
2012	17	· 공유경제가 핫이슈로 부각 · 중관춘 빅데이터 산업 클러스터 조성
2013	18	· 공업정보화부 4G 영업 허가 · 이더리움 백서 발간
2014	19	· 알리바바 뉴욕증권거래소 상장 · 페이스북이 오큘러스를 인수합병하며 VR과 AR 붐 일으킴
2015	20	· 국무원 '빅데이터 발전 촉진 행동 요강' 발표, 빅데이터 산업이 국가 전략 산업이 됨
2016	21	· 숏폼(short-form) 동영상 애플 '틱톡' 출시
2017	22	· 국가 전략 발전 정책에 인공지능 포함
2018	23	· 제1회 중국 국제 수입 박람회 개최, 커촹반(Star Market) 개설 선포
2019	24	· 중미무역전쟁 · 공업정보화부 5G 영업 허가, 중국 5G 시대 진입
2020	25	· 코로나19 전 세계 확진자 폭증
2021	26	· 메타버스 원년 · 로블록스 상장

[표 2-1] M세대의 성장사와 맞물린 인터넷 발전사의 중요 사건들

위 표에서 알 수 있듯이 M세대는 인터넷의 발전과 함께 성장했다. M세대가 처음으로 사용한 휴대전화는 스마트폰이고 처음 사용한 애플리케이션은 게임이었을 것이며 처음으로 만든 작품은 아마 숏폼 동영상이었을 것이다. M세대가 인터넷을 키워갈 때, 인터넷도 M세대를 키워 갔다.

M세대의 외침, 자아실현

　매슬로Abraham Harold Maslow의 욕구 단계 이론의 관점에서 M세대의 심리적 욕구를 살펴보자. 매슬로의 욕구 위계는 동기 심리학 이론으로 욕구 5단계 이론이 널리 알려져 있는데 현재는 8단계로 확장되었다. 이 책에서는 7단계 이론을 가져와 1단계부터 차근차근 알아보고자 한다.

1단계 욕구: 생리적 욕구로 숨 쉬고, 자고, 먹고, 입고, 종족번식을 하는 욕구가 이에 해당한다. 생리적 욕구는 인간의 욕구 중 가장 중요하고 가장 강한 욕구다.

2단계 욕구: 안전 욕구로 위험, 고통으로부터 자신을 보호하고 두려움과 불안을 회피하려는 욕구다.

3단계 욕구: 소속과 사랑의 욕구로 다른 사람과 감정적 유대 관계를 맺으려는 욕구다. 사람 간의 사귐에는 애플리케이션이 필요하다. 예를 들어 소셜 커뮤니케이션 활동에 적극적으로 참여해 친구를 사귀고 애정을 추구한다.

4단계 욕구: 자아존중감 욕구로 다른 사람의 존중을 바라는 욕구다. 자존 욕구는 자신의 힘과 가치에 대한 믿음을 갖게 해 주고 더 유능하고 창의력 있는 사람이 되게 한다. 예를 들어 열심히 공부해 사회에서 자신의 존재 가치를 증명하는 것은 자존 욕구의 발로다. 존중에 대한 욕구가 충족되지 못하면 열등감과 무력감에 빠진다.

5단계 욕구: 인지적 욕구로 지식과 이해, 호기심, 탐구심, 의미와 예측 가능성에 대한 욕구다.

6단계 욕구: 심미적 욕구로 아름다움을 감상하고 추구하며 평형, 형식 등을 원하는 욕구다.

7단계 욕구: 자아실현 욕구다. 사람은 자신의 능력과 잠재력을 충분히 발휘해 자아실현을 이루고자 하는 욕구가 있다. 삶에서 자아실현을 이루는 방식은 매우 다양하다. 사람은 누구나 자신의 능력을 최대한 끌어올려 자아실현의 욕구를 충족시킬 수 있다. 운동선수는 세계 최고의 선수가 되기 위해, 아니면 단순히 자기 자신을 뛰어넘기 위해 신체적 능력을 최대치로 끌어올린다. 기업가는 사업을 통해 사회에 가치를 전할 수 있다.

'결정 장애'에 시달릴 정도로 지나치게 풍요로운 물질적 풍요를 경험한 M세대에게 1단계와 2단계 욕구는 충족되고도 남는다. 따라서 M세대의 욕구는 주로 정신적인 측면에 집중돼 있다. 그들은 타인과의 감정적 유대 관계를 원하고 타인의 인정을 바란다. 끊임없이 배우고 새로운 것에 관심을 가지며, 아름다움과 예술, 즐거움을 추구하며 자신의 잠재력을 발휘하고 더 나은 사람이 되기 위해 부단히 노력한다.

M세대가 주류인 사회는 물질적으로 굉장히 풍요롭다. 비록 모두가 필요한 만큼 마음껏 누리는 이상적인 사회에는 도달하지 못했지만, M세대는 태어나는 순간부터 '결핍'이 존재하지 않는 사회에서 살아왔다. 전통 경제학(메타버스 경제학에 대비되는 개념으로의 경제학)이 연구하는 대상은 실물 상품이다. 실물 상품은 제조에 비용이 들기 때문에 원자재 등 자원의 영향을 쉽게 받는다. M세대는 실물 상품에

는 전혀 관심이 없다. 이들이 주목하는 것은 실물 상품에 부가된 '문화' 요소로, 이는 개인적인 느낌, 경험과 관련이 있으며 아름다움, 트렌드의 추이, 친구의 선택과도 관련이 있다.

메타버스에는 굉장히 다양한 가상 상품이 무한히 많기 때문에 필요한 만큼 마음껏 가질 수 있다. 물론 실제 비즈니스에서는 M세대의 관심을 끌기 위해 생산자가 인위적으로 희소성을 만들어낼 것이다.

그런데 굉장히 다양한 가상 상품이 무한히 많은 상황에서도, M세대는 자신에게 이득이 되는 생각과 행동에 초점을 맞추는 '경제인'으로 활동할까? M세대가 자신들만의 세계를 더 공고히 하고 유행하는 서브컬처를 형성하기는 했지만 그래도 그들이 가장 중요하게 생각하는 가치관은 함께 나누고, 함께 즐기는 것이다. 피자는 내가 한 조각을 더 먹으면 다른 사람이 한 조각을 덜 먹게 되겠지만, 즐거움은 나누면 나눌수록 배가 되는 법이니까. '공유'는 M세대의 뚜렷한 특징이 된다.

'협력'도 굉장히 두드러지는 점이다. 다수가 길드를 이루는 게임에서 이기려면 길드 전원이 제 역할을 해야 한다. 누군가 위험에 처할 경우, 모두 힘을 합쳐 도와야만 승률을 높일 수 있다. '공유와 협력'은 메타버스 속 M세대가 추구하는 공통된 가치관이다.

서브컬처에 푹 빠진 M세대

캐나다 철학자 찰스 테일러Charles Taylor는 이렇게 말했다.

> "개인의 자주성을 기반으로 한 현대 문화는 사회의 역사적 전
> 환에서 비롯되었다. 개인의 권리와 자유가 유례없이 확장되
> 면서 인간은 자신에 대해 완전히 새롭게 이해하게 되었다."

M세대가 바로 그러하다. 이들은 개성을 표방하고 자아이해를 숭
배하며 자아실현을 추구한다. 디지털 네이티브, 인터넷 쇼핑 중독
자, 외모지상주의, 2차원, 귀차니즘, 제멋대로 살되 건강은 챙긴다
등 M세대에게는 이들만의 문화를 설명하는 수많은 태그가 붙어 있
다. M세대는 표현하는 데 능숙하고 나눔을 즐기는, 새 시대의 리더

[그림 2-1] 영화 <미미일소흔경성> 홍보 포스터

다. 이들은 휴대전화로 업체에 홈서비스를 신청하는데 대표적으로 주문 배달 서비스가 이에 해당한다. 또 이들은 애니메이션, 온라인 게임 등 서브컬처에 푹 빠져 있다. 보통 하루에 적어도 3시간 이상 외출을 하고 8시간 이상 인터넷을 이용한다. 게임 중에도 사회 활동은 착실히 이어져 그 안에서 친구와 애인을 사귀는 일이 비일비재하다. 영화 〈미미일소흔경성微微一笑很傾城〉[8]의 스토리도 억지가 아니라 다 현실을 반영한 것이다[그림 2-1].

전체 귀차니즘 중 M세대가 차지하는 비중은 굉장히 높다. 중국 시장조사기관 아이미디어리서치iMedia Research의 데이터에 따르면, 2021년 중국의 2D 콘텐츠(만화, 애니메이션, 게임 등 2차원 가상 세계) 이용자 규모가 4억 명을 돌파할 것이라고 한다. 귀차니즘 이용자들이 즐겨 찾는 상품으로는 동영상, 생중계, 음식 배달, 장보기, e북, 게임 등이 있다. 소비자 빅데이터 분석가 쉬루徐璐에 따르면, 현재 젊은 소비자들은 명품을 과시하거나 허영심을 채우고 체면을 세우던 과거에서 벗어나 자신이 즐거움을 느끼는 데 기꺼이 지갑을 연다.[9] 팝마

[그림 2-2] M세대의 이목을 사로잡은 팝마트 랜덤박스
(출처: 팝마트 공식 웹사이트)

트Pop Mart CEO 왕닝王寧은 팝마트는 매슬로의 욕구 위계 이론 중 상위 단계 영업을 한다며, 고객이 사는 것은 필요한 비탄력 수요가 아니라 문화라고 했다[그림 2-2].

> "젊은 사람들은 즉각적인 즐거움을 원한다. 좋아하는 옷을 사고, 먹고 싶은 음식을 먹고, 보고 싶은 사람을 만난다. 즐거운 게 장땡이다."

이 말이야말로 M세대의 생활신조를 잘 대변하는 것 같다.

M세대는 외모지상주의를 숭배한다. '비주얼'이라는 말을 입에 달고 살며 '외모지상주의' 성향을 숨길 생각조차 않는다. 실로 유례를 찾아볼 수 없는 상황이다. 벨기에 매거진 《CITYZINE》과 텐센트 QQ(무료 인스턴트 메시징 컴퓨터 프로그램)가 함께 내놓은 '95허우 관심사 보고'를 보면, 1995년 이후 태어난 세대가 관심사에 돈을 쓰는 것은 비난거리가 아니라고 했다.

어떤 사람은 M세대의 서브컬쳐를 2차원, '국뽕', e스포츠, 아트토이, 고도 신기술, 오타쿠, 팬덤, 패스트 문화 오락, 코스프레Cosplay, 애완동물, 새로운 춤과 음악, 새로운 건강, 새로운 예술, 새로운 교육, 새로운 스포츠, 스트릿&아웃도어 등 16개로 정리했다. 이 서브컬쳐 서클에는 엄청난 잠재력이 있어 계속 주시하는 것만으로도 새로운 시대, 새로운 문화, 새로운 소비의 흐름을 느낄 수 있고 새로운 기회를 발견해 브랜드의 비약적인 성장을 이룰 수 있다.[10]

상상하면 이루어지는 세상

현실 세계에서 무언가를 창조하려면 상당히 오랜 시간 연습해야 한다. 고대에는 가구, 철기, 자기를 모두 수작업으로 만들었기에 스승 밑에서 열심히 솜씨를 익히고 장인정신을 길러야 했다. 그러나 메타버스에서 창조는 오직 상상력에 달려 있다. 나머지 모든 일은 소프트웨어가 대신 해결해 준다. 상상해 낼 수만 있다면, 마우스나 좀 클릭하고 키보드 몇 번 두드리는 것으로 설계부터 완성까지 손쉽게 해낼 수 있다. 하늘에 닿을 듯 높은 빌딩을 지을 생각이든 직접 칩을 설계할 생각이든, 뭐든지 뚝딱 만들어낼 수 있다. 메타버스의 모든 물리 법칙과 규칙은 다 인위적으로 설계한 것이다. 물체뿐만 아니라 메타버스 자체도 설계할 수 있어 형형색색의 다양한 메타버스를 창조할 수 있다.

자아실현과 창조는 감상과 밀접한 관계가 있다. 자유롭게 창조할 수 있으나 다른 사람과 나눌 수 없다면 창조도 사회적 의의를 잃게 된다. 이용자에게 창작 툴을 제공하고 결과물을 공유할 플랫폼을 제공하는 것은 메타버스의 기본적인 구성 부분이다.

여기서 더 뻗어 나가면 디지털 창조로 만들어낸 비즈니스 가치에 가 닿는다. NFT는 이미 가상 세계에서 창조된 디지털 작품이 거래돼 실질적인 이익을 얻을 수 있음을 증명했다. 로블록스에서 플레이어는 각종 물품과 스킨을 만들어 디지털 시장에서 이를 필요로 하는 다른 플레이어들에게 '판매'할 수도 있다. 창조 단계에서 공유로, 공유 단계에서 거래로 나아가는 것은 메타버스 이용자가 단계적으로 자아실현을 이루는 길이다.

M세대의 성장사를 보면, 이들은 인터넷과 거의 같이 성장했다. 인터넷 속의 온갖 일들은 그들에게 일상이다. 인터넷이 그들을 만들었고, 그들도 인터넷을 만들었다. 도리어 너무 풍요로운 환경 탓에 결정 장애에 시달릴 정도로, 결핍을 겪어 본 적이 없다. 결정 장애의 이면에는 자아의 부재 및 자아정체성 분열의 문제가 숨어 있다.

M세대는 다른 어느 세대보다도 정신세계를 추구하는 경향이 강하다. 물질에 대한 욕구는 이미 저 뒤로 밀려났다. 정신적 욕구가 전체 욕구 위계에서 상층을 차지하는데 이는 사회 전체의 변화를 불러올 것이다. 평범하기 짝이 없는 나이키 운동화인데, 어떻게 단지 어떤 스타와 컬래버레이션을 했다는 이유만으로 가격이 수백만 원으로 뛴 걸까? M세대가 인정했기 때문이다. 이런 인정은 정신적인 측면의 깊은 공감과 M세대의 자아실현에 대한 심리적 요구에서 비롯된다. 그리고 이것은 사회를 바꾸는 힘이 된다.

메타버스는 M세대의 메타버스가 될 것이고 M세대는 메타버스를 창조한 네이티브가 될 것이다. 그들은 서로를 만들어가고 영향을 미치며 인류 문명의 최전선으로 나아갈 것이다.

역사학자 로버트 벨라Robert Bella는 인간을 두고
'100% 현실에서 살 수 없는 유일한 생물종'이라고 했다.
우리는 늘 갖가지 방식으로 현실을 벗어나고 평범함을 뛰어넘으려 한다.
놀이(게임)는 꿈, 여행, 예술 등과 마찬가지로 인간이 현실을 초월하는 수단이다.
어쩌면 이것이 놀이가 가진 진정한 의의일지도 모른다.

게임,
캄브리아기 대폭발

META
VERSE

자신이 깨어 있는지 꿈을 꾸고 있는지 도무지 모르겠는,
그런 느낌을 받은 적이 있는가? -영화 <매트릭스> 중

인류 문명은 게임에서 시작되었다. 프리드리히 실러^{Friedrich Schiller}는 말했다.

"인간이 충분한 의미에서의 인간일 때만 놀이를 즐기고, 놀이를 즐길 때만 완전한 인간이 된다."

또 게임은 대자연이 인간에게 알려 준 '배움'의 방식이다. 다만 상업적 게임이 지배하면서 게임이 가진 '배움'과 '가르침' 기능을 감춰 버렸을 뿐이다.

게임은 메타버스의 초기 형태로 예술, 문화, 기술을 한데 묶어 메타버스 문명을 탐색하는 거대한 흐름을 만들 것이다. 이 과정에서 게임은 틀림없이 기수이자 리더로서 업스트림 산업의 발전을 촉진하고 관련 산업의 발전을 이끌면서 점차 메타버스 시대로 진입할 것이다.

전통 산업이 발전하려면 게임에서 배울 점을 찾아야 한다. 전통 산업을 디지털화하려면 게임의 요소를 녹여내야 한다. 메타버스로 가려면 반드시 이 길을 거쳐야 할 것이다.

지질학계에서는 약 5억 4,200만 년 전부터 5억 3,000만 년 전까지를 캄브리아기 초기로 본다. 이때 다양한 종류의 무척추동물 화석이 갑자기 나타나기 시작했다. 오랫동안 훨씬 오래된 초기 지층에서는 이들의 조상으로 보이는 화석을 발견하지 못했다. 그래서 고생물학자들은 이 사건을 '캄브리아기 생명 대폭발', 줄여서 '캄브리아기 대폭발'이라고 불렀다.

생물학자들이 증거를 찾기 위해 고군분투할 때, 철학자들은 이미 그 답을 찾아냈다. 복잡한 체계에서 갑작스러운 변화는 체계가 진화할 때 보이는 일반적인 양상이다. 변화를 일으킨 요소는 오랜 세월의 누적을 거친 끝에 가장 먼저 양의 변화로 나타난다. 그것이 어느 시점에 이르렀을 때, 아주 작은 어떤 작용의 영향을 받으면, 오랫동안 누적된 양의 변화가 질의 변화를 불러와 완전히 다른 체계로 환골탈태하게 된다. 이때부터 진화에 가속도가 붙어 새로운 시대로 접어들게 된다.

문명은 게임에서 시작되었다

생존하는 데 필요한 놀이[11]

놀이는 인간이 생존하는 데 매우 중요하다. 놀이는 생존을 위해 써먹을 기술을 익히는 데도 도움이 되고 협응력을 키워 체력을 높이는 데도 유익하다. 모든 포유동물부터 영장류의 새끼는 놀이를 하면서 생존에 필요한 기술을 익힌다. 놀이가 건강한 성장을 저해하는 요소가 아니라 오히려 인간이 성장하는 과정에서 꼭 필요하며, 훗날 생존의 가능성을 높여 줄 열쇠임을 알 수 있다.

게임, 대자연이 알려 준 배움의 방식

아이들은 관찰과 모방, 게임을 통해 자연스럽게 배우고 익힌다. 아이들에게 휴대전화 사용법을 따로 알려 주는 사람은 없다. 특히 스마트폰이나 태블릿 PC는 더욱 그럴 필요가 없다. 어른들이 손가락으로 스크린을 터치하는 것을 본 아이들은 그대로 따라 한다. '터치'할 때마다 반응하는 휴대전화에 흥미를 느낀 아이들은 이리저리 마음대로 눌러 보고 그어 본다. 관찰, 모방, 게임은 반드시 거쳐야 하는 단계다.

반면 어른들에게 스마트폰 사용법을 가르친다면 말 그대로 '가르쳐야' 하는데 가르쳐 줘도 제대로 배우지 못해 헤매기 일쑤다. 이유는 어른들은 마음대로 눌러 보고 그어 보지 않기 때문이다. 얼핏 보면 아이들이 아무렇게나 만져보는 것 같지만 그 과정에서 새로운 조작법을 알아낸다. 심지어 어른들은 못 하는 조작도 아이들은 숨 쉬

듯 자연스럽게 익힌다.

이렇게 배우는 과정에서 규칙들이 하나둘 정해진다. 아이들은 서로 놀면서 어울리는 법을 알아낸다. 예를 들어 노는 도중 갑자기 상대방의 장난감을 뺏으면 안된다는 걸 인지한다. 내가 장난감을 뺏으면 친구도 내 장난감을 뺏을 테니까. 계속 같이 놀고 싶으면 규칙을 공유하며 지켜야 하는 걸 알게 되는 것이다.

규칙을 세우는 것, 이것은 사실 게임이 갖는 사회적 의의다. 게임을 하면서 사람들은 타인과 어울리는 법, 세상과 어울리는 법을 익힌다. 바둑, 체스, 장기, 마작, 온갖 보드게임은 현실 세계에서 하는 전통적인 게임이다. 전통 게임은 사교적 기능이 매우 강하다. 그래서 오락적 기능 외에도 정보를 교환하고 타인과 인간관계를 맺는 데 중요한 다리 역할을 한다.

그러나 오늘날의 교육은 게임과 배움을 대립시킨다. 특히 한때 사회 전체를 들썩이게 만든 대작 게임들은 그저 게이머의 쾌감과 경험을 만족시키는 데 열중할 뿐, 가랑비에 옷 젖듯 스며드는 교육 과정을 간과했다. 공부는 시종일관 도돌이표를 그리는 반복 훈련이 되어버렸고 놀이의 학습 효과는 무시됐다. 메타버스의 다차원 시공간에서는 게임이 본성을 되찾을 수 있을까?

인간이 현실을 초월하는 수단

네덜란드의 언어학자이자 역사학자인 요한 하위징아Johan Huizinga의 저서 『호모 루덴스』는 문화학, 문화사학 측면에서 놀이를 다차원적으로 연구한 전문 서적으로 놀이의 정의, 성질, 관념, 의의, 기능 및 여러 사회 문화 현상과의 관계에 대해 설명했다.

그는 문명과 놀이의 관계를 분명하게 밝혔다.

"문명은 놀이(게임) 속에서 발생하고, 놀이 속에서 전개되었다. 문명이 곧 놀이다.", "문화가 변화하는 과정에서, 그것이 진보했든 퇴보했든, 놀이 요소는 점점 뒤로 밀려나게 되었다. 대부분은 종교 영역으로 녹아들었고 나머지가 모여 학식(민담, 시가, 철학)이나 가지각색의 삶의 양식으로 결정結晶되었다. 그러나 문명이 아무리 발달하더라도 강력하게 터져 나온 놀이 '본능'이 자신을 재무장해서 개인과 집단을 거센 놀이의 물결에 휩쓸려 헤어나지 못하게 만든다."

그는 과학이 놀이의 특징을 계량화하는 데는 성공했더라도 게임의 '재미'와 같은 개념을 분석하고 논리적으로 해석할 재주는 없다고 했다.

"자연은 잉여 에너지의 발산, 분주함 뒤의 긴장 완화, 생활의 기술을 익히는 훈련, 충족되지 못한 기대에 대한 보상 등, 이런 유용한 기능을 순전히 기계적인 반응 방식으로 손쉽게 인간들에게 선사할 수도 있었지만 그렇게 하지 않았다. 자연은 우리에게 놀이를 주었다. 놀이의 긴장과 즐거움, 그리고 재미를 주었다. 그러므로 놀이를 제약하는 자연적 충동이나 습관 따위는 살펴보지 않고 이런 사회적으로 구성되는 다양하고 구체적인 형태의 놀이를 살펴볼 것이다. 우리는 놀이하는 사람이 놀이를 바라보는 관점을 취한다."

하위징아는 먼저 이 점을 지적했다.

"놀이는 일상의 영역에서 벗어나 있기에 놀이 현상은 문명의 특정 단계나 특정 세계관과 무관하다. 문화가 존재하기 이전에도 놀이는 존재해 왔다. 시작 단계부터 문화를 따라온 놀이는 문화 속에 침투해 현재의 문명 단계까지 함께해 왔다." 이어서 하위징아는 이렇게 말했다.

"놀이는 진, 선, 미의 범주에 곧바로 포함시킬 수 없다. 놀이는 인류만 가진 것이 아닌 까닭에 이성을 기반으로 하지 않는다. 놀이는 지혜와 어리석음의 대립, 참과 거짓의 대립, 선과 악의 대립에서 벗어나 있으며 도덕적 기능을 갖추고 있지 않으며 선과 악의 평가에 적용할 수 없다." 놀이와 미덕이 매우 복잡하게 얽혀 있지만 미덕이 놀이 자체의 고유한 성질은 아니다. 그렇다면 놀이를 어떻게 정의해야 할까? 이에 대해 하위징아는 이렇게 답했다.

"이쯤에서 가름해야 한다. 놀이는 일종의 생존 기능이기에 논리학, 생물학, 미학적으로 정확한 정의를 내릴 수 없다. 놀이의 개념은 분명 정신생활과 사회생활 구조를 설명할 때 쓰이는 사유 형식과 항상 달랐다."

하위징아는 놀이로 인류 문명이 나아갈 길을 찾고자 했다. 그는 저서 『중세의 가을』에서 삶을 아름답게 만드는 3가지 길을 제시했는데 첫 번째는 속세를 버리고 피안으로 도피하는 것, 두 번째는 세상을 개선하는 것, 세 번째는 아름다운 세계를 꿈꾸는 것이다. 『호모 루덴스』는 이 중 세 번째 길, 즉 초현실적인 길을 구체적으로 드러낸다. 그는 놀이를 현실 도피의 수단으로만 보지 않았다. 그에게 놀이는 현실을 초월하려는 인간의 충동이다.

"세계가 맹목적인 힘에 전적으로 지배당한다고 생각한다면, 놀이는 순전히 쓸데없는 것이다. 마음의 격류가 절대적인 우주 결정론을 무너뜨릴 때, 비로소 놀이가 존재할 수 있고 놀이를 상상할 수 있으며 또 이해할 수 있다. 놀이가 존재하는 까닭에 인류 사회의 논리적 추리를 초월하는 천성이 끊임없이 증명될 수 있는 것이다."

역사학자 로버트 벨라Robert Bella는 인간을 두고 '100% 현실에서 살 수 없는 유일한 생물종'이라고 했다. 우리는 늘 갖가지 방식으로 현실을 벗어나고 평범함을 뛰어넘으려 한다. 놀이(게임)는 꿈, 여행, 예술 등과 마찬가지로 인간이 현실을 초월하는 수단이다. 어쩌면 이것이 놀이가 가진 진정한 의의일지도 모른다.

게임을 통해 메타버스가 자란다

인터넷의 다음 단계인 메타버스는 모든 업계에 영향을 미칠 것이다. 시대마다 어떤 선도 산업이 폭발적으로 성장해 다른 요소들의 발전을 이끌고, 이에 자극받은 요소들이 관련 산업의 발전을 촉진한다. 이는 다시 선도 산업의 발전으로 이어져 사회 진보에 박차를 가한다. 먼저 산업화 시대를 견인한 선도 산업과 산업혁명이 일어난 순서부터 살펴보자. 이는 메타버스의 미래를 예측하는 데 도움이 될 것이다.

산업혁명을 견인한 면방직

기술 역량을 보여 주는 산업 분야가 무엇이냐는 질문에 대부분 뜸들일 것도 없이 우주정거장, 화성 탐사선, 비행기, 대형 선박, 원자폭탄 등을 떠올릴 것이다. 그렇다면 위대한 산업혁명의 시발점이 된 산업은 무엇일까?

18세기, 영국은 제1차 산업혁명의 문을 열었다. 산업혁명 이전에는 농업과 수공업이 영국 경제를 주도했다. 모든 경제 활동 중에서 가장 기본이 된 것은 의식주 관련 산업이었고, 모든 천연 의복 섬유 중에서 가장 질기고 기계로 생산하기 쉬운 것은 면섬유였다. 식량을 생산하거나 건물을 짓는 일에 비하면 방직노동은 아주 쉬운 일이었다. 날씨나 계절, 일조량 등 자연조건의 영향을 거의 받지 않았으며 실을 잣고 천을 짜내는 등의 작업을 훨씬 단순하고 반복적인 동작으로 해낼 수가 있었다. 그래서 이런 활동은 원가가 낮은 도구로 손쉽게 기계화할 수 있었다. 다른 경공업 소비 제품(보석, 도자기, 가구 등)에 비해, 방직품은 시장 잠재력이 가장 크고 수요의 소득탄력성이 매우 높았다. 방직품은 재료로 쓸 수도 있고 최종적인 소비재로도 쓸 수 있었다. 방직품 시장은 소득의 증가와 더불어 빠르게 성장하며 대규모 생산이 가능할 뿐만 아니라 기술이 단순해 경쟁 과정에서 새로운 혁신을 촉진했다.

산업혁명이 시작되기 전인 14세기, 영국은 이미 100년 가까이 세계 방직품 시장을 키워 왔다. 18세기 초, 영국은 이미 최대 규모의 유럽 방직품 시장을 구축했고 최다 수량의 방직품 원시산업을 보유하고 있었다.[12]

이런 이유로, 영국의 산업혁명이 면방직 업계에서 시작된 것은 당연한 수순이었다. 수요의 소득탄력성이 큰 시장을 갖춰야만 기계화된 대규모 생산을 자극하고 유지할 수 있기 때문이다.

산업혁명의 문이 열리자마자 연쇄반응이 터져 나왔다. 마르크스 Karl Marx의 『자본론』에는 이런 내용이 나온다.

"방적기는 편직기를 낳았다. 이 두 기계로 인해 표백, 인쇄, 날염 분야의 화학혁명이 필연적으로 뒤따랐다. 마찬가지로 면방직 산업의 혁명은 목화씨를 분리하는 기계인 조면기의 발명을 불러왔다. 이 발명품을 통해서만 당시에 필요로 하던 대규모 면화 생산이 가능했다."

19세기, 광활한 영토를 자랑하던 영국의 무역량과 상품 배송 수요는 대규모로 증가해 자연스럽게 다른 분야의 산업혁명을 불러왔다. 그 결과, 석탄, 철강, 증기 기관, 도로, 철도, 기선 등 운송수단이 발달했다.

일단 분업화가 이루어지자 수요와 공급도 서로 나뉘어 끊임없이 세분화되기 시작했다. 수요 속에 공급이 있고 공급 속에 수요가 있어 서로 상부상조하는 구조가 형성되었다. 시장 수요와 공급이 상호 경쟁을 벌이면서 수요와 공급 모두 급속히 늘어났다. 기계화와 더불어 생산 규모가 날로 증가했으며 더 큰 생산 규모는 더 큰 소비시장을 필요로 했다. 한마디로 생산력이 향상될수록 이를 흡수할 더 큰 수요가 뒷받침되어야 한다. 그 결과, 자본가들이 새로운 대륙을 향해 새로운 시장을 개발하게 되었다. 한편 시장이 확장될수록 기계화가 가속화되었다. 어떤 분야가 기계화되면 관련 산업을 자극해 비슷한 수요가 생겨난다. 성장은 더 많은 성장을 불러왔고, 확장은 더 큰 확장을 불러왔다. 제1차 산업혁명으로 에너지에 대한 수요가 증가하면서 제2차 산업혁명이 도래했다. 우리는 여전히 산업혁명이 가져다준 성과를 누리고 있는 것이다.

산업혁명을 이끈 면직 산업은 다음 몇 가지 특징을 보인다.

하나, 규모가 상당히 크다. 둘, 수요가 무궁무진하다. 셋, 산업 가치 사슬이 충분히 길어 변혁의 연쇄반응을 일으킬 수 있다. 넷, 필요한 기술이 많아 기술 발전을 촉진해 파급효과를 일으킨다.

사실 영국에서 제1차 산업혁명이 일어나기 전, 네덜란드 조선업은 이미 상당히 분업화가 진행돼 있었다. 그러나 당시 조선업은 거대한 시장을 개척할 역량이 부족해 우수한 장인들을 양성해내는 데 그칠 뿐, 산업혁명의 연쇄반응을 일으키기에는 역량이 부족했다. 그래서 17세기 네덜란드가 이미 세계를 호령하고 있었고 영국보다도 국력은 앞섰지만 제1차 산업혁명을 일으킨 나라는 영국이 되었다. 이에 역사는 어업을 비롯한 다른 산업이 아니라 면방직을 제1차 산업혁명의 선도 산업으로 정했다.

게임, 메타버스를 품다

시대의 대변혁 이면에는 경이적인 산업 발전이 전시효과를 형성했다. 면방직 산업의 특징은 현대 게임 산업의 특징과 판에 박은 듯 똑같다.

첫 번째로, 산업 규모가 크다. 2020년 12월 17일, 중국 게임 산업

연례회의 현장에서 중국음상디지털출판협회中國音像與數字出版協會의 초대 부이사장 장이쥔張毅君은 '2020년 중국 게임 산업 발전 상황'을 발표 했다. 최근의 빅데이터로 봤을 때, 게임 산업은 여전히 고속성장 추세를 유지했다. 2020년의 총수입은 2,786.87억 위안(한화 약 51조 5천억 원)으로 2019년에 비해 약 500억 위안(한화 약 9조 2,400억 원)이 증가했으며 이용자 수도 안정적으로 증가했다. 이는 곧, 사람이라면 누구나 추위를 피해 몸을 따뜻하게 하려는 욕구가 있듯이, 사람이라면 반드시 오락과 여가를 즐기려는 정신적 욕구가 있다는 뜻이다.

두 번째, 수요의 소득탄력성이 크다. 외모에 관심이 많은 여성은 날마다 다른 스타일의 옷을 챙겨 입는다. 소비주의자들은 '아름다운 여성의 옷장에 늘 입을 만한 옷이 없다'고 하며 소비를 부추긴다. 게임도 마찬가지다. 사람들은 늘 새로운 것을 탐하고 색다른 경험을 원한다. 그야말로 수요가 무궁무진한 셈이다.

세 번째, 산업 가치 사슬이 길다. 면방직의 업스트림에는 면화 재배, 채집, 조면(목화솜에서 씨를 제거하는 작업), 방적, 직조, 인쇄, 날염 등의 단계가 있다. 게임 소프트웨어에는 디자인, 개발, 퍼블리싱이 포함되어 있고 하드웨어에는 본체, 칩, OS가 포함된다. 이 밖에도 5G, 광케이블 등 통신 분야가 있다.

네 번째, 관련 산업의 발전을 견인한다. 면방직은 업스트림의 농작물 재배, 기계 제조, 운송, 화공 같은 산업의 발전을 이끌었다. 게임 플레이어라면 누구나 느끼겠지만 게임 하드웨어는 늘 기대에 못 미쳐, 더 나은 3D 엔진, CPU, GPU, 디스플레이, VR과 AR 등의 개발이 시급히 요구된다.

메타버스의 초기 형태로서 대형 게임들은 다음 5가지 특징을 보인다.

1. **기초를 이루는 경제 시스템:** 게임 속에는 현실 세계와 비슷한 경제 시스템이 구축되어 있다. 이용자는 가상 권익을 보장받으며 이용자가 창조한 가상 자산을 게임 속에서 유통할 수 있다.

2. **아바타의 일체감:** 현실 세계의 유저는 게임 캐릭터에 강하게 감정이입해 자신과 동일시된 아바타를 통해 게임 속에서 가상 활동을 수행한다. 게임은 대개 이용자별로 맞춤 제작된 아바타, 생동감 있는 스킨, 유일무이한 이미지 등의 특징으로 이용자에게 독특함과 몰입감을 선사한다.

3. **강력한 소셜 네트워크 기능:** 대형 게임은 모두 소셜 네트워크 기능을 구축해 이용자가 실시간으로 다른 이용자와 교류할 수 있도록 한다. 문자는 물론이고 음성, 영상으로도 소통할 수 있다.

4. **개방적이고 자유로운 창작:** 무엇이든 존재하는 세계인 만큼, 게임에는 이용자 스스로 만든 창작물이 넘쳐날 수밖에 없다. 이처럼 방대한 콘텐츠 프로그램은 개방적인 이용자 창작이 요구된다.

5. **몰입식 경험:** 게임은 상호작용성이 좋고 정보가 풍부하며 몰입감이 강한 콘텐츠 연출 방식으로 향후 메타버스의 가장 주요한 콘텐츠 및 콘텐츠 매개체가 될 것이다. 또한 게임은 VR 기기를 적용하기 가장 좋은 애플리케이션 시나리오 중 하나다. 게임에 VR 기술을 적용하면 이용자는 감각적인 몰입식 경험을 하게 될 것이다.

귀성증권國盛證券은 개방적이고 자유로운 창작, 몰입식 경험, 경제 시스템, 아바타 및 강력한 소셜 네트워크 기능, 이 다섯 가지 측면에서 로블록스, 디센트럴랜드Decentraland, 소울Soul, 마인크래프트, 월드 오브 워크래프트, 포트나이트, 아레나 오브 발러 등과 메타버스 개념의 관계를 분석했다.[13]

보고서에 따르면, 로블록스 이용자는 매우 자유롭게 게임을 창작할 수 있으며 플랫폼은 전반적으로 현실 경제와 호환되는 경제 시스템을 갖췄다. 가상 자산과 아바타는 게임 콘텐츠 사이에서 상호 통용되며 창작자는 자신의 게임 속에 비즈니스 모델을 디자인할 수 있다. 로블록스를 보면 메타버스의 초기 형태를 가늠할 수 있다.

마인크래프트는 개방적이고 자유로운 창작 측면에서 메타버스에 근접했지만 다른 부분에서는 아직 부족함이 있다. 월드 오브 워크래프트는 아바타 일체감, 소셜 네트워크 기능, 몰입감 측면에서 메타버스 개념에 근접했다. 포트나이트는 굉장한 인기를 얻은 게임이다. 디센트럴랜드는 경제 시스템 측면에서 메타버스에 훨씬 가깝다. 아레나 오브 발러는 가상 커뮤니티 속성을 어느 정도 갖췄으나 메타버스 개념과는 큰 차이가 있다. 소울은 소셜 네트워크 기능과 아바타 일체감 측면에서만 메타버스 개념과 약간의 관련성을 찾을 수 있다.

메타버스의 기본 특징은 게임 세계에 제대로, 고스란히 담겨 있지만 아직 이상적인 메타버스 상태에 완벽하게 도달한 게임은 없다. 이런 점에서 봤을 때 게임은 메타버스의 초기 형태에 불과하지만, 게임을 통해 메타버스를 이해하는 데는 부족함이 없다.

업스트림 산업 발전을 이끄는 게임

메타버스 게임과 관련된 가치 사슬은 7개 영역으로 나눌 수 있다. 이를 아래서부터 살펴보면, 기반시설, 인간-기계 인터페이스, 탈중앙화, 공간 컴퓨팅Spatial Computing, 창작자 경제Creator Economy, 발견, 경험이다[그림 3-1].

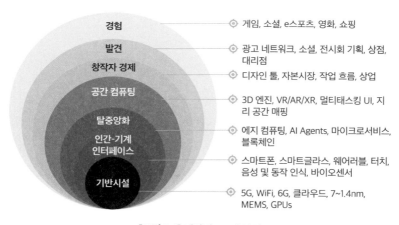

경험 — 게임, 소셜, e스포츠, 영화, 쇼핑

발견 — 광고 네트워크, 소셜, 전시회 기획, 상점, 대리점

창작자 경제 — 디자인 툴, 자본시장, 작업 흐름, 상업

공간 컴퓨팅 — 3D 엔진, VR/AR/XR, 멀티태스킹 UI, 지리 공간 매핑

탈중앙화 — 에지 컴퓨팅, AI Agents, 마이크로서비스, 블록체인

인간-기계 인터페이스 — 스마트폰, 스마트글라스, 웨어러블, 터치, 음성 및 동작 인식, 바이오센서

기반시설 — 5G, WiFi, 6G, 클라우드, 7~1.4nm, MEMS, GPUs

[그림 3-1] 메타버스 7개 영역
(출처: 로블록스 상장 신고서)

기반시설에는 5G, WiFi, 6G, 클라우드, 7~1.4nm, MEMS(초소형 정밀기계 기술), GPUs 등이 포함된다. 인간-기계 인터페이스에는 스마트폰, 스마트글라스, 웨어러블, 터치, 음성 및 동작 인식, BCIBrain-Computer Interface 등이 포함된다. 탈중앙화 기술은 에지 컴퓨팅, AI Agents, 마이크로서비스, 블록체인 등을 포함한다. 공간 컴퓨팅은

3D 엔진, VR, AR, XR, 멀티태스킹 UI, 지리 공간 매핑 등을 포함한다. 창작자 경제는 디자인 툴, 자본시장, 작업 흐름, 상업 시스템을 포함한다. 발견은 광고 네트워크, 소셜, 전시회 기획, 상점, 대리점 등을 포함한다. 경험은 게임, 소셜, e스포츠 등을 포함한다.

게임이 메타버스의 초기 형태이기는 하지만 게임의 발전은 메타버스에 필요한 기반 기술과 경제 시스템 전체의 발전을 요구한다. 이러한 기술의 파급효과, 심지어 게임이 보여 주는 생산 관계의 파급효과는 관련 산업의 연쇄반응을 일으킬 것이다. 지금부터는 중요한 부분을 선택적으로 분석하고자 한다.

게임과 5G

동영상이 4G라면 게임은 5G다. 전자와 후자는 상부상조하며 함께 발전한다. 사실 게임이 초고속, 저지연, 동시성을 실현하기 위해 노력하지 않는다면 5G가 보급되는 속도는 그만큼 느려질 것이다. 단순히 동영상만 보고 만다면 4G면 충분할 테니까 말이다. 한때 업계에서는 자율주행이 5G를 제대로 이용할 분야라면서 자율주행 연구가 5G의 비약적인 성장을 주도하리라 생각했다. 물론 전기차가 갈수록 많아지기는 하지만 자율주행이 보급되려면 아직 시일이 필요하다. 공업, 광업 분야에서 5G를 응용한 사례는 무수히 많지만 생산 중의 일부 상황에서만 응용하는 것으로 5G의 발전을 도모하기엔 무리가 있다. 소비시장에서 상용화되어야만 5G 산업의 발전을 이끌 수 있다.

그런 이유에서 5G를 활용할 최적의 선택지는 '게임'이다. 'VR의 진정한 몰입'을 실현하려면 5G가 필요하기 때문이다.

이용자 경험에 영향을 미치는 요소로 해상도, 프레임 레이트Frame Rate, 머리 MTP 시간 지연Motion-to-Photon Latency, 조작 응답 지연, 신체 MTP 지연 등이 있다. 이 중 뒤의 3가지 요소는 칩 연산 능력 제고, 센서 최적화, 디지털 인터페이스Digital Interface 최적화, OS 최적화 등으로 실현할 수 있다. 한편 해상도와 프레임 레이트 등은 이용자의 실재감, 충실도, 멀미감에 큰 영향을 미치는데 이 요소들은 이미지 렌더링, 영상의 질과 관련이 있다.

VR은 16K에 도달해야만 스크린 도어 효과Screen door effect를 차단할 수 있다. 다시 말해 맨눈으로 볼 때와 같은 '완전한 몰입감'에 가까워질 수 있다. 16K 픽셀은 약 1.3억으로 24비트 트루 컬러True Color를 기준으로, 디폴트 140Hz FPS하에서 원본 영상의 초당 트래픽 양은 138Gbps나 된다. 따라서 VR 하드웨어 성능이 제고됨에 따라 유선의 불편함을 떨치고 싶다면 반드시 광대역, 저지연이 가능한 무선네트워크와 고효율 영상 압축 알고리즘을 연구해야 한다.

화웨이 보고서에 따르면, 평균 시야각 110도, 자유도 6DoF, H.264 인코딩 동영상은 단안 1.5K, FPS 60의 입문 수준으로 이때 필요한 인터넷 속도는 25Mbps다. 그러나 미래의 사용자 경험 제고 목표는 단안 2K, FPS 90은 153Mbps를 요구한다. 그리고 사용자 경험이 이상적 수준에 이르려면 단안 6K, FPS 90 수준에 도달해야 하는데 이때 요구되는 인터넷 속도는 1.4Gbps다. 그러므로 5G, 기가 주파수 대역과 Wi-Fi 6 등 차세대 접속 방식이 필수 불가결하다.

단안 동영상 수준 해상도	초당 프레임 수 (FPS)	평균 비트레이트 (Mbps)	동영상 질	시청각 충실도
1K	60	25	2.43	3.10
1K	90	38	2.65	3.23
2K	60	102	3.43	3.68
2K	90	153	3.74	3.86
3K	60	229	3.89	3.95
3K	90	343	4.24	4.15
4K	60	407	4.12	4.08
4K	90	610	4.49	4.29
6K	60	916	4.33	4.20
6K	90	1442	4.73	4.43

[표 3-1] 각 단안 해상도, FPS에 대응하는 평균 비트레이트와 동영상 경험 점수
(출처: 화안증권연구소(華安証券硏究所)「화웨이 클라우드 VR 실재감 지수 백서」)

에릭슨 모빌리티 보고서Ericsson Mobility Report에 따르면, 2021년 전 세계 5G 가입자 수가 전체 인구의 약 10%에 달할 것이며 적어도 2025년까지 이 비율이 약 40%에 도달해야만 VR이 실외에서 대규모로 상용화될 수 있을 것이라고 내다보았다. 또한 초고속 인터넷 측면에서는 인터넷 속도 측정 툴인 '스피드테스트Speedtest'의 글로벌 인덱스Global Index에 따르면, 2021년 1분기, 세계에서 인터넷 속도가 가장 빠른 10개국의 평균 인터넷 속도는 200Mbps로 현재 2K, 90FPS의 VR 경험을 지원하는 수준밖에 되지 않는다. 따라서 기가 인터넷의 보급은 엄청난 가치가 있다.

'클라우드 게임' 지원은 오직 5G만 가능

클라우드 게임은 클라우드 컴퓨팅과 스트리밍 기술을 기반으로 한 온라인 게임 기술로 클라우드 서버가 게임의 주요 연산과 그래픽 렌더링을 모두 처리한다. 데이터 처리가 완료되면 출력된 오디오·비디오 데이터가 코덱을 통한 인코딩 과정을 거쳐 네트워크 패킷으로 전송되고, 이를 이용자의 단말기가 받아 재생한다. 그리고 단말기는 이용자의 게임 조작 신호를 다시 서버에 전송하며 실시간으로 상호작용한다. 클라우드 게임은 이용자가 휴대용 단말기로 언제 어디서나 AAA급 대작 게임의 황홀한 경험을 할 수 있도록 대형 게임의 단말기 장벽을 뚫었다. 그런데 여기에서 '지연' 정도는 클라우드 게임의 사용자 경험에 직접적인 영향을 미치기 때문에 네트워크가 매우 중요하다. 5G 기술이 날로 업그레이드되면서 클라우드 게임의 가장 핵심적인 네트워크 문제도 해결되고 있다.

일부 대형 보드게임의 경우, 하드웨어 사양에 대한 요구치는 매우 높다. 일반적인 사무용 노트북으로는 대형 게임에서 요구하는 사양을 만족시킬 수 없다. 그런데 5G가 발전하면서 이제는 클라우드 서버에서 대량의 연산을 처리하고 클라이언트 단말기에서는 캡처된 비디오와 오디오를 네트워크로 받아 재생할 수만 있으면 된다. 이는 PC 성능에 대한 요구치를 크게 낮췄다. 심지어 휴대전화나 태블릿 PC로도 대작 게임을 즐길 수 있게 되었다.

클라우드 게임은 GPU 서버, 가상화 기술, 음성·영상 기술, 실시간 네트워크 전송 기술, 에지 컴퓨팅 등 5가지 핵심 기술로 이루어진다. 현재 각 핵심 기술은 성숙기에 접어들었다.

게임과 VR

VR과 AR 기기, 사용자 경험 측면에서 지속적인 진화 필요

2018년, 미국에서 전문가들을 대상으로 AR과 VR의 보급에 영향을 미치는 요소를 조사한 결과, '사용자 경험'이 가장 주된 요소로 꼽혔다. 사용자 경험이 가장 중요하다고 답한 응답자 비율은 AR이 39%, VR이 41%였다[그림 3-2]. 만약 기기 성능이 기대에 미치지 못한다면 사용자 경험은 형편없이 곤두박질친다. 메타버스로 향하는 첫 번째 관문으로서, 현재 AR과 VR은 소프트웨어와 하드웨어, 모든 측면에서 지속적인 업그레이드가 필요하다.

VR 기기를 예로 들자면, 현재 주류 상품으로는 모바일 기반 VR 글라스, HMD, 올인원 VR HMD가 있다. 시장에 출시된 VR 기기는 최고 4K 해상도까지 지원한다. 앞서 말했지만, 맨눈으로 봤을 때 가장 자연스러운 선명도에 도달하려면 16K 수준까지 올라가야 한다.

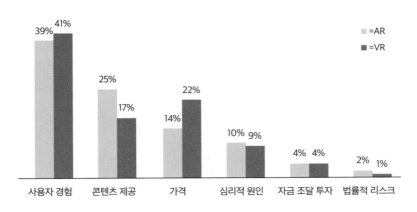

[표 3-2] AR과 VR의 보급에 영향을 미치는 요소
(출처: eMarketer, 화안증권연구소)

재생률을 높이면 화면이 매끄러워 보이고 지연과 겹침도 줄어들어 VR 기기를 사용하면서 느끼는 어지러움을 어느 정도 줄일 수 있다. 가장 이상적인 재생률은 180Hz이며 현재 대다수 VR HMD의 재생률은 70Hz~120Hz이다.

간편한 VR 기기에 대한 수요가 기술 발전을 자극

간편한 VR HMD를 실현하고 공간 이동 문제를 해결하기 위해, VR 제품 설계는 무선 스트리밍 문제를 집중적으로 해결해야 한다. 현재 주류 무선 스트리밍 기술은 Wi-Fi와 프로토콜을 들 수 있다. Wi-Fi는 PC(개인 컴퓨터)의 GPU 렌더링 및 압축한 데이터를 Wi-Fi 라우터를 통해 HMD에 전송하는데, 일반적으로 비교적 매끄러운 경험을 하려면 기가 라우터가 필요하다. 기술이 아직 충분히 발전하지 못한 탓에 추가 지연, 화질 손상, 성능 소모 및 기타 불안정 요소가 존재한다.

프로토콜의 경우, 기기업체가 자체적으로 연구 개발한 압축 알고리즘과 통신 프로토콜로 전송한다. 예를 들어 VIVE 무선 어댑터 및 와이기그^{WiGig} 모듈을 사용해 컴퓨터와 VR HMD의 지연을 7ms 내로 낮출 수 있다. 다만 추가로 와이기그를 지원하는 카드를 탑재해야 하는 까닭에 이용자의 비용 증가 문제가 따른다.

플랫폼	소속 기업	VR 콘텐츠 풍부도 (괄호 안은 통계 마감일)	이용자 데이터	분야
Steam VR	Valve	게임 + 애플리케이션 총합 4,906종 (2021년 4월)	월간 활성 이용자 수 204.68만 (2020년 데이터)	게임
Viveport	HTC	약 2,700종 (2019년 8월)	주간 활성 이용자 수 10만 이상 (2017년 데이터)	게임, 교육 등
Rift	Oculus	게임 + 애플리케이션 1,779종(2021년 4월)	/	게임
Quest	Oculus	게임 + 애플리케이션 268종(2021년 4월)	/	게임
E Cloud VR	China Telecom	동영상 콘텐츠 수만 건 (2020년 10월)	총 활성 이용자 수 350만 (2020년 10월 데이터)	동영상
RecRoom	RecRoom	미니게임 75종 (2018년)	월간 활성 이용자 수 100만 이상 (2021년 1월 데이터)	게임
PlayStation VR	Sony	약 500종 (2019년 3월)	월간 활성 이용자 수 약 8만 (2018년 데이터)	게임
Veer VR	VeeR	250종 이상 (2018년 10월)	/	동영상
Pico	PicoVR	약 100여 종 (2021년 2월)	이용자 월간 활성률 55% 이상 (2021년 3월 데이터)	게임

[표 3-3] 주요 VR 콘텐츠 플랫폼 개요
(출처: Nweon, VR Tuoluo, 7tin, Sohu, 화안증권연구소)

게임 산업의 약진에 힘입어 VR과 AR 출고량도 지속적으로 상승해[그림 3-3] 전 세계 VR 하드웨어 시장 규모가 빠르게 성장하고 있다[그림 3-4].

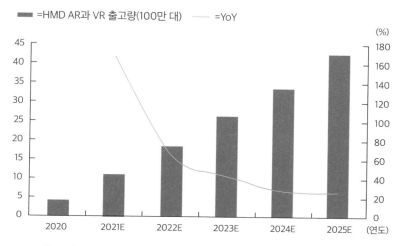

[표 3-4] 2020~2025년 AR과 VR HMD 출고량 연평균 성장률(CAGR) 53%
(출처: Trendforce, 화안증권연구소)

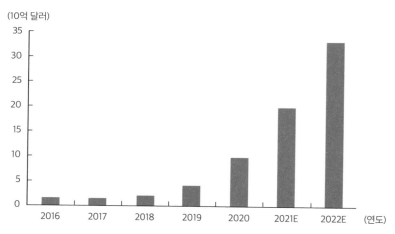

[표 3-5] 2020~2022 전 세계 VR 하드웨어 시장 규모(10억 달러) 고속성장
(출처: Statista, 화안증권연구소)

게임과 디지털 화폐

경제적인 면에서 봤을 때, 게임은 모두 '경험＋소비'인데 메타버스 특징에 부합하는 게임에는 '창조'를 더해야 한다. 창조와 소비도 기초적인 가치 순환을 촉진한다. 더 나아가 현대의 모든 게임은 '가상의 경제체제'다. 게임이 만들어낸 가상 세계에서는 '소비'에 통용되는 '화폐'가 필요하다. '현질'은 인터넷 유행어로 게임 중, 유료 아이템을 현금을 주고 구입하는 '캐시질'을 가리킨다. 사실 '현질'이 가능한 게임은 독립적인 경제체제라고 볼 수 있다.

게임의 비즈니스 모델도 몇 단계 변천 과정을 거쳤다. 처음에 게임은 다른 소프트웨어와 마찬가지로 판매되었다. 판매되는 게임 CD를 플레이어가 일시불로 구매해 평생 사용했다. 게임은 다른 물품과 비슷한 '상품'으로서 속성을 갖춘 것으로, 게임을 파는 것은 책을 파는 것과 다를 바 없었다.

샨다게임즈Shanda Game가 '미르의 전설' 라이선스 계약을 맺은 것은 이정표적인 사건으로, 이로써 게임 포인트 카드 충전 시대가 열렸다. 사람들은 더 이상 책을 팔듯이 게임을 팔지 않고 사용 시간에 따라 비용을 받았다. 이용할 수 있는 시간이 부족해지면 충전을 해야 했다. 그러나 이 단계는 매우 짧아 곧바로 아이템을 파는 단계로 넘어갔다. 다시 말해 더 이상 게임에 대한 비용을 청구하지도, 시간제한을 두지도 않고 이용자가 마음껏 게임을 즐기도록 하되, 어떤 새로운 '보물'이나 '옷(스킨)' 등이 필요할 경우, 돈을 내고 구매하게 했다. 이제 게임 이용자들은 수시로 현금을 내고 게임 상품을 구매하게 되었다. 현재 서비스되는 게임 중에서 '현질'이 없는 게임을 찾아보긴 힘들다.

게임의 비즈니스 모델을 따지고 보면 이 또한 이용자의 소비 행위로 볼 수 있다. 단지 일시불이 아니라 지속적으로 비용을 낼 따름이다. 일단 '캐시질'을 하고 나면 '환불'받을 수 없다. 플레이어와 게임 업체 모두 플레이어가 머잖아 모든 현금을 다 소비해 버릴 것을 암묵적으로 알고 있다.

이 와중에 로블록스는 매우 대담한 시도를 한다. 바로 이용자가 '현질'을 한 뒤, 현금으로 바꿀 수 있게 한 것이다. 이는 천지가 개벽하고도 남을 파격적인 시도였다. 아무리 눈 돌아가게 어지러운 금융 혁신, 금융 파생상품으로 이름난 미국이라지만, 로블록스의 이 같은 행보는 굉장한 논란을 불러왔다. 이는 금융 관리감독 부분에 심각한 고민거리를 던졌다. '만약 이것이 돈세탁 경로로 변질하면 어떻게 해야 하나?' 이 문제에 대해서는 5장에서 짚고 넘어가자.

충전한 현금을 다시 현금으로 되찾는 로블록스의 방침은 출국시 환전하는 것과 같다. 다른 나라에 여행을 가면, 공항에 마련된 환전소를 쉽게 찾아볼 수 있는데 이곳에서 자국의 화폐를 그 나라의 화폐로 바꿀 수 있다. 베트남에 가면 베트남 동VND으로 바꾸고 미국에 가면 달러로 바꾼다. 그러다가 귀국할 때는 다시 베트남 동이나 미국 달러를 자국 화폐로 바꾼다. 환전할 때는 수수료를 내게 해서 너무 많은 화폐를 바꾸지 못하도록 제한한다. 설령 그깟 수수료쯤 우습게 여길 정도로 돈이 넘쳐나더라도 환전할 수 있는 총액에 제한이 있고 한 번에 환전할 수 있는 액수도 그다지 많지 않다.

국가마다 자신만의 화폐가 있다. 강대국이든 약소국이든, 화폐는 국가의 주권을 상징한다. 만약 자국만의 독립적인 화폐가 없다면, 독립 국가라고 부를 수 없으며 그저 국가 이름만 가진, 다른 나라의 속국일 것이다.

단일 화폐를 쓴다면, 한 나라가 아니더라도 긴밀한 경제체제를 형성하게 된다. 현실에서 예로 든다면 유로^{Euro}를 꼽을 수 있다. 여러 유럽 국가들을 하나로 묶었으니, 이들을 '한 국가'라고 불러야 마땅하다. 그러나 오랜 세월 독립 국가로 존재하던 여러 나라를 하나로 합치기란 말처럼 그리 쉽지 않기 때문에 한발 물러나 '일단 화폐부터 통일하자.' 해서 만들어진 것이 바로 유로다.

로블록스도 일종의 국가와 같은 개념으로 이곳에서 발행되는 화폐를 '로벅스'라고 부른다. 로블록스에서 게임을 하다가 아이템을 사려면 로벅스를 사용할 수밖에 없다. 게임에서 아이템을 만들어 판매할 수도 있는데 이 경우 이용자는 로벅스를 벌게 된다. 그리고 게임에서 나갈 때 로벅스를 달러로 바꿀 수도 있다.

로벅스로 인해 로블록스는 완전한 경제체제로서 운행이 가능해졌다. 사람들이 로블록스에 들어가는 것은 더 이상 단순한 소비 행위가 아니다. 로블록스에서 돈을 버는 사람들도 있다. 이들은 로블록스의 크리에이터들로, 새로운 '스킨'을 내놓아 다른 플레이어에게 팔 수도 있다. 플레이어는 로벅스로 이 아이템을 구매할 수 있고 판매자도 원하는 때에 로벅스를 달러로 바꿀 수 있다. 이렇게 사고파는 경제 행위가 생겨나면서 가상 세계의 경제체제가 형성되었다.

로벅스는 메타버스 경제의 초기 형태를 보여 준다. 비트코인, 이더리움에 대해 잘 아는 독자라면 아마 이렇게 물을 것이다.

"이건 ETH(이더리움) 아닌가?" 정답이다. 이더리움 기술을 이용해 로벅스를 실현할 수 있다. 로블록스에서만 사용한다면, 다른 기술로도 로벅스를 실현할 수 있다.

메타버스 특징을 가진 게임은 자연스럽게 디지털 화폐를 사용할 수 있는 환경이 되었다. 이는 전통적인 화폐 시스템으로는 지원할 수 없는 분야다. 메타버스가 폭발적으로 성장하면서 디지털 화폐 총 거래량도 급속히 늘고 있다.

이더리움은 기본적인 디지털 화폐로 메타버스의 통용 화폐가 될 가능성이 있다. 메타버스는 이더리움이 쓰일 환경을 마련해 주었다. 이더리움은 메타버스의 비약적인 성장에 날개를 달아 줄 것이다.

전통 산업의 디지털화의 답은 메타버스에 있다

'전통 산업의 디지털화'라는 거대 이슈에 대해서는 자세히 논하지 않겠다. 여기서는 전통 산업의 디지털화를 위해 메타버스에서 배울 점에 대해서만 간단히 짚고 넘어간다.

정보화에서 디지털화로

컨설팅회사에 다니는 수많은 사람이 '정보화와 디지털화를 어떻게 구분해야 하는지' 고민한다. 당연히 고민이 될 것이다. 고객이 묻는데 답하지 않을 도리가 없을 테니 말이다. 설마 이전에 구축한 정보 시스템에 문제가 있나? 정보 시스템이 '디지털' 시스템으로 바뀌면 비용이 추가되는 것은 아닌가? 도대체 디지털화는 정보화가 해결하지 못한 어떤 문제들을 해결해 주었는가? 고객들은 궁금해할 것이다. 정보화와 디지털화의 차이에 대해서는 다음 그림을 확인하기 바란다[그림 3-2].

정보화와 디지털화의 핵심적인 차이는 '의사결정이 현실 세계에서 이뤄졌는가, 아니면 디지털 세계에서 이뤄졌는가'이다. 만약 디지털 세계에서 이뤄졌다면 디지털화이고, 현실 세계에서 의사결정이 이뤄졌다면 정보화다. 여기에서 말하는 의사결정은 현실 세계에

정보화
·현실 세계를 지지하고 보조하는 도구
·인류의 대부분 활동이 현실 세계에서 이루어지는데, 일부 행위는 정보의 세분화로 효율을 높일 수 있음
·정보화는 물리적 세계 엔지니어링의 완성을 돕는 역할, 데이터는 엔지니어링 과정에서 생산된 부산물

디지털화
·디지털 기술을 이용해 물리적 세계를 재구성해 디지털 세계에 모델링함
·인류의 대부분 활동 및 상호작용이 디지털 세계에서 진행됨. 디지털 세계에서의 의사결정 중 일부는 정보를 물리적 세계로 돌려보내 설비 및 기계 조작을 진행시킴
·데이터는 물리적 세계를 디지털 세계에 투영시킨 것으로 모든 것의 기초가 됨

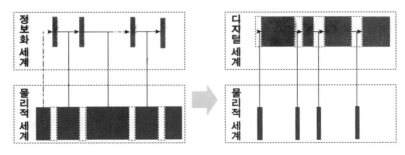

[그림 3-2] 정보화에서 디지털화로[14]

서 다음 '동작'을 실행시키는 명령을 가리킨다.

디지털화에서 메타버스로

메타버스는 훨씬 더 철저하다. 현실 세계가 없으며, 완전한 디지털 세계다. 마치 〈레디 플레이어 원〉의 플레이어들이 VR HMD를 쓰는 순간, 마치 웜홀을 거쳐 다른 우주로 들어가는 듯한 느낌을 받는 것과 같다. 생산 활동을 비롯한 모든 활동이 디지털 세계에서 이루어진다.

현실 세계의 사람들은 '껍데기' 같은 존재다. '껍데기'가 살아가는 데 필요한 공기와 물, 영양만 공급해 준다면 '껍데기' 몸이 어디에 있든, 어떤 상황에 있든 중요하지 않다. 가장 극단적인 상황은 〈매트릭스〉에서 생생하게 보여 줬다. 인간은 '매트릭스'의 에너지원으로서, 모두 밀폐된 인큐베이터 속에 사는 반면, 인간들의 '분신'은 네오가 진실을 깨닫기 전까지 매트릭스 안에서 일하고 생활하고 사랑하고 아이를 낳으며 살아간다.

디지털 트윈은 물리적 실체의 '영혼'

2002년, 미국 미시간대학교 마이클 그리브스Michael Grieves 교수는 제품 수명 주기 관리 커리큘럼에서 처음으로 디지털 트윈Digital Twin 개념을 제안했다. 그는 디지털 트윈이란 '실제 세계에서의 물리적 제품과 동일한 가치를 지닌 것을 가상 세계에서 디지털화한 것'이라며 이런 정의를 내렸다.

"특정 장치 한 개 또는 한 세트의 디지털 복제품이 실제 장치를 추상적으로 나타낼 수 있고 이를 바탕으로 실제 환경 또는 가상 환경에서의 테스트를 진행할 수 있다."

그리브스 교수는 모든 데이터를 한데 모아 더 고차원적인 분석을 할 수 있기를 바랐다.

2011년, 마이클 그리브스 교수는 저서 『완벽에 가까운: 제품 수명 주기 관리를 통해 혁신적이고 경제적인 제품 추진Virtually Perfect: Driving Innovative and Lean Products Through Product Lifecycle Management』에서 자신의 협력 파트너인 존 비커스John Vickers가 이 개념을 설명할 때 쓴 단어인 '디지털 트윈'을 인용했는데 이 단어가 지금까지 계속 사용되고 있다.[15]

인식 측면에서 디지털 트윈의 가장 큰 진전은, 현실 세계의 물리적 실체와 가상 세계 속 디지털 트윈이 서로를 반영하고 영향을 미친다는 점이다. 간단히 말해 물리적 실체와 디지털 트윈이 함께 일한다. 현실 세계의 실체는 주로 데이터를 수집해 가상 세계 속 트윈에게 전송하는 역할을 한다. 그러면 가상 세계 속 디지털 트윈은 데이터를 한데 모아 연관성을 분석하고 구체적인 동작 명령을 내린다. 현실 세계의 물리적 실체는 이 명령을 받아 그에 상응하는 동작을 실행한다. 이 과정에서 실체는 다시 데이터를 수집해서 디지털 트윈에게 전송한다. 한마디로 가상 세계 속 트윈은 주로 분석과 의사결정을 맡고, 현실 세계의 실체는 명령을 받아 실행하는 역할을 맡는다. 좀 더 문학적으로 표현하자면, 디지털 트윈은 물리적 실체의 '영혼'이다.

디지털 트윈 개념은 산업과 응용의 기초다. 즉 디지털 기술의 발전으로 사람들은 현실 세계 각 분야를 점점 더 정확하게 디지털화할 수 있게 되었다. 심지어 일부 분야는 이미 영화 〈매트릭스〉에서 표현된 수준에 도달했다.

기업 디지털 전환의 최종 목표는?

디지털 변혁 과정에서 인류의 궁극적이고 이상적인 목표는 현실 세계 조직(기업이나 업계일 수도 있고 도시일 수도 있음)에 대응되는 소프트웨어 모델을 디지털 세계에 구축하는 것이다. 조직 운영 데이터를 비롯해 조직이 서비스를 제공하는 대상의 데이터를 이 모델에 입력하면 조직 운영 모델을 디지털 세계로 그대로 옮겨가 실시간으로 상태를 업데이트한다. 그러면 외부의 변화에 대응해 자원을 적절히 배치하고 고객가치를 생성할 수 있다. 조직 운영을 반영한 이 소프트웨어 모델과 계속해서 생성되는 각종 데이터가 합쳐진 것이 '디지털 트윈 조직'이다. 디지털 트윈 조직이 완성되는 날, 디지털 전환이 성공할 것이다.

기업 입장에서는, 기업 관련자들 사이의 상호작용이 이루어지는 과정을 전부 디지털화해야 한다. '기업 관련자'라 함은 고객, 직원, 협력 파트너, 공급업체와 소비자를 말한다. 디지털 전환을 통해, 기업은 디지털 자산을 형성하고 각종 디지털 기술을 종합적으로 이용해 데이터 수집, 발굴 및 분석을 진행하고 의사결정을 내림으로써 고객을 위한 가치를 창조할 수 있다.

고객 입장에서는, 완전히 새로운 경험을 할 수 있어야 한다. 어떤 종류의 서비스든, 다음 5가지 기준, 'ROADS'를 충족해야 한다.

하나, Real time (실시간). 자율주행 서비스의 경우, 응답 속도가 밀리세컨드 수준에 달해야 한다.

둘, On-Demand (맞춤형 서비스). 디지털 시대가 산업 시대와 구분되는 특징 중 하나는, 천편일률적인 공장제 상품이 아닌, 개성적인 맞춤형 상품을 소비한다는 것이다.

셋, All-online (온라인화). 모든 상호작용이 온라인에서 이루어진다.

넷, DIY (자발적 참여). 기업은 이용자가 원하는 모든 일을 할 수 있는 기회를 제공한다. 심지어 이용자에게 신규 사업 개발 과정에 참여하는 기회까지 제공한다. 이는 기업의 업무 혁신에도 도움이 되지만 이용자에게 '참여'한다는 만족감을 선사할 수도 있다.

다섯, Social (사회화). 기업은 이용자에게 경험과 감상을 공유하고 토로하는 소셜 플랫폼을 만들어 충성도 높은 고객층을 구축해 이용자에게 귀속감을 주고 충성도를 더 높일 수 있다.

디지털 트윈 조직? 게임을 봐!

여기에서 말하는 '게임'은 과거의 윈도우 플랫폼에 내장된 '지뢰찾기Minesweeper' 같은 게임이 아니라, 메타버스의 특징을 갖춘 게임이다.

처음 DTO(Data Transfer Object, 데이터 전송 객체) 개념을 제시했을 때는 지나치게 추상적인 탓에 쉽게 설명할 방법을 찾지 못했다. 원래 사람은 처음 접하는 것을 잘 받아들이지 못한다. 물론 현실 세계에서 DTO의 특징에 완전히 부합하는 회사를 찾기란 요원한 일이다. 디지털 트윈 조직을 언급한 이유는 전통 기업에 관해 설명하기 위해서다. 그렇다면 디지털 전환의 최종 목표는 무엇인가? 혹은 이상적인 디지털화 기업의 궁극적인 형태는 어떠한가? 이 물음에 대한 답은 전통 기업이 디지털화를 시도할 때 나아갈 방향을 알려 줄 것이다.

메타버스는 그 답을 내놓았다. 메타버스가 바로 디지털화한 기업의 궁극적 형태다. DTO에 비해 메타버스는 구체화, 가시화된 초기 형태인데, 이 초기 형태는 마인크래프트, 로블록스와 같은 게임과 비슷하다.

DTO의 5가지 특징인 'ROADS', 즉 Realtime, On-Demand, All-online, DIY, Social은 이미 메타버스에 완전히 구현돼 있다.

디지털 전환? 메타버스로 이루어진다

게임은 메타버스의 초기 형태로, 이미 메타버스로 들어섰을 뿐만 아니라 그 과정에서 통신기술, 클라우드 컴퓨팅, 3D 모델링, VR 기기, 디지털 화폐 등 관련 기술의 동반 발전을 이끌었다. 이 기술들의 응용 분야가 확장되고 비용 부담이 줄면서 다른 업계도 게임업계를 참고해 하나둘 메타버스로 향하기 시작했다.

지식재산권^{IP}을 핵심으로 한 디지털 소비는 조^兆 단위 신흥 산업으로 온라인 문학, 숏폼^{Short Form}·롱폼^{Long Form} 동영상 제작, 3D 애니메이션 등이 포함된다. 전시산업과 대형 전시관도 시대의 흐름에 발맞춰 변화를 꾀해야 한다. 현실 세계의 전시관에서 현실을 초월한 전시를 가능케 해야 하는데, 현실의 전시관을 메타버스로 옮기고 메타버스의 기술을 현실의 전시관에서 구현해야 한다. 박물관도 전시관과 비슷한 길을 걸어야 한다.

산업 디자인, 건축 디자인 등 디자인 업계는 인간의 상상력에 의존한 모든 작업을 메타버스로 옮겨 고객과 함께 작업해야 한다. 문화 여행 분야에서는, 메타버스 안에 폭포를 구현하는 것이 실재 지역에 폭포를 만들기 위해 대규모 토목공사를 진행하는 것보다 훨씬 쉽다. 중요한 점은, 환경보호가 대세인 요즘에는 실제 환경을 훼손하는 어떤 행위도 할 수 없다는 사실이다. 소비품 분야에서는, 메타버스에 특정 브랜드의 소비재가 등장한 것은 시작에 불과하며 '우주적 소비'가 가능해질 것이다. 산업 제조 분야에서는, 아마 AR 글라스를 쓴 채로 출근하는 날이 머지않았을 것이다.

'국민경제업종분류'(GB/T 4754-2011)의 산업 구분 기준에 따라 메타버스 내 산업의 발전을 예측해 보면, 시작 단계, 탐색 단계, 기반시설 발전 단계, 콘텐츠 대폭발 단계, 가상과 실제 공생 단계 등 5단계를 거칠 것이다[표 3-6]. 단계별로 메타버스 내 산업 발전을 예상한 결과, 5단계에 이르면 메타버스는 번영기에 접어들어 현실의 산업 중 90% 이상이 메타버스 안에 생겨나고 현실에 없는 산업도 메타버스에서 호황기를 맞을 것이다. 그때가 되면 가상과 현실이 동기화되고 융합돼 상호작용 효과가 진실에 가까워진다. 현실과 동기화된, 현실보다 더 현실 같은 가상 세계는 메타버스를 이루는 기본 조건이

[표 3-6] 메타버스 내 산업 발전 단계 예측도

단계	시작 단계	탐색 단계	기반시설 발전 단계	콘텐츠 대폭발 단계	가상과 실제 공생 단계
1차 산업	없음	없음	없음	지식농업, 양식업, 목축업 등 1차 산업 출현	새로운 생물종이 대거 출현
2차 산업	없음	도시 인프라 구축	인프라 구축 물차 플랫폼 / 인프라 구축(공공시설, 신에너지 개발, 다양한 장소, 자연환경 도시, 농촌)	신에너지 개발 / 의류산업 / 광물자 구축 등	다양한 종류의 제조업 출현 / 새로운 경영 방식을 도입한 2차 산업 출현: 네-컴퓨터 인터페이스 실제업체 등 가상의 물체를 현실에서 실현하는 다양한 제조업체(Super Organs 제조, Remote Organs 제조)
3차 산업	없음	NFT 거래소 / 콘서트 / 아바타 디자인 / 갤러리 / VR 문화여행 / 게임 아이템 제작 / 게임 캐릭터 생산 / 트레이닝/에듀케이션	각종 기반시설 서비스업(디자인 회사, 건축설계 도매업체 등) / 각종 금융 경영 방식의 발전	각 산업과 관련된 서비스업(수의사, 동물 병원 등) / 인생 생애 설계 및 거래 선택 / 금융업(선물, 각종 거래소 등) / 3차 산업 내 각종 콘텐츠 제작(문화 오락, 교육/트레이닝 콘텐츠 설계 등)	가상의 것을 현실로 실현하는 다양한 서비스업 / 각종 스마트 3D 프린터 제조(메탈 프린터, 바이오프린터)
단계 설명	태동기. 문화, 예술 종교에 담긴 고전적 형태의 '메타버스'. 1992년 소설 『스노우 크래시』, 1999년 영화 <매트릭스>, 2009년 영화 <아바타>, 2018년 영화 <레디 플레이어 원> 등	초기 경제 형태를 갖춘 고립형 게임이 주를 이루는 메타버스의 초기 형태. 몰입형이 아닌 게임 위주	메타버스 내 각종 기반시설 발전 / 메타버스 가상 세계 구축기 / 메타버스 가상 세계 구축기 / 가상과 실제 공생형 태동기 / 플랫폼을 통한 제조업체 대규모 출현 / DAO알권리 및 관리 태동기	메타버스 내 각종 콘텐츠 이션 및 콘텐츠 대폭발 / 각종 신경영 방식 출현	사물인터넷 고도로 발달 및 지능화 / 메타버스 번영기로 진입

(출처: 중역출판사 『메타버스 토크』)

145

다. 이는 현실 세계에서 발생하는 모든 일이 가상 세계에서도 동시에 발생한다는 뜻이며, 이용자가 가상의 메타버스에서 상호작용할 때 진실에 가까운 피드백 정보를 얻게 돼 가상과 현실이 공생한다는 뜻이다.

조 단위 산업 클러스터의 탄생

메타버스는 단순히 업계의 디지털 전환만 이끄는 것이 아니라 메타버스 자체도 새로운 산업 클러스터를 탄생시킬 것이다. 엄밀히 말하면 이러한 산업은 모두 인류의 무한한 정신적 니즈를 만족시키는 콘텐츠 소비 산업 클러스터에 속한다. 이 산업 클러스터의 규모는 현실 세계를 초월하는 데 그치지 않고 현실 세계보다 몇 배는 더 커질 것이다[그림 3-3].

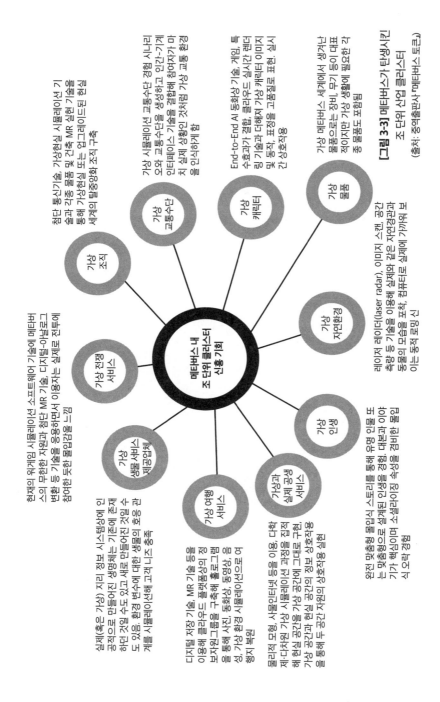

[그림 3-3] 메타버스가 탄생시킨 조 단위 신업 클러스터
(출처: 동역출판사 「메타버스 토크」)

메타버스 내 조 단위 클러스터 신흥 기회

가상 조직

가상 교통수단

가상 캐릭터

가상 물품

가상 자연환경

가상 인생

가상과 실제 공생 서비스

가상 여행 서비스

가상 생물서비스 제공업체

가상 전쟁 서비스

현재의 위게임 시뮬레이션과 소프트웨어 기술에 메타버스의 무한한 지원과 첨단 MR 기술 디지털-아날로그 변환 등 기술을 응용하면서 이웃지는 실제로 전우에 참여한 듯한 몰입감을 느낌

첨단 통신기술 가상현실 시뮬레이션 기술과 각종 물품 및 건축 MR 실험 기술을 통해 세계의 탐험하는 실제로 된 현실

가상 시뮬레이션 교통수단 경험 시나리오와 교통수단을 생성하고 인간-기계 인터페이스 기술을 결합해 참여자가 마치 실제 상황인 것처럼 가상 교통 환경을 인식하게 함

End-to-End AI 동화상 기술 게임, 특수효과와 경험, 클라우드 실시간 렌더링 기술과 다해져 가상 캐릭터 이미지 및 동작, 표정을 고품질로 표현 실시간 상호작용

가상 메타버스 세계에서 생겨난 물품으로는 장비, 무기 등이 대표 적이지만 가상 생활에 필요한 각 종 물품도 포함됨

레이저 레이다(laser radar), 이미지 스캔, 공간 측량 등 기술을 이용해 실제와 같은 자연경관과 동물의 모습을 포착, 컴퓨터로 실제에 가까워 보이는 동작 로딩 신

실제(혹은 가상) 지리 정보 시스템상에 인공적으로 만들어진 생명체는 기존에 존재하던 것일 수도 있고 새로 만들어진 것일 수도 있음. 환경 변수에 대한 생물의 호응 관성, 가상 환경 시뮬레이션으로 여해지 복원

물리적 모형, 사물인터넷 등을 이용. 다차 제-다차원 가상 시뮬레이션 과정을 접적해 현실 공간을 가상 공간에 그대로 구현. 가상 공간과 현실 공간 간의 정보 상호작용을 통해 두 공간 차원의 상호작용을 실현

디지털 저장 기술 MR 기술 등을 이용해 클라우드 플랫폼상의 정 보자원 그룹을 구축해 홀로그램을 통해해 사진, 동화상, 음성 등 가상 환경 시뮬레이션으로 여해지 복원

완전 맞춤형 몰입식 스토리를 통해 유명 인물 또는 맞춤형으로 설계된 인생을 경험. 대본과 이야 기가 핵심이며 소설라이징 속성을 겸비한 몰입식 오락 경험

147

'마음이 있으면 꿈도 있는 법,
세상에는 아직 진실한 사랑이 있어.
성공과 실패로 자신을 판단하다니, 인생 꿋꿋하게 살아.
처음부터 다시 시작하면 되잖아.'
이게 바로 메타버스다.

4장

메타버스
경제학

아바타는 이기적 유전자가 없다.

전통 경제학은 실물 상품을 다루고 메타버스 경제학은 가상 상품을 다룬다. 디지털 경제는 실물 상품의 디지털화 과정을 포함한다. 이런 의미에서 보면 메타버스 경제학은 디지털 경제의 유기적 구성 성분으로 가장 역동적이면서도 대표적이라 할 수 있다.

메타버스 경제의 4대 요소는 디지털 창조, 디지털 자산, 디지털 시장, 디지털 화폐다. 메타버스 경제는 계획과 시장의 통일, 생산과 소비의 통일, 규제와 자유의 통일, 행위와 신용의 통일을 실현한다.

영화 〈아바타〉는 환상적이고 아름다운 판도라 행성을 구축한다. 그리고 판도라 행성은 거대한 체구의 나비족The Na'vi을 길러낸다. 탐욕에 빠진 인류는 판도라 행성에 매장된 광물을 지구로 가져가서 비싸게 팔아 파산 위기에 처한 회사를 구할 계획을 세운다. 나비족과 판도라 행성은 혼연일체의 모습을 보인다. 대자연의 나무가 보금자리고, 짙푸른 이파리가 잠자리다. 목이 마르면 풀잎에 맺힌 이슬을 마시고 배가 고프면 사냥한 동물을 먹는다. 굳이 인류 발전 단계에 따라 분류한다면, 나비족은 원시시대를 살아가고 있다고 할 수 있다. 거대한 판도라 행성에는 다양한 생물종이 분포하고 있어 나비족은 사냥과 채집만으로도 '안락하고 풍족한' 삶을 영위할 수 있다.

판도라 행성에서 희귀광물을 '약탈'하려는 거대 기업 RDA의 정식 명칭은 '자원개발관리회사Resources Development Administration'다. 이 RDA는 여러 기업이 합자해 만든 세계 최대 컨소시엄이자 인류가 우주에 만든 최대 규모의 단일 비정부기구로 주로 광물 채집, 운송, 약물, 무기, 통신 업무를 수행한다. RDA는 수백만 명의 주주를 둔, 가장 오랜 역사와 큰 규모를 자랑하는 유사 행정기관이다. RDA를 세운 목적은 태양계 안에서 새로운 자원을 찾고 개발하기 위해서였다. 그리고 25년간 개발 범위를 넓힌 결과, RDA는 지구에서 비교적 가까운

항성계까지 진출하게 된다. 결국 RDA는 판도라 행성에 있는 희귀광물인 언옵타늄Unobtanium의 독자 개발권을 따낸다. 멀고 먼 판도라 행성에서의 채굴은 곧바로 지구에 있는 RDA회사의 주가에 영향을 미치게 된다.

인류가 살고 있는 사회는 자본주의 체제가 고도로 발달했으며, RDA는 이를 단적으로 보여주는 단체다. 반면 나비족 측은 자급자족형 채집 사회로 전형적인 원시사회를 이루고 있다. 이처럼 두 사회는 강렬한 대비를 이룬다.

영화 속에서 주인공 제이크는 우주 캡슐처럼 보이는 복잡한 설비를 이용해 인류 사회와 판도라 행성의 나비족 사회를 '오고 간다.' 그가 인류 사회에서 눈을 뜨는 순간, 그의 분신인 '아바타'는 판도라 행성의 원시림에서 잠이 든다. 제이크가 인류 사회에서 잠이 들면, 어느새 눈 뜬 '아바타'가 판도라 행성을 헤집고 다니기 시작한다.

'분신'이라는 개념을 설명하는 데 '아바타'보다 적당한 말은 없다. 그래서 이 책에서는 메타버스 속에서 활동하는 인류의 분신을 '아바타'라고 부르기로 한다.

경제 발전 측면에서 보자면, 판도라 행성은 매우 낙후돼 있다. 시장이 없으니 자연히 화폐도 없다. 그러나 판도라 행성의 풍부한 동식물 자원 덕분에 나비족은 배곯을 걱정이 없다. 그렇기에 판도라 행성에서 시장이라는 것은 아무런 쓸모가 없다.

수요 측면에서 보자면, 나비족이 판도라 행성에서 취하는 것은 거의 미미하다. 나비족은 커다란 나무를 집으로 삼고, 나뭇잎을 침대

삼아 이슬을 마시며 살아간다.

공급 측면에서 보자면, 수요에 비해 자원은 무궁무진하다. 메타버스도 마찬가지다. 무한한 자원으로 아바타의 생리적 욕구를 모두 만족시킬 수 있다. 이런 상황에서 사회의 경제체계는 어떤 특징을 갖게 될까?

가장 역동적이고 혁명적인 디지털 경제

메타버스 경제학이란 무엇인가?

경제학은 그 자체가 이미 하나의 학문으로 역사도 오래되었거니와 관점이 다양하고 유명한 인물도 셀 수 없이 많다. 경제학은 물질이 원료가 되는 상품을 연구하고 생산과 유통, 소비를 다룬다. 물질 상품은 의식주를 비롯한 일상생활의 기본적인 니즈를 충족시킨다. 이 책에서는 일상생활에서의 수요와 상품을 거래하는 시장, 화폐, 이를 위해 마련된 제도적 장치인 재산권, 법률 등과 경제 질서를 전통 경제학이라고 부른다.

디지털 기술이 발전하면서 이제 경제학에서는 새로운 상품이 등장하기 시작했다. 게임, 숏폼 동영상, 영화 등 디지털 제품들이 그것이다. 게임을 하다가 게임 속에서만 필요한 '아이템', '스킨' 등의 제품을 만들 수도 있다.

디지털 기술을 빌려 만든 제품을 디지털 제품이라고 한다. 일반적으로 디지털 제품은 다음 3가지로 나뉜다.

첫 번째는 정보와 오락 제품으로, 페이퍼 정보 제품, 그래픽 제품, 음향 제품, 동영상 제품 등이 해당된다. 두 번째 제품은 상징, 기호, 개념이다. 비행기 티켓, 음악회 티켓, 스포츠경기 티켓의 예매 과정, 수표, 디지털 화폐, 신용카드 등과 같은 재무 툴이 이에 속한다. 세 번째 디지털 제품은 과정과 서비스다. 예를 들어 정부 서비스, 서신, 팩스, 디지털 소비, 원격 교육, 인터랙션Interaction 서비스, 인터랙션 레크리에이션 등이 있다.

이 모든 것이 디지털 제품이라고 통칭하지만 각 제품이 생산되고 소비되는 장소는 각각 다르다. 영화, 게임, 그리고 게임 속 '스킨'을 예로 들어 보자. 영화는 현실 세계에서 창조되고 현실 세계에서 소비된다. 이와 달리, 게임은 현실 세계에서 창조되고 디지털 세계에서 소비된다.[16] 그리고 게임 속 '스킨'은 디지털 세계에서 창조되고 디지털 세계에서 소비된다.

디지털 제품의 창조, 교환, 소비 등 디지털 세계에서 이루어지는 모든 경제 활동을, 이 책에서는 '메타버스 경제'라고 부른다. 메타버스 경제의 규칙을 연구하는 학문이 바로 메타버스 경제학이다. 일부 대작 게임에서 메타버스 경제의 초기 형태를 엿볼 수 있다.

미국에서 빅히트를 친 게임 '세컨드 라이프'에서 플레이어는 가상 제품을 직접 만들어 판매할 수 있다. 게임이 제공하는 아이템과 재료를 이용해 콘텐츠를 만들어 게임 속에서 판매하는 것이다. 이는 디지털 세계에서 발생하는 경제 행위의 전형적인 예로 메타버스 경제학이 연구하는 대상이기도 하다.

메타버스 경제와 디지털 경제의 공통점과 차이점

디지털 경제는 데이터가 주요 생산 요소가 되는 경제 활동으로 전통 물질 제품의 생산, 유통, 소비는 물론이고 디지털 제품의 창조, 교환, 소비까지 포함한다. 한마디로 물질 제품이든 비물질 제품이든 생산, 유통, 소비의 어느 한 부분에서라도 디지털 기술이나 데이터를 이용한다면 디지털 경제에 포함된다.

2016년, G20 항저우杭州 정상회담에서 발표된 'G20 디지털 경제 발전과 협력 이니셔티브'는 디지털 경제를 이렇게 정의했다.

> "디지털화된 지식과 정보의 사용을 핵심 생산 요소로, 현대 정보 네트워크를 중요 매개체로, 정보통신기술의 효율적 사용을 경제 구조 최적화의 중요한 추진력으로 하는 일련의 경제 활동이다."

디지털 경제에 관한 G20의 정의는 전 세계의 인정을 받게 되었고 전통 경제가 궁극적으로 변화하고자 하는 형태가 바로 디지털 경제임을 수용했다.

연구 대상과 사용 범위에 관해 살펴보자면, 메타버스 경제는 디지털 경제의 부분집합으로 가장 역동적이면서 혁명적인 부분이다. 메타버스의 일부 사상과 메타버스가 창조한 일부 툴은 디지털 경제 발전에 중요한 시사점을 준다.

그래서 메타버스 경제학을 논할 때, 사실상 우리는 전통 경제학의 제약 조건, 예를 들어 유한한 자연자원, 질서 유지를 위한 복잡한 제도, 시장 구축에 필요한 막대한 비용 등은 무시해도 된다. 완전한 디지털 세계에서 '아바타'의 행위를 분석하고 간단한 규칙을 정해 처음부터 새롭게 경제체제를 구축해야만 한다. 메타버스 경제학 연구로 얻은 결론과 관점들은 전통 경제에 시사하는 바가 크므로 현대화된 경제체제를 구축하는 데 많은 도움이 될 것이다.

메타버스, 현실 세계를 바꾸다

우리가 늘상 입는 티셔츠는 전통 경제의 상징적 존재와 같다. 티셔츠와 같은 상징적인 물질 상품과 대조되는 비물질 상품으로는 아레나 오브 발러 속 '스킨'이 있다. 이는 디지털 제품으로 창조와 소비 모두 게임 속에서 이루어진다. 만약 티셔츠에 게임과 관련된 글자나 도안을 인쇄한다면[그림 4-1] 그 티셔츠는 새로운 의미가 있을까?

[그림 4-1] 게임 '아레나 오브 발러' 테마 티셔츠
(출처: 아레나 오브 발러 굿즈 스토어)

이는 디지털 제품이 전통 경제에 영향을 끼친 단적인 사례 중 하나이다. 메타버스 경제학은 얼결에 만들어낸 신개념이 아니다. 메타버스 내 사람과 제품은 사람들의 생각에 영향을 미쳐 특정한 관념을 만들고, 이로써 현실 세계에 유의미한 영향을 미치기 시작하며 더 나아가 실제 사람들의 행동을 바꾸기까지 한다. 그 결과, 메타버스 경제학도 더 큰 사회적 의미를 지니게 되었다.

메타버스가 현실 세계에 영향을 미치는 방식은 주로 다음 2가지다. 첫 번째, 메타버스는 사람의 생각과 관념에 영향을 미친다. 우리는 대뇌를 이용해 지식을 습득한다. 이러한 지식을 얻은 곳이 현실 세계인지 가상 세계인지는 중요하지 않다. 게다가 '시뮬레이터'를 통해서만 배우는 때도 있다. 예를 들어 중국의 우주정거장 톈궁天宮 2호에 실제로 탑승하기 전까지, 중국 우주비행사들은 실제 '톈궁 2호'에서 훈련할 수 없었다.

달 탐사도 마찬가지였다. 지구에는 달과 완전히 똑같은 환경이 없기 때문에 달 탐사선 창어嫦娥는 달을 시뮬레이션한 시뮬레이터 안에서 탐사 훈련을 진행해야만 했다. 마찬가지로 사람들이 게임을 하면서 얻은 경험과 기술, 지식과 느낌을 현실 세계에서 쓸 수도 있다. 사람들은 디지털 세계에서 선호하던 것을 현실 세계 제품에 그대로 투영한다. 게임, 전시, 여행, 디자인 등 업계는 모두 메타버스의 영향으로 새로운 비즈니스 모델을 찾기 시작했다.

두 번째, 메타버스는 디지털 제품의 실체화를 촉진하는 역할을 한다. 대표적인 상품이 피규어와 토이다. 이런 상품들은 영화, TV 프로그램, 게임 속 등장인물을 모델로 해서 만들어지는데 M세대에게 전폭적인 지지를 얻었다. 2019년, 상하이에서 애니메이션 〈나루토 Naruto〉를 테마로 한 레스토랑이 문을 열었는데 〈나루토〉의 팬들과 게임 유저들이 몰려와 발 디딜 틈조차 없이 북적거렸다.

두말할 나위 없이, 메타버스는 사람들의 삶의 일부로서 현실 세계와 복잡다단한 관계를 맺고 있다. 현실 세계는 메타버스에 영향을 미치고 메타버스는 현실 세계에 영향을 미친다. 이처럼 서로 영향을 주고 받는 까닭에 메타버스 경제학은 이제 현실적 의미를 갖게 되었다.

전통 경제학 가설과 규칙 뒤집기

전통 경제학의 기본 가설이 뒤집히다

생존에는 땅, 식수 등 일정한 물리적 자원이 필요하다. 하지만 이런 물리적 자원은 언젠가는 고갈된다는 한계가 있고 이 한계는 전통 경제학의 발목을 잡는 주된 조건이 된다. '경제'라는 단어에는 '아껴 쓴다'는 의미가 내포되어 있다. 물질을 아껴 써, 경세제민(經世濟民, 세상을 다스리고 백성을 구제함-옮긴이)을 이뤄내는 것이 경제의 목적이다. 현실 세계에서 우리가 먹는 음식과 입는 옷은 모두 직간접적으로 땅이 베푼 은혜이기도 하다. 농경시대에는 땅이 가장 기본적인 생산 요소였고 땅이 없으면 생존이 불가능했다. 하지만 땅은 늘 제한적이었다. 유한한 자원으로 온갖 욕망을 다스려야 했으니, 생각해 보면 옛사람들도 참 딱한 처지에 놓였던 듯하다. 사람들은 온갖 기술로 지력地力을 높여 생산량을 늘리고 이용 효율을 극대화하는 한편, 사회적으로 '근검절약'을 권장할 수밖에 없었다.

지난 세월 동안, 인류는 늘 자원 부족에 시달렸다. 당장 세계로 눈을 돌려보면 여전히 기근, 전쟁, 난민 관련 뉴스 보도가 넘쳐난다. 자원의 유한성, 특히 토지가 유한한 현실을 깨달은 맬서스Thomas Malthus는 인구론을 제기하기도 했다.

이렇듯 현실 경제의 취약한 조건을 파악한 메타버스 경제는 디지털 세계에서 생산된 디지털 제품에 주목한다. 이들 제품은 '전기'를 제외한 어떤 물리적 자원도 소모하지 않는다. 따지고 보면 디지털 제품은 '0'과 '1'의 순열 조합일 뿐이다. 그런데 과연 물리적 자원의 제한이 사라진 메타버스의 세계에서도 인간의 행위는 전통 경제학에서 말하는 '경제인' 가설에 부합할까?

애덤 스미스Adam Smith의 『국부론』 제1편 제2장에 다음과 같은 내용이 나온다.

> 우리가 매일 식사를 마련할 수 있는 것은 푸줏간과 양조장 그리고 빵집 주인의 자비심 때문이 아니라, 그들 자신의 이익을 위한 그들의 계산 때문이다. 우리는 그들의 자비심에 호소하지 않고 그들의 이기심에 호소하며, 그들에게 우리 자신의 필요를 말하지 않고 그들의 이익에 대해 말한다.

이 말은 '자원의 유한성, 경제 주체에 대한 관심, 경제 주체는 이성적 존재'라는 전통 경제학의 기본 전제 몇 가지를 내포하고 있다.

아바타는 이성이 아니라 경험에 꽂힌다

경제 주체는 모두 이성적이라는 '이성인理性人 가설'은 '경제 활동에 종사하는 사람이 취하는 모든 경제 행위의 의도는 최소 경제적 대가, 최대 경제적 이익 추구'라고 해석할 수도 있다. 서양 경제학자들은 어떤 경제 활동에서든, 이런 사람만이 '이성적'인 사람이며 반대의 경우는 다 비이성적인 사람으로 본다. 극단적으로 표현하자면, 사실 '이성'은 이로움을 좇고 해로움을 피하려는 생존본능에 지나지 않는다. 뜨거운 난로에 손이 닿으면 곧바로 피하는 것과 같은 이치다. 생존을 위한 이성은 경제적 이성의 바탕을 이룬다. 그러나 이 또한 메타버스에서는 통하지 않는 가설이다.

메타버스에서는 시간도 무한하다. 사람들의 메타버스 속 분신인 '아바타'의 생명도 무한하기는 마찬가지다. 삶과 죽음은 게임의 시작과 끝일 뿐이다. 산꼭대기를 향해 힘껏 도약한 아바타가 맞이할 최악의 운명은 기껏해야 게임에서 아웃되어 리셋되는 것이다.

최근 유럽과 미국 젊은이들을 매료시킨 욜로YOLO, You Only Live Once 문화는 인생을 즐기라고 권한다. 어쩌면 위험을 감수해야 할 수도 있지만, 어차피 한 번 사는 인생이니 이것저것 재고 따지느라 허비하지 말고 하고 싶은 일을 마음껏 하면서 인생을 즐기라는 것이다. 그런 점에서 죽음을 모르는 아바타는 진정한 욜로를 즐긴다고 할 수 있다. 다양한 경험을 하며 여러 인생을 살아갈 수 있으니 말이다.

현실 세계의 수많은 사람도 아바타처럼 내심 이성의 끈을 놓고 싶어 할 때가 있다. 마음껏 사냥을 즐기고 싶었던 소동파蘇東坡도 이성을 내려놓고 이렇게 말했다.

> "늙은 몸 잠시 젊음의 패기를 부려 보자. 왼손에 누런 사냥개
> 끌고 오른 어깨에 사냥매 얹었네. 뒤따르는 장졸들, 화려한
> 비단 모자에 담비 갖옷까지 걸쳤구나. 일천 기병이 위풍당당
> 흙바람 날리며 편평한 산등성이를 휩쓸고 가네."

세속에서 벗어나 구만리장천에서 유유자적하고 싶었던 이백^{李白}도
이성의 끈을 놓고 말했다.

> "대붕은 어느 날 바람과 함께 일어나 회오리바람 타고 곧장
> 구만리를 오른다."

메타버스에서는 이 두 성인들이 바라던 세계를 경험할 수 있다.
무한한 자원과 시간을 이용해 창조하고 다양한 경험을 할 수 있다.
최악의 상황이라고 해봐야 처음부터 다시 시작하는 것이 전부다.
"마음이 있으면 꿈도 있는 법, 세상에는 아직 진실한 사랑이 있어.
성공과 실패로 자신을 판단하다니, 인생 꿋꿋하게 살아. 처음부터
다시 시작하면 되잖아." 이게 바로 메타버스다.

아바타는 이기적 유전자가 없다
아바타는 생로병사의 생리적 문제를 초월한, 정신세계의 분신이
다. M세대 역시 굶주림을 경험한 적이 없고 물질적 '결핍'을 겪은 적

이 없다. 길드가 함께 완수해야 하는 퀘스트(온라인 게임에서 이용자가 수행해야 하는 임무-옮긴이)에서, 게임에 참여한 모든 캐릭터는 나름대로 최선을 다하며 위급한 상황에서는 서로 돕고 한마음 한뜻으로 싸워 승리를 거머쥔다.

이들에게는 정신적 측면의 니즈만이 요구될 뿐이다. 이 니즈는 승리에 대한 갈망, 동료와의 협력, 즐거움의 공유에서 비롯된다. 아바타는 근본적으로 매슬로 욕구 단계의 최상위 단계인 자아실현, 더 나아가 자아 초월의 욕구를 추구한다. 그리고 자아실현의 정신적 기쁨은 창조와 나눔, 속박을 떨치고 이성을 던져버린 곳에서 도래한다. 아바타들은 모두 한 사람의 특정한 정신적 욕구를 대변한다. 한 인물이 메타버스에 들어가 그 안의 삶에 몰두하는 것은 색다른 인생을 경험하기 위해서다.

판도라 행성을 찾은 식민지 개척자들은 고도로 발달한 기술을 가지고 있으며 탐욕스럽고 잔인하며 포악한 인상을 준다. 희귀광물 자원을 손에 넣기 위해 인류는 나비족의 보금자리를 파괴하는 짓도 서슴지 않는다. 반면 아바타들은 모든 생명체의 영혼이 서로 통한다고 믿고 있다. 사실 그들의 믿음은 틀리지 않았다. 판도라 행성에 사는 동물들은 모두 긴 촉수를 가지고 있고 거대하고 신성한 나무인 홈트리는 마치 뉴런의 시냅스처럼 그 촉수와 연결할 수 있는 은백색 가지를 길게 늘어뜨리고 있다. 촉수와 가지가 연결되면 아바타들은 언어적 교류 없이 직접적인 교감을 나눌 수 있다. 이러한 판도라 행성 생물이 보이는 특징은 모든 만물이 이어져 있다는 철학적 인식에 형상화, 가시화된 주석을 붙인 것이다. 그래서 아바타들은 유희와 지나친 수탈을 거부하는 대신, 생명과 환경의 화합을 중시하고 단결, 협력, 공유, 경험을 강조한다.

이 점은 메타버스 이용자의 가치관과 일치한다. 생리적 욕구의 유혹을 떨치고 정신세계에서 비상할 때, 어쩌면 아바타는 창조를 자랑스러워하고 나눔을 즐기며 결과보다 경험을 중시할 것이다.

'이기심 대신 나눔, 개인 이익 추구 대신 이타심', 이는 메타버스에서 생활하는 모두의 공통 가치관이 되었다.

되짚어 볼 규칙들

전통 경제학자들은 디지털 세계에서, 'Made in 디지털 세계'인 디지털 제품을 소비하는 날이 올 것이라고는 꿈에도 예상치 못했다. 현실 세계에서 정설로 여겨지는 기본적인 경제 개념과 인식은 디지털 세계에서 뒤집힐 위기에 봉착했다.

가치를 결정하는 것은 '인정'

마르크스 사상체계에서 상품의 가치는 추상적인 인간의 노동력이 응집된 것이다. 마르크스는 노동이 가치를 창조한다는 노동가치론을 바탕으로 잉여가치론을 도출했다. 그리고 자본가는 늘 잉여가치를 추구해 노동자의 노동을 착취한다고 주장했다.

노동가치론은 전통 경제학의 골조를 이룬다. 상품 가격이 어떻게 변하든, 상품에 내재된 추상적인 인간 노동이 가격 변화의 핵심이 된다.

하지만 디지털 세계의 디지털 제품은 노동과 비례하지 않는다. 디지털 제품과 비슷한 물질 상품으로 우리는 사치품을 생각할 수 있다. 수납 기능만 보면, 루이비통 백과 다른 브랜드의 백은 본질적으로 전혀 차이가 없다. 특히 S급 '짝퉁'이라면 로고에 미세한 차이가 있을 뿐, 정품과 다를 바가 없다. 그런데도 정품 루이비통 가방은 짝퉁보다 수십 배, 심지어 수백 배나 비싸다. 사람들이 사치품에 돈을 쓰게 만드는 것이 바로 '인정의 힘'이다. 루이비통은 어떤 특정 계층의 품위의 상징이 되었다. 루이비통 브랜드는 성공한 삶을 대변한다. 이는 이미 루이비통 가방 자체가 지닌, 가방 본연의 기능을 훌쩍 뛰어넘어 소비자에게 정신적인 만족을 선사하기 때문이다.

정신적 만족감을 주는 상품은 대개 노동가치론을 따르지 않는다. 현실 세계에서 이런 예는 흔히 발견할 수 있다. 예를 들어 '그림'을 생각해 보자. 보통 사람은 바스키아Jean Michel Basquiat 그림의 진품 여부를 판별할 재주가 없지만 이는 그의 작품을 비싼 가격에 사들여 감상하는 데 아무런 걸림돌도 되지 않는다. 그러나 만약 모작이라면 가격은 뚝 떨어진다. 원작과 모작을 그리는 데 든 노동 시간은 큰 차이가 없을 테고 그림을 그리는 데 든 비용도 비슷할 테지만 가격은 천지차이다. 이 차이를 만든 것이 바로 바스키아라는 작가에 대한 소비자의 '인정'이다. 디테일하게 살펴보면 모작이 원작보다 나은 부분이 있을지라도 원작보다 높은 평가를 받지는 못한다.

전체적으로 봤을 때, 현실 세계 상품 중에서 예술품처럼 노동가치론에 어긋나는 상품이 차지하는 비중은 극히 적다. 따라서 전통적인 경제체제에서 노동가치론은 대체로 성립한다. 그러나 메타버스에서는 모든 상품이 예술품과 같은 특징을 가진다.

　게임 로블록스에서 예술성을 따지면, 사실 창작물 사이에 질적인 차이는 별로 없다. 어차피 창작의 원료는 해상도가 낮은 '픽셀'이기 때문에 모든 오브젝트는 다 네모반듯하게 생겼다. 현실 세계의 둥글둥글한 머리통은 로블록스나 마인크래프트 등의 게임에서 네모나게 각진 사각형으로 바뀌었다. 이런 별 볼 일 없는 '원료'로 만든 상품인데도 열광적인 반응을 보이는 사람들이 있다. 관심 없는 사람들은 거저 줘도 안 가질 테지만 플레이어들은 너나없이 눈을 반짝인다.

　스타와 팬의 관계도 노동가치론을 뒤집는다. 인터넷상에서 서로 다른 스타를 사랑하는 팬들끼리 싸움을 벌여 사회적 화제가 되곤 한다. 팬들에게 스타는 돈으로 따질 수 없는 가치를 가진 존재다. 이는 단순히 스타에 대한 인정 때문만이 아니라 '덕질'을 하면서 생긴 사회적 자아 인정도 영향을 미쳤다. 이런 인정이 상품의 가치로 전환된 것이다. 스타와 관련된 상품 중에서 적어도 그들이 광고모델로 활동하는 상품에는 스타 자신의 노동이 결합되어 있지 않지만, 팬들의 인정이 단단하게 응집되어 있다.

　한편 디지털 세계 상품 중에서 한 가지 더 짚고 넘어가야 할 것이 있다. 바로 인공지능이 만들어낸 상품이다. 인공지능의 작업효율은 인류의 수천, 수만 배나 된다. 노동가치론대로 판단한다면, 이러한 상품은 저가로 팔려야 한다. 하지만 실제로는 매우 비싸게 팔리는데도 소비자는 이를 개의치 않는다.

한계편익의 체증

현실 세계에서 상품의 한계편익(어떤 재화를 한 단위 더 추가하여 소비할 때 누리게 되는 편익-옮긴이)은 대개 시간이 흐를수록 점점 줄어든다. 같은 종류의 상품들은 수량이 늘어갈수록 소비자의 상품에 대한 편익이 점차 줄어들지만 메타버스에서는 이 법칙도 깨진다. 게임에서는 플레이어가 많을수록 재밌고, 게임 시간이 늘어날수록 얻을 수있는 보상과 즐거움도 늘어난다. 날마다 출석하듯 로그인만 해도 보상을 받을 수 있다. 한마디로 정신없이 '빠지게' 되어 오랫동안 오로지 그것 하나만 즐기게 된다. 만약 한계편익 체감의 법칙을 따른다면 게임에 빠질 일도 없을 것이다.

메타버스를 구성하는 중요한 요소 중 하나는 소셜 네트워크 시스템이다. 소셜 네트워크에는 명백한 네트워크 효과Network effect가 있어 사용자가 많을수록 네트워크 효과도 분명해진다. 예를 들어 많은 사람이 카톡을 통해 서로 사귀고 소통한다. 카톡 없이 생활하기란 불가능에 가깝다. 지금 사람들은 바구니에 담긴 꽃게나 다름없다. 만약 바구니를 탈출하려는 꽃게가 있으면 다른 꽃게들에게 잡혀 다시 바구니로 돌아가게 된다. 친구들과 마음껏 이야기를 나누고 싶으면, 카톡 안으로 친구들에게 '끌려들어 갈' 수밖에 없다.

한계비용 체감의 파괴

현실 세계에서는 원자재, 생산라인, 노동자, 창고 보관 등에 들어가는 비용이 생산 원가에 포함된다. 그리고 상품의 원가 곡선은 'U' 자형을 그린다. 상품을 생산할 때, 생산량이 증가하면서 한계비용은 점점 감소하지만 생산라인이 포화 상태에 이르면 다시 생산량을 늘려야 하기 때문에 생산 원가가 대폭 상승할 수밖에 없다.

2009년, 미국은 스텔스 전투기 F22 생산라인을 폐쇄했다. 이 생산라인에서는 총 187대의 전투기가 생산됐다. 이는 당시 가장 앞선 기술력을 자랑한 5세대 전투기였다. 생산라인을 폐쇄한 주된 이유는 다른 강대국들이 단시일 내에는 그와 비슷한 전투기를 생산할 수 없을 것으로 판단했기 때문이다. 그러나 생산라인을 폐쇄한 뒤, F22 전투기 생산을 재개하려면 기술인력 양성, 원자재 구매 등에 따른 생산 원가 상승을 피할 수 없다.

하지만 디지털 세계에서는 이처럼 골치 아픈 문제들이 없다. 일단 원자재를 구매할 필요가 없다. 모든 '상품'의 원자재는 이진법 기호 0과 1뿐이다. 생산라인, 노동자, 창고, 물류도 필요 없다. 일시적으로 생산라인 가동을 중단할 수도 있고 아무 때나 재개할 수도 있다. 일단 만들어진 상품은 유효기간이 없다. 시간이 흐른다고 닳지도 않고 감가상각도 필요 없다. 재생산 비용은 0에 가깝다. 메타버스에서는 한계비용 체감의 원칙도 깨진다.

시장 형성 비용의 최소화

시장은 경제학의 핵심이다. 상품은 교환의 용도로 쓰여야만 가격을 가질 수 있다. 상품에 가격이 정해져야 사람들은 '아, 이제 조직적으로 생산해도 되겠구나!'라는 신호를 감지한다. 시장 규모가 클수록 분업이 고도화되고 기술이 비약적으로 발전하며 사회의 총자산이 더 많이 누적된다. 이는 전통 경제학과 메타버스 경제학에서 모두 성립되는 법칙이다.

현실 세계에서는 시장을 형성하는 데 엄청난 비용이 든다. 하지만 경제학은 시장 형성에 드는 원가를 대부분 간과해 버린다. 거의 모든 경제학자들이 시장이 형성된 이후의 일만 논하며, 시장이 어떻게 형성됐는지에 대해서는 입을 다문다. 극단적 자유주의를 표방하는 신자유주의자들은 '작은 정부, 큰 시장'을 신봉하지만 시장을 형성하는 데 드는 엄청난 비용은 정작 정부가 개입해 조정해야만 한다.

현실 세계에서는 시장을 형성하기에 앞서 시장 규칙을 위반하는 행위는 처벌받도록 해야 하는 것이다. 또한 접근성이 뛰어나도록 도로도 정비해야 한다. 도로의 끝이 시장의 경계선에 가 닿아야 소비자들이 쉽게 접근할 수 있다. 따라서 제대로 된 시장이 형성되기 위해서는 대규모 기반시설이 기초가 되어야 한다. 그러니 엄청난 비용이 들 수 밖에 없다. 대규모 시장을 건설하고, 거래비용을 줄이고, 시장 종류를 다양화하는 등 여러 면에서 노력하는 나라만이 미래를 대비하는 국가라 할 수 있다.

디지털 세계에서의 시장도 역시 마찬가지다. 다만 디지털 세계에서 시장을 형성하는 것은 현실 세계보다 훨씬 더 쉽고 비용 부담이 거의 없다. 애플, 화웨이, 샤오미 휴대 전화상의 앱스토어에서 거래되는 것은 디지털 콘텐츠를 창조하는 툴이다. 아레나 오브 발러, 로블록스 내 상점에서 거래되는 것은 스킨, 아이템, 플레이어 자신이 창조한 미니게임 등 완전한 디지털 제품이다. 이런 시장의 규칙은 모두 소프트웨어 코드로 정한 것이며, 이를 위반한 거래는 통과되지 않거나 시장에서 퇴출된다. 디지털 세계에서 시장을 형성하는 데 드는 비용은 현실 세계와는 비교도 안 될 정도로 적다. 이론적으로 보면, 디지털 세계에는 굉장히 다채로운 신흥 시장이 생겨나 경제를 번영시킬 것이다.

암호화 디지털 자산시장은 디지털 세계 시장의 전형적인 예로 비트코인, 이더리움이 대표적이다. 이런 시장은 시장 규칙을 정하고 수정하는 부분에서 전자상거래, 앱스토어, 게임 플레이어 상점과는 다르다. 블록체인 기술을 기반으로 한 암호화 디지털 자산시장에서는 일단 규칙이 발표되면 '자치커뮤니티'의 절대다수가 수정에 동의하지 않는 한, 어떤 개인이나 조직도 함부로 수정할 수 없다. 이렇게 해서 '탈중앙화'된 관리가 이루어진다. 그러나 블록체인 기술을 기반으로 하지 않는 디지털 시장에서는 상업적 이익을 추구하는 회사가 시장 규칙을 결정한다. 이 회사들은 수시로 규칙을 수정해 시장의 지배 세력이 될 수 있다.

블록체인을 기반으로 한 디지털 시장은 메타버스 경제의 주춧돌이다. 다음 장에서 이와 관련된 내용을 다루기로 하고 여기에서는 시장을 형성하는 데 비용이 들며, 시장을 유지하고 운영하는 데도 적지 않은 비용이 든다는 점만 이해하고 넘어간다. 이 사안에 대해 현실 세계와 디지털 세계는 각자 나름대로의 답안을 내놓았는데 디지털 세계에서는 이 모든 비용이 최소화된다는 결론을 냈다.

거래비용 제로

거래비용은 시장 운영 원가와 구별된다. 시장 운영 원가는 시장을 체계적이고 효율적으로 운영하기 위해 꼭 지불해야 하는 노무비, 임대료, 관리감독 비용, 경비 등의 지출을 말한다. 거래비용은 거래 양측이 거래 과정에서 지불하는 비용이다. 아마존에서 물건을 구매할 경우, 거래비용은 상품 가격이 아니라 상품을 구매하면 반드시 지불해야 하는 비용을 말한다. 배송비를 비롯해 인터넷 데이터 사용료 등도 거래비용에 포함된다.

기본적으로 거래비용에 대한 생각은, 거래비용이 낮을수록 시장이 번영하며 시장의 범위도 넓어진다는 것이다. 배송비가 상품 가격보다 비싸다면 과연 인터넷으로 물건을 사려는 사람이 있을까? 당연히 없을 것이다.

현실 세계에서 거래비용의 종류는 매우 다양하다. 그중에는 코드로 규정된 거래규칙으로 포괄할 수 없는 것도 있다. 이 점은 B2B 시장에서 계약 체결 시 필요한 비용이 거래 금액의 10~20%를 차지하고, 때에 따라 이보다 더 높다는 점에서 잘 드러난다. 반면 디지털 시장에서는 거래비용이랄 것이 없다. 아레나 오브 발러에서 스킨 하나를 사는 데는 물류비가 필요 없고 데이터 사용료조차 들지 않는다.

이더리움에서 거래를 뜻하는 트랜잭션Transaction을 할 때는 반드시 가스Gas를 수수료로 지불해야 한다. 설령 거래가 실패하더라도 가스비는 부담해야 한다. 엄밀히 말해, 가스는 거래비용이 아니라 이더리움이라는 디지털 시장의 전체 운영비용을 각각의 거래에서 현재 가치로 지불하는 것이다.

자, 지금까지의 이야기를 종합해 보자. 디지털 세계에서는 추상적인 인간 노동이 아니라 '인정'이 가치를 결정한다. 현실 세계에서는 생산 한계편익이 체감하지만 디지털 세계의 생산 한계편익은 체증한다. 현실 세계에서는 생산 한계비용이 체증하지만 디지털 세계의 생산 한계비용은 체감한다. 게다가 디지털 세계는 시장 형성 비용이 대폭 줄어들고 거래비용은 0에 수렴한다. 이와 같은 디지털 세계의 몇 가지 특징들은 전통 경제학 이론을 송두리째 흔들기 시작했다.

메타버스 경제의 4대 요소

메타버스 안에서는 현실 세계의 '자질구레한 일'에 신경 쓰지 않아도 된다. 원치 않는 접대에 공들이지 않아도 되고 병에 걸릴 일도 없으며 메타버스에서 완전히 로그아웃하지 않는 한, 영원히 죽지도 않는다. 메타버스에서의 활동은 주로 경험, 창조, 교류, 교환이다. 코로나19 팬데믹 기간에 인류의 삶은 위축됐지만 '아바타'들은 더욱 활기차게 활동했다. 어떤 게임에서는, 아침 7~8시만 되면 하나둘 깨어나기 시작한 아바타들이 메타버스로 건너와 이리저리 돌아다니다가 한데 모여 온갖 주제로 이야기를 나눈다. 메타버스에서는 음식을 만들 수 없지만 여럿이 모인 자리에 '음식' 이야기는 화두가 된다. 심지어 메타버스 내 레스토랑에 모여 카드놀이를 하기도 한다. 식당에서 음식을 먹을 수 있는 것도 아닌데 카드놀이를 하려고 식당에 간다니, 도통 이해가 가지 않을 것이다. 이는 디지털 세계에서 사는 아바타라 하더라도 현실 세계의 생활습관을 버리지 못했다는 방증이다.

로블록스 게임에는 높은 탑에 올라가면 아름다운 일몰을 볼 수 있는 명소가 있다. 이 탑을 찾은 수많은 아바타가 가만히 앉아 일몰을 지켜보면서 '셀카'를 찍었다. 경험이란 이런 것이다. 메타버스에서는 현실 세계처럼 거래 행위도 발생한다. 재주가 좋은 아바타는 아름다운 의상을 만들어 그것을 원하는 다른 아바타에게 판매할 수도 있다. 이렇게 놀다가 깜깜한 한밤중이 되었는데도 여전히 많은 아바타는 메타버스 곳곳을 돌아다닌다.

에픽게임즈의 CEO인 팀 스위니는 메타버스 경제에 관해 이렇게 말했다.

> "우리는 단순히 3D 플랫폼과 기술 표준을 만들려는 것이 아니다. 공평한 경제체제를 만들어 모든 크리에이터가 이 경제체제에 참여해 돈을 벌고 보상을 얻게 할 것이다. 이 체제는 소비자가 공평한 대우를 받고 대규모 사기, 편취, 부정행위가 일어나지 않도록, 또 회사가 이 플랫폼에서 자유롭게 콘텐츠를 발표하고 이를 통해 이윤을 얻도록 반드시 규칙을 정해야만 한다."

팀 스위니의 발언을 근거로, 아바타가 메타버스에서 생활하는 데는 반드시 다음 몇 가지 기본적인 요소가 있어야 한다.

첫 번째, 디지털 창조다. 아바타가 필요로 하는 상품을 창조해야 하는 것이다.

두 번째, 디지털 자산이다. 아바타가 창조한 상품을 판매하려면 재산권 귀속 문제를 해결해야 하며 크리에이터가 누구인지 표기할 수 있어야 한다. 또한 디지털 제품이 무한히 복제될 수 있다는 문제를 해결해야 한다. 세 번째, 디지털 시장이다. 디지털 시장은 디지털 세계 거래 장소이자 모두가 반드시 지켜야 하는 규칙을 상징한다. 네 번째, 디지털 화폐다. 물건을 사려면 반드시 돈을 지불해야 한다. 가상의 디지털 제품을 거래할 때, 법정화폐로 지불하는 데는 어려움이 따르므로 메타버스는 디지털 화폐가 필수요소다. 디지털 창조, 디지털 자산, 디지털 시장, 디지털 화폐는 메타버스의 경제체제 전체를 뒷받침하는 기본 요소로 '아바타'들의 디지털 소비를 만족시키는 강력한 자본이다. 지금부터는 조금 더 세부적으로 살펴보자.

1. 디지털 창조

메타버스 경제에도 공급과 수요가 존재한다. 수요는 아바타의 경험과 정신적 수요를 만족시켜야 하기 때문에 다층적이고 다차원적이며 풍부하고 다채로워야 한다. 그래서 공급자는 다양한 디지털 제품을 제공하는 것이 필수다. 디지털 창조자와 디지털 소비자가 한팀을 이뤄 하나의 규모를 조성해야 메타버스가 제대로 굴러가고 번영할 수 있다.

이에 디지털 창조는 메타버스 경제의 물꼬를 트는 첫걸음이라 할 수 있다. 창조가 이루어지지 않으면 거래할 상품도 생기지 않는다. 현실 세계에서 사람들이 창조하는 것은 실물이거나 서비스다. 우리는 이를 '제품'이라는 용어로 설명하며 그것이 시장에 진입해 유통될 때는 '상품'이라고 바꿔 부른다. 그러나 메타버스에서는 먼저 '디지털 창조'가 이루어지고 '디지털 제품'이 창조된다. 물질은 모두 디지털화된, 데이터들의 집합이다. 게임을 하다가 건물을 짓거나 도시를 창조할 수도 있다. 숏폼 동영상 앱이나 각종 플랫폼에서 숏폼 동영상을 찍을 수도 있다. 위챗 공식계정을 통해 다양한 글과 그림을 발표할 수도 있다. 사실 이 모두는 디지털화 제품이다. 이러한 디지털 창조 과정은 객관적으로 존재하는, 메타버스 경제의 첫 번째 요소다.

메타버스의 번영 여부를 판단하는 가장 중요한 지표 또한 디지털 크리에이터의 규모와 활약도다. 메타버스 창조자들은 사람들이 쉽게 창작에 가담할 수 있도록 점점 더 간편한 창작 툴을 제공하고 있다.

틱톡 플랫폼은 4G 세대의 지배자 중 하나로 꼽힌다. 숏폼 영상 제작의 문턱을 낮춘 것이 한몫했다. 위챗에서 글을 쓰려면 최소한 읽고 쓰는 법은 알아야 한다. 그러나 숏폼 영상을 올리는 일은 아무런 교육을 받지 않은 어린아이도 할 수 있다. 이런 이유로 틱톡 이용자의 수가 위챗 이용자보다도 많다.

로블록스는 더 파격적인 행보를 보여 게임 창작의 문턱을 낮췄다. 로블록스 게임 개발 엔진은 마우스를 드래그하는 것만으로 3D 게임을 개발할 수 있게 해 준다.

메타버스 창조자 입장에서는, 간단하면서도 사용하기 쉬운 창작 툴을 마련하는 것이 반드시, 그것도 아주 잘 해내야 하는 일이 되었다. 이 분야에서 선봉에 선다면 새로운 메타버스의 창조자가 될 것이다.

2. 디지털 자산

자산은 재산권의 속성을 내포하고 있으며 거래의 전제가 된다. '아레나 오브 발러' 속 '스킨'의 소유권이 텐센트에게 있음은 누구나 알고 있다. 만약 스킨을 얻고 싶다면 값을 지불해야 한다. 플레이어가 구매한 '스킨'은 플레이어의 개인 장비에 속해 양도할 수 없다. 그러나 이 스킨을 소유한 게임 계정을 양도하면 판매 이윤을 얻을 수 있다. 이렇게 해서 '스킨'은 자산의 속성을 갖추게 되었다. 타오바오, 셴위闲鱼 등 전자상거래 플랫폼에서 게임 계정을 팔려는 플레이어를 쉽게 찾을 수 있다. 분명 '스킨'은 게임에서 새롭게 창조된 상품으로 게임에서만 구매할 수 있다. 이런 가상 상품은 게임 플랫폼을 벗어나서는 존재할 수 없다. 다시 말해 각기 다른 플랫폼의 가상 상품은 서로 통용되지 않기 때문에 엄밀한 의미에서의 디지털 자산을 이룰 수 없다. 또한 이는 크로스 플랫폼, 크로스 게임 디지털 자산의 유통을 가로막는 원인이 되기도 한다.

로블록스가 게임 개발 플랫폼을 개발하면서 플레이어는 스스로 게임을 개발할 수 있게 되었고 이후 온갖 디지털 제품을 만들어내기 시작했다. 이런 디지털 제품은 로블록스 플랫폼상의 모든 게임에서 사용할 수 있다. 이는 꽤나 파격적인 조치였다. 로블록스가 상장된 지 얼마 지나지 않아 시가총액이 400억 달러를 돌파한 점은 자산시장이 로블록스의 디지털 자산 크로스 플랫폼 유통 모델을 높이 평가하고 있음을 보여 준다.

기타 게임에서의 스킨이든 로블록스에서 이용자가 창조한 건물이든, 엄밀한 의미에서의 디지털 자산과는 아직 거리가 있다. 디지털 자산을 형성하려면, 자산 측면에서 엄격하게 저작권을 보호하고 크로스 플랫폼 유통을 지원할, 좀 더 기초적인 플랫폼이 필요하다. 그래야만 진정한 메타버스 경제가 형성될 수 있다.

그렇다면 미래에는 다양한 게임 간 가상 물품을 교환하고 사용할 수 있도록 해 주는, 보다 기초적인 플랫폼이 출현하게 될까? 이 문제는 6장에서 좀 더 깊이 짚어 보기로 한다. 어찌됐든, 블록체인 기술을 기반으로 한 플랫폼이 선택 가능한 방안을 제공했음은 자명한 사실이다. 블록체인은 데이터 복사를 제한하는 솔루션을 제공했다. 암호화 알고리즘, 서명 알고리즘Signature algorithm, 합의 기제Sonsensus 등을 종합적으로 이용해 불법적 위변조 및 복사가 불가하도록 데이터가 카피될 때마다 모두 장부에 기록되게 함으로써 데이터가 자산이 될 수 있는 기술적 기반을 마련했다.

디지털 자산의 생산 방식과 재산권 확보

지금부터는 보다 심층적으로 디지털 제품의 생산 방식에 대해 알아보자. 이는 PGC(Professionally Generated Content, 전문가 제작 콘텐츠)와 UGC(User Generated Content, 이용자 제작 콘텐츠)로 나뉘는데 AI 기술이 발전함에 따라 AIGC(AI Generated Content, 인공지능 제작 콘텐츠)도 곧 출현할 것으로 보인다. 여기에서는 PGC와 UGC에 대해서만 살펴보도록 한다.

PGC에 대해서는 이번에도 게임 속 '스킨'을 예로 들어 보자. 게임에서 개발자가 인위적으로 설정한 비즈니스 규칙으로 플레이어의 '스킨' 사용에 특정한 제한을 건다. '스킨'은 게임 중에 플레이어의 어떤 계정의 특정 캐릭터에 한해서만 사용할 수 있고, 그 외의 상황에서는 사용할 수 없다. 이는 게임 플랫폼이 이윤을 얻기 위해 설계한 일종의 중앙통제 기제다. 플랫폼은 그 안의 디지털 제품에 대한 결정권을 가지는데 구매자는 다수 제품을 소유했다는 권한으로 게임 개발자가 세운 시장을 어지럽힐 수 없다. 게임에서 '스킨'은 구매 수량과 메커니즘이 텐센트의 코딩프로그램에 의해 인위적으로 설정되어 있다. 다시 말해 디지털 자산인 PGC는 보통 인위적으로 설정한 희귀성을 통해 가치의 안정성을 보증한다.

UGC는 이용자가 직접 제작한 자산으로, 이런 형식의 디지털 자산은 메타버스에서도 흔히 볼 수 있다. 예를 들어 이용자가 게임 속에서 직접 제작한 가든이나 신무기 등이 UGC에 속한다. 이론적으로 이런 자산도 시장에서 거래되고 유통될 수 있다. 그런데 이때 앞서 제기했던 문제가 발생한다. 즉 이런 자산들이 다른 이용자에 의해 무한으로 복제되면 원래 가진 가치가 불안정해질 수 있다. 이런 상황에 대비해 UGC에 대한 권리 확인 시스템을 확립해서 디지털 세계에서 창작되는 제품을 보호 대상으로 만들어야 한다.

현실 세계에서는 대개 등기를 통해 권리를 확인한다. 예를 들어 부동산 소유자는 등기를 통해 해당 부동산의 소유권을 명확히 한다. 거래 행위가 발생해도 이 행위에 대한 등기가 필요하다. 해당 부동산이 원래 A의 소유였으나 거래를 통해 B에게 넘겨졌음을 명확히

해서 자산 거래를 완료하는 것이다. 다시 말해 현실 세계에서는 대다수 상황에서 '증명서'가 권리를 확인하는 지표가 된다.

주목할 점은 이러한 증명서가 대개 어떠한 권위를 지니게 된다는 점이다. 사람들이 보편적으로 신뢰해, 그 공정성과 권위를 의심하지 않는 기관이 권리를 확인해야만 그 과정에서 생길 수 있는 혼란을 미연에 방지할 수 있다. 대부분 이런 기관은 국가의 중앙정부 산하에 소속되어 있다.

그러나 메타버스 안에는 중앙정부의 개념이 없다. 메타버스는 개방적이고 공평하며 완전한 자치가 이루어진 세계다. 이런 세계에서의 디지털 자산에 대한 권리 확인은 블록체인 기술이 제공하는 일련의 가치 체계 및 블록체인의 암호화 체계와 밀접한 관련이 있다. 암호화로 데이터를 자산화할 수 있으며 컨센서스로 거래를 검증하고 확인해 거래 행위에 대해 위변조가 불가능한 기록을 남긴다. 이런 완벽한 메커니즘은 메타버스 이용자가 디지털 제품에 대한 권리를 확인하고 디지털 자산을 형성하는 데 도움을 줄 수 있다. 디지털 창조와 디지털 자산은 디지털 시장 거래의 전제 조건이며 디지털 자산은 디지털 시장에서 교환하는 콘텐츠다. 자산이 존재하지 않는다면 시장도 존재할 수 없다.

3. 디지털 시장

디지털 시장은 디지털 경제의 핵심이자 메타버스가 번영할 수 있는 기반시설이다. 디지털 시장을 형성하는 궁극적인 목적은 메타버스의 번영이다. 디지털 시장이 생기면 메타버스의 아바타도 수익을 기대할 수 있다. 아바타가 다양한 경험을 하는 와중에 경제적 수입까지 얻게 하는 것, 이것이 메타버스 성장의 비밀이다.

디지털 경제가 급속히 발전하면서 빠르게 규모를 키운 시장이 있다. 첫 번째, 실물을 교환하는 전자상거래 시장으로 알리바바, 아마존, 쿠팡 등이 이에 속한다. 전자상거래 시장은 대중에게 가장 친숙한 디지털 시장이다. 두 번째는 콘텐츠 제작 툴을 교환하는 시장으로 휴대전화의 앱스토어가 대표적이다. 이 시장에서는 디지털 콘텐츠 거래는 이루어지지 않는다. 특수한 디지털 콘텐츠를 제작할 수 있는 가상의 디지털 상품, 즉 각종 앱을 교환한다. 세 번째, 순수하게 디지털 콘텐츠만 교환하는 시장이다. 특정 동영상이나 그림, 글이 마음에 들 경우, 후원금 개념의 '팁'을 주거나 게임에서 건물, 도시, 자동차 또는 스킨 등을 '구입'하는 것이 이에 속한다.

메타버스에서는 주로 세 번째 시장, 즉 순수한 디지털 제품만 교환하는 디지털 시장에 대해 논한다. 이런 디지털 시장의 초기 형태는 이미 형성된 상태다. 예를 들어 유저는 일부 사이트에서 자신이 구매한 '스킨'과 자신이 '키운' 게임 계정 등을 판매할 수 있다. 그러나 이런 시장은 아직 우리가 이야기하려는 디지털 시장에 크게 미치지 못한다. 이 거래들이 메타버스 안에서 이루어지지 않았기 때문이다. 이런 거래는 외부의 시장에서 이루어지는데 게임 내부에 직접 형성한 시장에서 진행되는 거래와는 차이점이 있다. 완전한 메타버스의 디지털 시장에서 거래되는 제품은 제작 과정이나 실제 거래가 모두 메타버스 안에서 이루어져야 한다.

아레나 오브 발러의 유저가 1억 명이라고 가정한다면, 새 '스킨'의 총 판매량은 유저 수인 1억을 넘을 수 없다. 더 큰 수익을 거두기 위해 '스킨'은 계획적으로 다양한 등급으로 나뉜다. 가장 낮은 등급은 모든 유저가 구매할 수 있으며 가격도 싸고 공급도 충분하다. 그보다 좀 더 높은 등급의 스킨은 가격이 그만큼 비싸지만 여전히 공급량은 충분한 편이다. 그러나 등급이 아주 높은 경우, 엄청난 가격도 가격이지만 한정수량만 판매되기 때문에 원한다고 다 살 수 있는 것이 아니다. '한정수량', 이 네 글자가 메타버스 경제의 핵심 문제가 된다. 뒤에서 수량 제한 이면의 원리에 대해 집중적으로 파헤쳐 보겠다.

유저가 '스킨'을 구매하는 이유는 대략 다음 두 가지로 볼 수 있다. 첫 번째, 유저의 정신적 만족감을 위해서다. 두 번째, 다양한 게임 경험 및 소셜 네트워크의 주목을 받는 데서 느끼는 희열 때문이다. 이와 마찬가지로 로블록스도 유저가 자신이 제작한 건물, 의상 등의 아이템을 판매할 수 있도록 시장 메커니즘을 설정했다. 다만 아레나 오브 발러는 게임 사이트에서 자체 제작한 '스킨'을 판매하는 것이지만 로블록스 내부의 시장에서는 유저가 직접 제작한 제품을 거래한다.

4. 디지털 화폐

은행은 현대 사회의 상징과도 같은 존재다. 자본주의 사회를 봉건주의 사회와 구별짓는 요소이자 인류 사회가 산업 시대로 들어선 뒤 경영 이념, 기술, 사회제도 등 전 분야에 걸쳐 이루어 낸 변혁의 산물이다.

　현재 인류는 산업 시대에서 디지털 시대로 넘어가는 격변기를 겪고 있다. 산업 시대의 은행에서 벗어나 역사와 발걸음을 맞추려면 앞으로 은행은 어떤 변모를 겪어야 할까? 관건은, 은행 체계가 디지털 화폐의 발전을 저해하지 않고 촉진할 수 있어야 한다는 점이다.

　산업 시대에 인류 사회는 실물화폐(황금, 은 등 귀금속 화폐)에서 법정화폐로의 전환을 이뤄 냈다. 디지털 시대에 인류 사회는 반드시 법정화폐에서 디지털 화폐로의 전환을 완료해야 한다. 메타버스 경제는 디지털 화폐를 폭넓게 응용해 볼 수 있는 실험의 장이다. 메타버스는 법정화폐가 끼어들 공간을 내주지 않는다. 주된 이유는 법정 통화 체계의 비용이 너무 높아 메타버스 경제 발전의 수요를 충족시킬 수 없기 때문이다. 따라서 메타버스 경제가 마주한 가장 중요한 문제는 '디지털 화폐를 어떻게 응용하느냐'이다.

　아레나 오브 발러 게임에서 유저는 충전 금액에 상응하는 '포인트'를 받는데 이 포인트는 '스킨' 등 각종 아이템을 구매할 때 사용할 수 있다. 몰스 월드Mole's World 게임에서 충전을 하면 '몰 머니'를 받을 수 있고 로블록스에서 충전을 하면 로벅스를 받는다. 이처럼 게임 사이트마다 각기 다른 이름의 게임 화폐가 유통된다. 그런데 꼭 충전을 해야만 할까? 그냥 '위안화'나 '달러' 같은 법정화폐로 아이템을 구매할 수는 없는 것인가?

　현실 세계에서의 거래를 살펴보자. 거래는 '현금'의 존재 여부로 '현금 거래'와 '비현금 거래'로 나눌 수 있다. 일상에서 이루어지는 소액 거래의 경우, 사람들은 현금 지불 방식을 선호한다. 한쪽은 돈을 내고 다른 한쪽은 물건을 건네, 돈과 물건이 서로 오고 가면 거래가 깔끔하게 완료된다.

그러나 비즈니스 현장에서는 대개 비현금 거래를 선호한다. 비현금 거래의 유형은 굉장히 다양한데 신용카드, 어음, 계좌이체, 수표 등의 지급 수단을 통해 이루어진다. 비현금 거래는 반드시 은행을 끼고 이루어진다. 일상생활에서 소액결제를 이용할 때 위챗이나 알리페이와 같은 간편결제 툴을 사용해도 은행이 보이지 않는 곳에서 움직이고 있는 것이다. 현실 세계에서 이루어지는 지급과 관련된 모든 행위에는 은행이 끼어 있다고 할 수 있다. 그러므로 은행이 핵심이 되는 금융체계는 현대 사회의 중요한 지표다. 그러나 게임에서 가상 상품을 거래할 때도 은행이 끼어든다면 비용은 많이 들면서 효율은 떨어져 유저의 니즈를 충족시킬 수 없을 것이다.

현실 세계에서의 비현금 거래는 장표에 기록만 될 뿐, 화폐가 이리저리 옮겨 다니지는 않는다. 이는 돈과 물건이 서로 오가는 현금 거래와는 다르다. 다시 말해 장부와 돈이 나눠져 있다. 현실 세계의 거래 당사자 양측은 반드시 은행에 계좌를 개설해야 한다. 이들의 거래란, 은행이 지급인의 예금계좌에 인출 기록을 남기고 수취인 예금계좌에 입금 기록을 남길 뿐, '화폐'는 여전히 '은행' 금고 속에 놓여 있다. 만약 지급인의 거래은행이 수취인의 거래은행과 다르다면 과정이 더 복잡해져 금융기관 간 자금 이체 절차, 즉 청산과 결제를 거쳐야 한다. 여기서 말하는 청산이란 은행 간 수취액과 지급액을 모두 처리하는 것이다. A은행이 B은행에 2억 원을 지급해야 하고 B은행은 A은행에 1억 원을 지급해야 한다고 가정해 보자. 이 경우

수취액과 지급액을 계산하면 A은행이 B은행에 1억 원만 지급하면 된다.

더 복잡한 것으로는 다국적 거래가 있다. 구매자(지급인)와 판매자(수취인)가 서로 다른 나라에 있을 경우, 이는 국제 청산 및 결제까지 관련된다. 여기에는 비용이 드는데, 국제적인 청산 및 결제에는 약 만분의 일의 비용이 들고 실제로 입금되기까지 며칠씩 걸린다.

그러나 게임을 이용하는 유저 중에는 은행 계좌가 없을 수도 있고, 아동의 경우 대부분 부모의 계좌에서 충전한다. 충전한 뒤에는 은행 계좌의 제한에서 벗어나 자유롭게 게임 아이템을 구매할 수 있다. 설령 은행 계좌가 있더라도 현재의 회계, 송장과 같은 체계는 게임에서 가상 아이템을 구매하는 행위를 지원할 방법이 없다.

정리하면, 은행 계좌 체계, 회계 체계, 결산 체계, 금융관리·감독 체계는 현실 세계에서 진행되는 실물 상품의 거래를 위해 존재하는 것으로, 메타버스라는 완전히 새로운 세계에 적용하기에는 마음만 굴뚝같을 뿐 역부족이다. 그래서 모든 게임이 나름의 충전 기능을 개발하고 자신만의 경제 시스템을 키우고 있는 것이다.

로벅스와 달러의 쌍방향 환전

대다수 게임이 법정화폐로 충전하고 그 충전 금액에 상응하는 게임머니로 바꿀 수는 있지만 게임머니를 다시 법정화폐로 바꿔 주는 경우는 거의 없다. 만약 게임머니와 법정화폐의 쌍방향 환전이 가능하다면 사실상 상호 독립적인 두 개의 경제체제가 형성된 것으로 볼 수 있다. 이는 마치 국가 간의 '환율'의 방식으로 두 경제체제의 화폐

간 관계를 구축할 수 있다.

국가는 법정화폐를 발행하기에 앞서 굉장히 복잡한 요인들을 고려해야 한다. 경제 발전, 국제 무역, 원자재 가격, 국민 소비 수준 등 일련의 요소를 종합적으로 고려해야만 발행할 화폐의 양을 결정할 수 있다. 경제학자들이 종종 논쟁을 벌이는 '통화가 닻인 이유'가 바로 이것이다.

하지만 게임은 성숙한 규정이나 관리 방법에 따라 게임머니를 발행하지 않는다. 만약 게임머니와 법정화폐가 쌍방향 환전이 가능해진다면 게임머니와 법정화폐의 환율을 유지하는 책임은 누가 질 것인가? 만약 경영 상태가 악화된 게임회사가 돈만 챙겨 도주하면 어떻게 할 것인가? 중국처럼 큰 나라에서 게임머니와 법정화폐의 쌍방향 환전을 실현하려면 기술적 문제는 차치하고 경제적 문제, 심지어 정치적 문제까지 일으킬 수 있다.

로블록스는 로벅스와 달러의 쌍방향 환전이 가능하도록 했는데, 이는 업계에 일대 파란을 몰고 올 것이다. 이 같은 혁신을 어떻게 바라보고, 어떻게 대응할지는 게임 산업 자체의 발전뿐만 아니라 디지털 경제의 발전과 새로운 경제체제의 구축과도 맞닿아 있는 문제다.

메타버스 경제의 4대 특징

메타버스의 디지털 시장은 '전체성'의 특징이 있다. 독일의 경제학자 루트비히 에르하르트Ludwig Erhard가 제시한 '사회를 책임지는 사회적 시장경제Social market economy'를 결합한 것으로, 자유의 원칙, 사회적 형평성을 지키면서 모든 사람이 전 사회의 도덕적 측면에 책임감을 갖는다. 이는 중국의 전통적 철학 사상인 '전체론Holism'에 부합한다. 즉 사물의 전체적인 상황과 그 특성에 대한 이해를 전제로, 국가와 정부 등 여러 주체의 역할을 고려하고 전체적인 국면에서 디지털 시장의 특성을 분석하고 전통 시장의 문제를 해결하는 것이다.

현실 세계에서 이런 문제들을 논한다면 틀림없이 현실적 조건의 제약을 받게 되고, 그러면 혁신적인 아이디어는 세상의 빛을 보기도 전에 싹이 마를 것이다. 메타버스는 현실 세계에 존재하는, 그다지 중요치 않은 현실적 문제를 차단하고 자유롭게 생각을 펼칠 수 있는 무대를 마련했다. 우리가 논하는 메타버스 경제의 특징에는 사실 이상적인 디지털 경제의 특징이 반영되어 있다.

우리는 전통 경제학의 가설과 '규칙'을 돌아보면서, 메타버스 경제에서는 '인정가치론'이 '노동가치론'을 대체하고, 한계편익이 체증해 '한계편익 체감의 규칙'이 무너지고, 한계비용이 체감해 '한계비용 체증의 규칙'이 전복되는 과정을 살폈다. 또한 시장 형성에 드는 비용이 최소화되어 스스로를 작은 틀 안에 가둔 경제학자들을 다시금 '전체적 사회'라는 사고의 틀로 끌어낸 것에 대해 이야기했다. 메타버스 경제에서 이를 증명할 예를 쉽게 찾을 수 있다.

계획과 시장의 통일
디지털 시장은 '계획'된 것

'디지털 시장이 계획된 것'이라고 한다면 아마 신자유주의 경제학자는 물론이고 신제도학파도 입을 다물지 못할 것이다. 대다수 경제학자는 시장이 형성된 이후의 발전 상황에만 주목하지, 어떻게 시장이 형성되었는지에 대해서는 관심이 없기 때문이다.

메타버스에서 생산 수단은 디지털뿐이고 디지털은 무한하다. 문제는 무한한 자원은 시장을 형성할 수 없다는 것이다. 하지만 아이러니하게도 아레나 오브 발러에서 '스킨'이라는 가상 물품은 늘 없어서 못 판다. 이 점은 어떻게 설명할 것인가? 이는 인위적으로 설정한 '희소성' 때문이다. 디지털은 무한하므로 디지털로 제작한 '스킨'도 이론적으로는 무한히 복제될 수 있으며 그 과정에서 아무런 비용도 들지 않는다. 그런데 디지털 시장을 형성하는 비밀은 '한정수량'에 있다.

인기 있는 '스킨'의 경우, 하루 최대 판매량 또는 총판매량이 정해져 있다. 아레나 오브 발러 유저가 1억 명인데 '서시西施'라는 '스킨' 제작량은 1만 개라면 인위적으로 '공급 부족' 사태를 만들게 된다. 한정수량을 1만 개로 할지, 100만 개로 할지는 유저의 각종 데이터를 분석해 결정한다.

메타버스에서 데이터는 풍부하고 유저는 투명하다. 무한한 데이터에 정교한 알고리즘이 더해져 최적의 상한선을 계산해 내는 것은 물론 가장 적당한 가격까지도 계산해 낼 수 있다. 예를 들어 정가를

19만 원으로 설정하면 가격에 가로막힌 유저는 찔러 보지도 못할 감을 쳐다만 보는 것으로 만족해야 한다.

게임 아이템 시장이야말로 정확하게 계산해 만들어낸 시장이다. 이 시장은 데이터가 절대적으로 충분하지만 정보가 투명하지 않다. 따라서 유저는 스킨 총량을 알 길이 없다. 유저가 절대적으로 충분한 데이터를 파악한 순간, 시장은 계획적인 시장으로 바뀐다.

현실 세계에서는 탄소배출권 거래 시장이 계획적인 시장이라고 할 수 있다. 탄소배출권 총량 제한이 없다면 탄소배출권 거래 자체가 일어나지 않는다.

디지털 시장의 특징 중 하나는, 상품의 총량 제한은 계획의 영향을 받고 자원 배분, 자유 경쟁은 시장 메커니즘에 따라 완성된다는 것이다.

디지털 시장에서의 계획과 시장의 통일성

디지털 기술을 통해 최고 수준의 디지털 시장 경제체제를 구축하면 시장 경쟁을 근간으로 하면서도 정부 계획의 중요성을 보여 줄 수 있다. 둘은 대립되는 개념이 아니며 유기적으로 통일될 수 있다. 결국 생산 요소 시장의 총량은 정부의 거시적 조정을 받고 디지털 시장의 자원 분배와 자유 경쟁은 시장이 맡게 된다.

먼저 생산 요소 시장 총량에 기반한 조정은 계획 메커니즘에 따른다. 디지털 시장에는 전통 시장에 광범위하게 존재하는 생산 요소 시장이 포함되어 있다. 이 중 토지, 인구와 관련된 데이터는 더 상세하고 확실하다. 따라서 희소 요소는 과학적인 배치가 필요한데, 디지털 기술이 바로 계획적인 조정을 가능케 하는 효과적인 툴이다. 이와 관련한 권력도 사실상 정부가 쥐어야 한다. 디지털 시장 경제 기반시설이 투명하게, 실시간으로, 완전하게 반영한 정보는 생산 요소 시장의 상황, 사회경제의 전반적인 상황을 반영해 정부가 계획을 세우는 데 실시간으로 과학적인 소스를 제공할 수 있어야 하며 현실 세계를 최대한 사실적으로 반영할 수 있어야 한다.

그래서 정부는 이를 바탕으로 의사결정을 내리고, 거시적인 계획을 조정하며, 의사결정의 과학적 합리성을 높이고, 토지시장의 공급, 디지털 자산의 권리 확인 사용 등 각 요소를 시장에 풀었다가 거둬들이는 작업을 리드미컬하게 수행할 수 있다. 생산 요소 가격은 시장이 결정하되 정부의 거시적 조정을 받아 자주적이고 체계적으로 유통해 효율적이면서도 공평하게 자원을 배분한다.

다음으로, 자원 배분은 시장의 메커니즘을 통해 실현한다. 각 기업은 주문서를 받고 원자재를 구매하고 조직적으로 생산하는 각각의 단계에서 완전하게 시장 메커니즘을 이용했다. 이런 정보들은 디지털 시장에서 있는 그대로 드러나기 때문에 전통 시장에서 보이는 폐쇄성으로 인한 정보 불평등 현상을 타파할 수 있다. 완전시장 Complete market의 기본 가설을 만족하면 시장의 효율성이 대폭 상승하고 자원 분배가 이상적인 수준에 이르게 된다. 더 나아가 일부 특정 업계에서는 시장 메커니즘이 새로운 형태의 조직 방식이 되기도 한다. 위에서 언급한 두 메커니즘의 작용으로 디지털 시장에서의 조직과 시장, 심지어 정부와 같은 특수한 조직과 시장의 경계가 모호해진다. 정부는 디지털 시장에서 계획을 통해 요소 총량을 제어하는 기구로 볼 수도 있고 계획성을 가진 조직으로 시장을 구성하는 일부분으로 볼 수도 있다. 정부는 시장의 효율성을 보장하면서 시장 거래의 전 과정에 참여한다. 따라서 정부의 계획은 자연스럽게 디지털 시장의 메커니즘에 녹아들어 시장과 계획을 완벽하게 하나로 융합시킨다.

디지털 시장에서 시장과 계획의 공조는 보이는 손과 보이지 않는 손을 하나로 합친 것이다. 계획의 수단과 시장의 수단을 이상적으로 통합해 서로 영향을 미치고, 발전을 촉진하면서도 제약을 걸게 된다. 계획과 시장은 더 이상 전통 경제학에서 말하는 상호 대립적인 수단이 아니며 계획이 과학적일수록 시장 간섭도 효과적이라는 특징을 보여 준다. 디지털 시장에서는 보이지 않는 손과 보이는 손이 서로를 맞잡아 삼라만상을 포괄하는 '부처님 손바닥'이 되는 것이다. 이는 디지털 경제의 핵심 역량으로, 경제 구도 최적화와 구조 조정을 추진하는 수단이 된다.

디지털 시장은 자연스럽게 활동적인 미시 주체, 효율적인 시장 메커니즘, 절도 있는 거시 조정을 실현하는 매개체가 된다. 현실 세계의 시장 참여자도 어떤 상품의 총량과 수요량을 알 수 있다면 전통 시장도 어느 정도 계획성을 구현할 수 있을 것이다. 그런 이유에서 디지털 시장에 나타난 '계획과 시장의 결합'이라는 특징은 현실 세계에도 시사점을 던져 준다고 할 수 있다.

생산과 소비의 통일

현실 세계의 전통 시장에서는 상품이 생산자에서 소비자에게 전달되기까지 몇 단계를 거쳐야 한다. 생산 단계에서 집하, 물류센터, 각 지역 배송 영업소를 거쳐 최종소비자인 고객에게 전달된다. 이 중 어느 단계에서든 정보 왜곡은 발생하기 마련이다. 이는 결국 재고량과 소비 비용 증가를 불러올 가능성이 크다.

전통 시장을 매핑Mapping한 디지털 시장에서, 기업은 공급사슬 하류(소비자)의 수요를 전체적으로 통찰할 수 있는데 이용자 수, 수요량, 잠재수요량 등을 모두 확인할 수 있다. 따라서 기업이 개개인의 수요에 맞게 자원을 분배할 수 있으며 기업은 좀 더 정확한 니즈를 반영해 생산할 수 있다. 이는 자원 낭비의 감소, 기업 간 악의적 경쟁 감소로 이어진다. 이로써 경쟁이 불러온 '내적 소모'에 주목하던 '손'을 꺼내 시장의 이면에 존재하던 '사소한 다수(롱테일)'의 수요를 만족시킬 수 있다. 이 부분은 기술을 통해 결정하거나 고효율, 저비용, 하이엔드급 컴퓨터로 해결할 수 있다. '사람'이라는 요소를 없애면, '사람'이 야기하는 불확정성, 불안정성, 인지의 국한성도 대폭 줄일 수 있다.

이에 비해 메타버스에는 전통 시장에 존재하는, 상품이 생산자의 손을 떠나 소비자에게 이르기까지 거쳐야 하는 수많은 단계가 아예 존재하지 않는다. 일단 물류 단계가 없다. 그러니 집하, 지역배송 자체가 없다. 보관 단계도 없으니 대형 물류센터, 마이크로 물류센터가 존재하지 않는다. 이런 이유로, 어떤 단계에서든 정보 왜곡이 발생할 염려가 없다.

생산에서 소비에 이르는 거시 사슬 중, 현실 세계에서는 유통 단계가 필요한데 디지털 기술은 이 유통 단계를 디지털화해 효율을 높였다. 더 나아가 메타버스에서는 아예 유통 단계를 생략해 생산과 소비가 자연스럽게 통일된다. 현실 세계에서도 디지털 전환을 통해 생산과 소비를 통일시키는 추세다.

디지털 시장에서는 생산과 소비가 통일되는데, 이는 '계획과 시장의 통일'의 미시적 표현이기도 하다.

규제와 자유의 통일

규제(관리감독)와 자유의 통일을 실현하는 것은 곧 디지털 시장의 '굿 거버넌스Good governance'를 실현하는 것이다. 규제를 커뮤니티 자치에 맡길지, 독립적인 제3자에게 맡길지, 그도 아니면 정부가 맡을지는 직접 시험해 보면서 균형점을 찾아야 한다.

비트코인이 실패한 자유 실험

비트코인은 극단적인 탈중앙화 사고에서 출발해 처음으로 실행된 커뮤니티 자치 실험이었다. 그러나 그 발전 과정을 살펴보면, 비트코인의 창시자 사토시 나카모토Satoshi Nakamoto가 처음에 품었던 이상은 전혀 실현되지 않았다. 비트코인은 엄밀한 의미의 디지털 화폐가 아니라 단지 첫 번째로 암호화한 디지털 자산일 뿐이다. 게다가 비트코인 가격은 이미 완전히 조종당하고 있어 '자유'와는 100만 광년쯤 멀어진 상황이다.

2021년 2월, 테슬라는 미국 증권거래위원회에 제출한 자료를 통해 15억 달러 상당의 비트코인을 사들였다고 밝혔다. 3월, 일론 머스크Elon Musk가 비트코인으로 테슬라 차량을 구입할 수 있다고 소셜 미디어에 발표하자마자 비트코인 가격은 6만 4천 달러까지 치솟았다. 그러나 5월, 테슬라가 비트코인 결제 지원을 중단한다고 밝히자 비트코인 가격은 50%나 폭락했다.

일론 머스크는 자신의 사회적 영향력을 십분 활용해 비트코인 시장을 조종하고 있다. 만약 비트코인의 관리 권한이 미국 증권거래위원회나 중국 증권감독관리위원회에 귀속된다면 일론 머스크는 분명 법적인 처벌을 피할 수 없을 것이다. 그러나 안타깝게도 이는 가정에 불과하다. 일론 머스크의 행위는 비트코인 시장이 조종당하는 현실을 보여 주는 단적인 예일 뿐이다.

절대적인 자유는 반드시 절대적인 독점을 부른다. 현실 세계에는 이미 독점을 막기 위한 법률이 존재한다. 중국과 미국 모두 반독점법을 마련했지만 비트코인에는 적용할 수 없다. 비트코인은 코드로 규정된 완전히 자유로운 세계이지만 '자유'는 이상이었을 뿐, 결국 조종당하는 신세로 전락하고 말았다.

비록 이더리움이 비트코인을 참고해 많은 부분을 개선했지만 화폐 가치가 불안정하다면 결국 이더리움은 메타버스에 타격을 입히게 될 것이다.

이상적인 시장 경제

규제(관리감독)의 목적은 한계를 확정하고 안정적인 환경을 유지하며 각 참여자의 의무와 책임을 명확히 하는 것이다. 어떤 시장이든 모럴 해저드(도덕적 해이)와 투기 행위를 완전히 막을 수는 없다. 디지털 시장에서 규제가 이루어지지 않는다면 이용자의 자유는 보장받지 못할 것이며 플랫폼은 데이터 우위, 기술 우위를 이용해 인위적으로 정보 비대칭을 조장해 독과점을 형성하고 시장 참여자의 경제적 자유를 제한할 것이다. 그러므로 '자물쇠', '회초리' 역할을 할 규제 기능으로 시장의 정상적인 운행을 보장해야 한다.

시장에서의 자유는 시장에 참여하는 각 주체가 시장에서 어떠한 간섭을 받지 않고 활동하는 것을 말한다. 자유경쟁, 자유시장, 자유선택, 자유무역 및 사유재산이 보장돼야 한다. 이때 시장의 자유는 무한한 자유가 아닌 시장의 효율적인 운행을 보장하는 자유다.

"이상적인 시장 경제는 시장에서 이루어지는 모든 거래가 규제, 등기, 사후 책임추궁을 받는 경제이지, 시카고학파와 워싱턴 컨센서스Washington Consensus가 주장하는 극단적인 자유방임의 경제가 아니다. 좋은 경제 제도는 엄격한 시장 규제를 구축하고 실시할 수 있는 제도이지 신제도경제학파의 알맹이 없이 추상적이기만 한, '시장이 모든 것을 다 할 수 있다'는 '포용적'인 제도가 아니다."[17]

낙후된 규제 수단이 시장 자유 제한

현대 디지털 시장은 건전하고 적응력과 경쟁력이 탁월할 뿐만 아니라 보편적 특혜의 특징까지 갖고 있다. 한마디로 진보적 디지털 산업의 발전과 실물 경제를 진흥할 '정해신침定海神针'[18]인 것이다. 여기에는 기초적인 제도 완비, 규제 기술 발전이 전제되어야 한다. 디지털 경제의 발전은 거스를 수 없는 대세가 되었다. 거침없는 기세로 발전하는 디지털 경제는 이미 인류의 생산 활동과 일상생활 방식을 완전히 바꿔놓았고 전통적인 규제와 자유의 관계도 바꿨다. 디지털 시장에서 규제와 자유는 통일적이다. 규제는 시장의 자유를 제한하기 위해 존재하는 것이 아니라 대다수 사람의 자유를 보장하고 시장의 효율성을 유지하기 위해 필수 불가결한 조치다.

사실 디지털 시장에서 규제는 극도로 중요한, 새로운 기술 지원이며 시장의 정상적인 운행을 보장하는 관건이다. 규제가 없다면, 실패한 전통 시장처럼 이상적인 자유를 실현할 수 없다. 또 사실 디지털 시장에서 규제의 바운더리는 가변적이고 조율이 가능하다. 시장은 끊임없이 변하기 때문에 인력으로, 논 리얼타임Non-Real Time으로 규제한다면 시장 실패로 인한 손실은 벌써 생겨났을 것이다. 반면 인공지능 등 첨단 기술의 도움을 받아 완벽한 규제 체계를 갖추고 실행한다면 문제는 자연스럽게 해결된다. 그러므로 규제는 반드시 디지털 시장과 걸음을 맞춰야 한다. 그래야 규제가 효력을 발휘해 시장에서 발생할 수 있는 리스크를 초반에 통제하고 시장의 안정적인 운행을 보장할 수 있다.

디지털 시장만 보면 낙후된 규제가 이미 산업 발전에 명백한 걸림돌이 되는 걸 알 수 있다. 이는 크게 규제 사각, 규제 구멍, 규제 부당으로 정리할 수 있다. 규제 사각이라 함은, 마치 사각지대처럼 보이지 않아 무엇을 규제해야 할지 모르는 것이다. 규제 구멍은 보이지만 어떻게 규제해야 할지 몰라 손 놓고 있는 것이고 규제 부당은 규제 수단이 세분화되지 않아 모든 상황에 일률적으로 같은 규제를 적용하는 것이다. 근본적으로 규제가 충분할수록 시장은 자유로워진다.

행위와 신용의 통일

디지털 시장에서 행위 주체의 정보, 데이터, 조작은 모두 행위 주체가 디지털 공간에 남기는 흔적이다. 그러므로 모든 행위가 기록되고 추적될 수 있다. 디지털 시장에서의 모든 행위는 행위자의 신용과 직결된다. 예를 들어 아마존이라는 전자상거래 디지털 시장에서는 상품 거래 기록, 매매 수량, 평가의 좋고 나쁨, 물류 속도, 환불 비율, 고객 서비스의 개입, 반복 구매 비율 등의 데이터가 모두 완벽하게 기록된다. 시장 참여 주체의 모든 행위, 모든 조작은 신용의 궤적을 이뤄 이용자의 신용을 대변한다. 디지털 시장의 규제가 제대로 이뤄져야만 주체의 행위가 신용에 제대로 반영돼 시장의 선순환을 이룰 수 있다.

메타버스에서는 아바타조차 디지털화된 존재이니, 메타버스 내 모든 것이 다 디지털화를 거쳤다고 할 수 있다. 신용은 디지털화 행위의 총합이다. 그러므로 모든 규칙은 소프트웨어로 정의된다. 거래의 논리, 안전성, 행위 절차는 반드시 기술적 수단의 확인을 거쳐야 한다. 예를 들어 블록체인 기술에서 스마트 계약, 코드 디자인은 각 참여 주체가 공통으로 확인하는 형식이 된다. 일단 기록되면 설정한 노드 외에 그 누구도 정보를 위변조할 수 없다. 모든 행위가 이미 설정된 것이기에 온전히 실행할 수밖에 없는 것이다.

이러한 계약 메커니즘에서 행위자가 거래를 하고자 한다면 반드시 소프트웨어가 정의한 규칙에 따라 행동해야 한다. 디지털 시장에서 진행되는 거래에는 전통 은행의 개입이 필요 없을 뿐만 아니라 알리페이와 같은 간편결제 플랫폼조차 번거로운 '짐'이 된다. 거래 규칙 측면에서 보면, 과거의 에스크로(Escrow, 구매자와 판매자 간 신용 관계가 불확실할 때 제3자가 원활한 상거래를 위해 중계하는 매매보호서비스)는 자기 조직, 자기 관리, 자기 규제로 대체된다. 그러므로 거래 행위는 반드시 소프트웨어가 정의한 신용에 부합해 '강제'적으로 각 참여자의 신용을 보장받아 디지털 시장에서의 행위와 신용이 통일되게 해야 한다. 서두에서 밝혔듯이, 메타버스 경제는 디지털 경제의 특수한 예이자 부분집합이지만 디지털 경제를 가장 역동적이고 철저하게 실현했다.

메타버스 경제에서 중요한 디지털 화폐

디지털 화폐는 단순히 메타버스 금융 체제의 기초일 뿐만 아니라 디지털 경제 전체의 핵심이어야 한다. 메타버스는 전형적인 대규모 범용 애플리케이션 시나리오를 제공했는데 이 시나리오는 국경을 초월하고 인종을 가리지 않는다. 따라서 메타버스에서의 디지털 화폐의 응용은 메타버스 경제체제를 구축하는 데 도움이 되며 메타버스도 디지털 화폐가 짊어진 디지털 경제 발전의 사명을 완수할 거점이 된다.

디지털 화폐, 군웅할거가 시작되다

전통적으로 화폐는 가치 척도, 유통 수단, 저장 수단, 지불 수단 등의 기능을 가지고 있다. 가치 척도 기능은 상품의 가격을 표시하는 데서 드러나고 유통 수단은 교환 수단과 같은 개념을 지닌다. 저장 수단은 시간 차원의 개념으로 화폐는 오랜 시간이 지나도 여전히 원래의 구매력을 유지한다. 법정화폐는 이 3가지 기능을 모두 가지고 있다. 그러나 디지털 화폐는 그 응용 정도가 다르며 특정 시나리오에서는 법정화폐의 일부 기능을 대신하기도 한다.

예를 들어 알리바바가 운영하는 O2O 매장인 허마셴셩盒馬鮮生은 마윈馬雲이 주창한 신유통新零售의 대표격이다. 허마셴셩에서 물건을 구매할 경우, 허마셴셩의 앱으로만 지불이 가능한데 유일한 지불 수단은 알리페이고 묵인된 결제방식은 마이화베이(Ant check later, 알리페이에서 나온 가상 신용카드)다. 사실상 알리페이에서 '위어余額'는 디지털 화폐로, 허마셴셩 등 신유통에서 위안화의 유통 수단으로서 기능을 대신한다. 마이화베이와 위어바오余額寶는 모두 '위어'라는 디지털 화폐의 파생상품으로 각각 결제 시나리오와 재테크 시나리오에 쓰이며 본질적으로는 대출 업무와 투자 업무의 역할을 한다.

디지털 화폐는 지불 시나리오에 대한 의존도가 매우 높다. 디지털 화폐는 대부분 대형 전자상거래 플랫폼과 협력해 시범 응용되고 있는데 한정된 기한 내에 물건을 구매해야 한다. 소비자 입장에서는 디지털 화폐를 사용한다고 특별히 다른 점은 없다. 그러나 메타버스에서의 상황은 완전히 다르다.

메타버스, 디지털 화폐 응용의 최적 시나리오

메타버스의 초기 형태로 게임에 디지털 화폐를 응용해 보면 자연스럽게 다른 메타버스에서도 응용될 수 있다. 게임 내 경제총량은 가늠하기 힘들 만큼 거대하다. 게다가 빠른 속도로 발전하고 있다.

게임을 할 때 거액을 충전하면 나중에 잔액이 남게 되는데, 이는 소비자 입장에서 보면 큰 손실이다. 대부분 게임을 하다가 충전한 금액을 완전히 소비하지 않는다. 만약 충전을 통해 생성한 화폐를 플랫폼을 크로스해 모든 게임에서 사용할 수 있다면 소비자의 소비 욕구를 크게 자극할 것이 분명하다.

기존의 계좌 지불 체계는 나날이 새로워지는 게임 내 거래 수요를 만족시킬 수 없다고 앞서 이야기했다. 로블록스는 자체적으로 로벅스를 발행해 로블록스 메타버스 이용자의 소비 수요를 해결했다. 로벅스는 로블록스 플랫폼에서만 사용할 수 있다. 아레나 오브 발러의 유저는 당연히 로벅스를 사용할 수 없다.

물론 크로스 플랫폼 체제를 만족시켜줄 유력 후보에 이더리움이 빠질 리 없다. 다만 이더리움은 성능 면에서 이미 온갖 비난에 시달려 왔는데 게임처럼 효율에 대한 요구치가 극도로 높은 시나리오에서는 더 큰 비난에 직면할 것이 불을 보듯 뻔하다. 이더리움을 기반으로 다수의 암호화 화폐 게임이 개발되었지만 이런 게임이 창조하는 비즈니스 가치는 성숙 단계 게임에 비견될 수준이 아니다.

게임 개발업체의 관점에서 보면, 자체적인 가상화폐 시스템을 구축하는 것이 가장 유리하다. 미래의 메타버스 생태계 구축 측면에서 보면, 반드시 단일 게임에 독립적인 통화 체계가 있어야만 메타버스의 발전과 메타버스 경제의 번영을 제대로 촉진할 수 있다.

자연스러운 세계화의 길

게임은 국가와 민족, 심지어 문명을 초월한 M세대 젊은 소비자를 대상으로 한 애플리케이션이다. 그러므로 게임에 디지털 화폐를 도입하면 가랑비에 옷 젖는 줄 모르게 디지털 화폐의 국제화를 이룰 수 있다.

아바타가 메타버스에서 갖은 고생 끝에 벌어들인 디지털 화폐를 본국의 법정화폐로 교환해 주지 못할 까닭이 무엇인가? 만약 다른 나라에서 디지털 화폐를 법정화폐로 교환할 수 있다면 자연히 디지털 화폐가 해외로 진출하는 셈이다.

현실에서 통합시장을 형성하는 과정에는 온갖 장애물이 산재해 있지만 디지털 세계의 메타버스에서 통합시장을 구축하는 데는 아무런 문젯거리도 존재하지 않는다. 젊은 게이머들은 국적을 따지지 않기 때문이다.

게임은 문화 전파의 매개이자 전 세계 단일 디지털 시장 구축의 선봉이기도 하다. 디지털 화폐는 게임에 심화 응용돼 게임의 번영과 게임의 '해외 진출'을 촉진하고 진정한 메타버스 경제를 형성함으로써 디지털 경제를 확장할 것이다.

게임에서 메타버스로, 메타버스에서 디지털 경제로, 디지털 경제에서 다시 전통 경제로 회귀하는 선순환은 메타버스의 성장을 촉진하면서 디지털 기술의 발전을 이끌 수 있는, 디지털 화폐의 심화 응용을 추진할 확실한 길이다.

우리는 메타버스의 맥락, 국제적 발언권 쟁취, 문화 수출, 디지털 경제의 선봉, 디지털 화폐로 디지털 금융 체제 구축의 측면에서 게임의 선도성이 갖는 전략적 가치를 숙고해야 한다. 게임은 메타버스의 초기 형태일 뿐이다. 메타버스 구축에 앞서, 구성 요소 측면에서 더 깊이 생각하고 다방면에서 협동하고 공동으로 노력해야 메타버스의 번영을 이룰 수 있다.

앞으로는 다음과 같은 문제를 고심해야 할 것이다.

• 디지털 창조 분야에서 이용자의 콘텐츠 창작을 지원할 간편한 창작 툴을 제공했는가?

- 네트워크 효과를 형성할 소셜 네트워크를 마련했는가?
- 콘텐츠 창작자들이 이윤을 얻을 수 있도록 고효율 저비용의 거래 시장을 구축했는가?
- 메타버스를 초월하는 디지털 화폐 체계를 구축했는가?

앞선 세 가지 문제는 메타버스의 창조자들이 해결할 수 있지만 네 번째 문제는 메타버스 기반시설 건설과 관련된 내용이므로 반드시 국가가 나서야만 체계적으로 해결할 수 있다.

블록체인에 기반한 커뮤니티 자치 방식은
비용이 아주 적게 드는 해결책을 제공했다.
그러나 이 방식으로는 사악한 인간이나 사악한 창시자에 맞서기 힘들다.
악을 용인하는 것은 선을 짓밟는 것이다. 이런 의미에서 보면
메타버스 커뮤니티 자치 방식은 여전히 가야 할 길이 멀다고 볼 수 있다.

5장

자치의
유토피아

META
VERSE

하지만 절대 이 점을 잊지 마! 이 세상을 파멸시키는 것은 그가 아니라 인류, 바로 인류 자신이야!
  -게임 '캐슬바니아: 월하의 야상곡' 중

절차의 공정성으로 이름 지어진 '부작위'와 'Don't be evil(사악해지지 말자)'을 모토로 삼은 인터넷 회사는 사실상 모두 사회의 발전을 저해한다. '데이터'를 등에 업고 세상을 움직이는 일이 빈번히 일어나면서 우리는 '디지털 패권'이 사회에 영향을 미치는 중요한 문제가 되었음을 깊이 인식했다.

탈중앙화 시도는 디지털 패권에 대한 저항이다. 스마트 계약은 새로운 형태의 관리 방식을 구축하고 있는데 어떤 의미에서 보자면 이는 불량한 개인과 불량한 프로그램의 부정적인 영향도 제약해 전 세계적으로 보편적인 협력 기제를 형성했다.

대규모 재난 발생 시의 대응, 비도덕적인 위법행위 처리는 탈중앙화 관리 모델이 정통한 분야가 아니다. 그러나 탈중앙화 관리 모델은 생겨난 지 10년도 채 되지 않았고 빠르게 변화하고 있으므로 어쩌면 향후 끊임없이 진화하는 과정에서 솔루션을 찾을지도 모른다.

인류는 늘 '무릉도원', '유토피아'와 같은 이상 사회를 꿈꿔 왔다. 모든 민족은 저마다 전란, 재난, 질병의 고통에 시달린 역사가 있다. 사회를 잘 관리한다는 것은, 사회가 기본적으로 문제없이 작동하고 경제가 안정적으로 성장하게 하는 것 외에도 위태로운 상황에서 벗어나기 위해 지혜를 갖추는 것도 있다. 심각한 재난 상황에서 국민을 구하는 대처능력은 사회 관리 능력의 수준을 가늠하는 중요한 평가 기준이기 때문이다.

다행스럽게도 메타버스에는 전란, 재난, 질병이 없다. 있더라도 '창조자'가 제작한 신기한 경험일 뿐이다. 하지만 메타버스는 고립된 세계가 아니다. 사람에게 '육신'이 있는 한, 메타버스는 현실의 속박에서 완전히 벗어날 수 없다. 따라서 메타버스의 관리도 전체적인 국면에 관계된 중대한 공공의 이익과 공공의 안전 및 위기 발생 시 대응 매뉴얼이 있는지를 고려해야 한다. 메타버스 경제학에는 '보이는 손'이 중요한 역할을 할 여지가 남아 있는지 살펴야 한다.

시각을 메타버스 경제에서 메타버스 사회 관리로 돌렸다면, 먼저 현재 경제 분야의 효과적인 규칙이 사회 문제를 일으키는 온상임을 분명히 알아야 한다.

미국 정부의 '부작위' vs 플랫폼 회사의 'Don't be evil'

현지 시각 2021년 6월 24일, 새벽 미국 플로리다주 마이애미데이드 카운티Miami-Dade County 서프사이드Surfside에서 아파트가 일부 붕괴되는 사고가 발생했다. 이 사고로 총 136가구 중 55가구가 완전히 파괴됐다.

이 참사는 사회 관리 부문의 수많은 문제를 고스란히 드러냈다. 서로 다른 이념, 서로 다른 기술 기반은 그만큼 다양한 솔루션을 제시하기 때문에 이 참사의 원인을 놓고 의견이 분분할 수밖에 없다. 아마도 현지 정부의 조사 결과를 들으려면 한참 기다려야 할 것이다.

그렇다면 마이애미 아파트 붕괴 사건을 현명하게 해결할 방안은 없는 걸까?

민영보험은 정답이 아니다. 민영보험은 개인이나 가족이 가입하는 보험이다. 아파트 주민 중에는 보험료를 감당할 수 없는 사람도 있을 것이다. 보험회사는 기껏해야 특정 보험 상품에 가입한 주민에게 보험금만 지급하고 손 털 뿐, 사후처리를 할 책임과 의무가 없다.

아파트 내 각 가구의 소유권은 각 소유주에게 있다. 소유권에 기반한 모든 보험, 구제 기제는 마이애미 아파트가 당면한 전반적인 문제를 해결할 수 없다. 마이애미 아파트와 관련된 모든 일을 책임지고 처리할 개인이나 기구가 없는 셈이다. 그러니 마이애미 아파트가 장기 방치 상태에 놓일 것은 명약관화하며, 이는 아파트 주민 전체의 공공의 이익을 해칠 것이다. 이런 문제가 발생하면 사람들은

'입주자위원회'를 찾을 수밖에 없다. 그러나 입주자위원회에 이만한 일을 처리할 능력과 자금이 어디 있단 말인가?

마이애미 아파트 붕괴 사고는 주민의 재산권과 아파트 공공 안전 사이의 모순을 적나라하게 보여 주는 대표적인 사례다.

아파트 수선 충당금 방안

주택 수선 충당금은 어느 정도 마이애미 아파트의 모순을 해결할 수 있다. 사람들은 아파트를 구입할 때, 향후 아파트 내 공용 시설에 문제가 생길 것에 대비해 일정 금액을 지불해 공공 수선유지에 사용한다. 아파트 수선 충당금은 둘로 나뉜다. 하나는 아파트 공용시설 전용 충당금이고 다른 하나는 아파트 자체 충당금이다. 아파트 공용 시설 전용 충당금을 마련한 목적은 공용 부문, 공공시설 및 설비의 교체와 보수를 하는 데 필요한 돈을 충당하기 위함이다. 이 충당금 은 '돈은 집을 따라간다.'는 원칙에 따라 사용된다. 계좌에 남은 잔액 은 부동산이 양도될 때 새로운 소유권자에게 이전된다.

만약 이 돈을 유용한다면 문제가 심각해진다. 중국에는 건물 수선 충당금은 용도에 맞게 사용하고, 돈이 집을 따라가도록 보장하는 일 련의 관리감독 조치가 마련되어 있다. 메타버스에서는 블록체인의 탈중앙화 기제로 스마트 계약을 설정해 모든 아파트 입주자가 수선 충당금을 납부하고 다른 용도로 유용할 수 없도록 해야 한다.

스마트 계약은 기술적으로는 솔리디티^{Solidity} 등의 튜링완전성 Turing-completeness을 갖춘 확장용 언어를 사용할 수 있다. 그러나 현실에 서 법률적으로 아무런 문제가 없게 할 수 있는지는 논의가 필요하다.

구글의 'Don't be evil' 이념

1999년, 구글은 '사악해지지 말자Don't be evil'를 기업 모토로 삼았다. 구글 창업자 중 한 명인 아미트 파텔Amit Patel과 초기 엔지니어들은 사업가가 첨단 기술을 이끄는 구글에 합류한 뒤, 고객의 요구에 따라 어쩔 수 없이 검색 결과 순위를 바꾸거나 그들이 개발하고 싶지 않은 제품을 위해 노력을 쏟아부어야 하는 일이 생길 것을 염려했다. 구글 창업자의 편지(훗날 '사악해지지 말자는 만트라'라고 불림) 중에 다음과 같은 내용이 있다.

> 사악해지지 말자. 장기적으로 봤을 때, 세상을 위해 좋은 일
> 을 하는 회사로서, 설령 단기적 이익을 좀 잃더라도 더 나은
> 보답을 받게 될 것이라고 굳게 믿는다.

처음에 구글이 '사악해지지 말자'라는 모토를 내놓았을 때, 사람들은 의아하게 생각했다. 당연한 거 아니야? 모든 회사의 기본이지 않나? 굳이 반드시 지켜야 할 모토로 삼아야 하나? 사악하지 않기가 어려운 일인가? 그러나 플랫폼 기업에 대한 연구와 사회학에서 말하는 구조적 공백Structural hole에 대한 학습이 이루어지면서 모든 플랫폼 기업이 '사악할 수밖에 없는' 숙명을 지녔음을 깨닫게 되었다.

2015년, 구글도 뭔가 깨닫는 바가 있었는지 슬그머니 이 유명한 모토를 '사악해지지 말자Don't be evil'에서 '올바른 일을 하자Do the right thing'로 바꿨다. 이때부터 구글은 돈벌이에 미쳐 더는 선과 악의 가르침을 신경 쓰지 않았다. 어차피 해내지도 못할 것을 뭐하러 굳이

입에 담았을까?

이윤에 눈이 돌아간 구글 광고부서는 불법 약품 판매업자가 합법성 여부 심사를 교묘하게 피해 가도록 돕는 데 주저 없이 나섰다. 그 결과, 검색 결과에 가짜 약, 밀수 처방약, 불법 약물(스테로이드 등) 광고 사이트창이 대량 출현하게 되었다. FBI가 조사에 나선 이 사건은 몇 년 전에 합의가 이뤄졌는데 구글은 5억 달러의 벌금을 내야 했다. 구글과 페이스북 등은 데이터에 대한 독점적 우위를 이용해 '괴물과 싸우던 자'에서 결국 '괴물'이 되고 말았다.

중앙화 노드 + 이윤 추구, 결국 'Be evil'의 심연으로

여행객이 여행 앱에서 비행기표를 구매할 때, 앱은 대개 여행자보험 상품을 끼워 판다. 이는 흔히 볼 수 있는 보험으로 보험료도 저렴하고 보상금도 높은 편이 아닌, 대다수 사람이 감당할 정도의 보험이다. 특히 여름철에는 기상 악화로 인한 항공기 지연이 잦아 항공편 지연 보상 보험 구매가 많이 이루어진다.

이 사례에는 소비자, 여행 앱, 보험사가 등장한다. 이 중 소비자와 보험사는 순전히 여행 앱을 통해서 관계를 맺은 사이로, 여행 앱이 이 셋의 중심 노드(Node, 네트워크에서 연결 포인트 혹은 데이터 전송의 종점 혹은 재분배점-옮긴이)가 된다. 정상적인 흐름은 소비자가 주문해서 항공권을 구매하고 항공편 지연 보상 보험을 구매하는 것이다. 그런 다음 여행 앱은 소비자의 구매 정보를 기록하고 항공권 데이터는 항공사에, 보험료는 보험사에 전송한다. 보험사가 보험료를 받으면 소비자의 보험 가입이 완료된다.

이 과정에서 보험사와 소비자는 직접 접촉하지 않는다. 만약 여행 앱이 소비자의 보험 가입 데이터 전달을 유보하더라도 보험사는 이에 관해 아무것도 알 수 없다. 이상적인 상황이라면 소비자가 항공권을 구매하고 보험에 가입하는 순간, 항공사와 보험사가 소비자의 구매 기록을 전달받는다. 하지만 이 모든 과정이 여행 앱을 통해서만 진행되기 때문에 여행 앱이 '사악해질' 여지가 있다. 항공편 지연이 늘 발생할 리 없고, 소비자도 소비할 때마다 항공편 지연 보상 보험을 구매할 리 없다. 양측이 모두 '불확실'할 때, 여행 앱은 사악한 짓을 벌인다. 여행 앱이 소비자의 보험료를 착복하는 데는 아무런 걸림돌이 없다. 소비자는 상황을 모를 테고, 보험사도 어쩔 수 없을 것이다.

아마 콜택시 앱을 이용해 본 사람이라면 다 비슷한 경험이 있을 것이다. 분명히 눈앞에서 스쳐 가는 택시들은 텅 비어 있는데 앱은 아주 먼 곳에 있는 차량을 호출한다. 게다가 먼 곳에서 오고 있는 그 택시는 요금이 비싼 택시일 가능성이 높다.

승객과 택시 기사는 서로의 니즈를 알지 못한 채 콜택시 앱을 통해서만 관계를 맺는다. 콜택시 앱은 승객과 택시 기사 사이의 중간 노드다. 중간 노드 역할을 하는 업체는 모두 데이터 패권을 이용해 최대한의 상업적 이익을 취하려는 동기가 있다.

기업의 존재 이유는 이윤 추구다. 그러나 수익을 위해 본래 자유롭고 투명하게 흘러야 할 데이터에 관여하기 시작하면, 'Be evil' 판도라의 상자는 각종 악마를 뱉어내게 된다.

구글 창립 초기 모토인 'Don't be evil'은 이익을 추구하는 비즈니스 마인드가 검색 결과 순위에 영향을 미칠 것에 대한 염려에서 탄생했다. 그러나 현재 구글은 때로는 인권을, 때로는 정의를 들먹이며 검색 결과에 멋대로 간여하고 있다. 한때 오스트레일리아 매체가 구글에서 차단된 적이 있는데 이는 오스트레일리아라는 국가 자체를 구글에서 지워 버린 것이나 다름없었다. 페이스북도 만만치 않다. 오스트레일리아 정부는 페이스북에 오스트레일리아 매체의 오리지널 콘텐츠에 대한 비용을 지불하라고 요구한 바 있다. 그 요구에 대한 대가로, 페이스북은 오스트레일리아의 모든 매체를 차단해 버렸다.

이런 사건 가운데 최고는 미국 주류 인터넷 플랫폼이 트럼프를 협공해서 그의 존재를 인터넷 세계에서 지워 버린 것이다.

스위프트는 월가의 사악한 짓을 돕는 도구

스위프트SWIFT는 국제 은행 간 통신협정을 말한다. 벨기에 브뤼셀에 본부를 둔 스위프트는 국제 은행 간의 비영리적 협력 기구다. 설립 초기에는 각국 은행에 빠르고, 정확하고, 훌륭한 서비스를 제공했다. 그러나 시간이 흐르면서 금융 패권의 도구로 전락했다. 사실상 스위프트 네트워크를 접속할 수 없다면 국제적인 교역을 진행하기가 어렵다.

중국 기업이 브라질산 콩을 구매한다고 해 보자. 국제 간 교역 대금 결제에는 달러가 사용되기 때문에 중국 기업은 위안화를 달러로 환전해 브라질 기업에 대금을 지불해야 한다. 국경을 넘나드는 화폐

환전에는 각국 은행의 협조가 필요하다. 거래 과정에서 중국 은행이 브라질 은행에 거액을 지불할 때는 반드시 스위프트 네트워크를 통해야 한다. 여기에서 월가의 큰손들은 비즈니스 기회를 포착했다. '아, 중국 은행은 다른 나라에 지불할 달러를 매입해야 하는구나!' 이리하여 중국의 거액 거래를 겨냥해 금융 차익을 노린 활동이 소리 없이 펼쳐지기 시작했다.

월가의 큰손은 대규모 자금을 끌어와 달러를 구입해 달러 공급부족 상황을 만들었다. 중국이 거래 대금 지불을 위해 달러가 필요할 때는 이미 달러 환율이 오른 상태여서 부득이하게 추가 비용을 들여 달러를 매입할 수밖에 없었다. 다시 말해 스위프트 시스템을 사용하면 각국의 모든 중요한 국제 무역이 월가의 큰손 앞에 낱낱이 까발려지는 것이다. 달러는 국제 무역의 매개로 월가의 큰손들이 어부지리漁父之利를 얻는 도구가 되었다.

미국이 이란과 러시아의 경제 분야에 가하는 가장 혹독한 제재는 스위프트 시스템에 접속하지 못하게 하는 것이다.

팀 버너스 리가 월드와이드웹WWW을 발명하면서 인류는 인터넷 시대로 들어섰고 팀 버너스 리는 '인터넷의 아버지'로 불리게 되었다. 처음에 인터넷을 발전시킨 것은 '개방'과 '평등'을 실현하기 위함이었다. 그러나 대형 인터넷 플랫폼 회사는 마치 데이터 블랙홀처럼 모든 데이터를 집어삼켜 독점적인 패권을 형성했다. 그리하여 중심 노드의 정보 우위를 이용해 사람들이 자유롭고 평등하게 데이터를 얻을 권리를 박탈하기 시작했다. 팀 버너스 리는 오늘날 인터넷의 발전 상황은 초심과 역행하고 있다며 우려를 드러냈다.

결국 대형 인터넷 플랫폼들은 그들이 끔찍하게 여기는, 거대한 괴물 '매개'가 되어 사실상의 독점을 형성했다.

탈중앙화의 이상이 현실이 되다

중앙화된 비즈니스 조직이 자연스레 독점 경향을 보이는 것은 비즈니스 유전자가 그렇게 생겨 먹었기 때문이다. 물론 이러한 대기업이 인류 진보를 추진하는 데 크게 공헌한 사실은 의심의 여지가 없다. 그러나 역사의 수레바퀴는 결국 앞으로 굴러가기 마련이라서 인류는 늘 해결책을 고민하고 새로운 세계를 만들어 왔다.

최초이자 '대박'을 친 실험은 비트코인이다. 비록 현재 중국은 채굴(비트코인 발행 메커니즘) 업계에 매서운 채찍질을 가하는 중이지만 비트코인의 탈중앙화 사상은 인터넷 거두, 은행 등 중개 기관에 대항하는 무기이자 상업화된 관리감독 속에서 나온 탐구 결과다.

은행이 필요 없는 비트코인

비트코인을 거래할 때 은행은 존재 가치가 없다. 즉, 국제 교역이든 개인 거래든, 은행이라는 중개를 거칠 필요가 없으므로 자연히 스위프트 시스템도 필요 없고 월가의 큰손들이 문제를 일으키려 해도 더는 정보의 우위에 서지 못한다.

비트코인은 '완전한 P2P 전자 화폐Peer-to-peer version of electronic cash'

이다. P2P란 아무런 중간 단계 없이, 구매자가 판매자에게 직접 '돈'을 전달하는 것이다. 이는 실물 화폐가 탄생한 이래로 가장 일반적인 지불 방식이자 모든 경제 활동의 기초였다.

금, 은, 동과 같은 귀금속이 화폐로 쓰인 시대에는 은행이라는 개념이 없었다. 그 당시에는 모두 가장 자연스러우면서 원시적인 P2P 형태로 지불했다. 비트코인은 인류 역사상 가장 오래된 지불 방식을 디지털 세계에 되살렸다. 즉 중간상이 차액을 버는 일 없이 거래당사자 둘이 돈과 물건을 상호 교환하게 되었다.

스마트 계약으로 당사자 간 거래 가능

현실의 비즈니스 환경에서는 늘 일의 발생순서로 문젯거리가 생긴다. 한쪽은 돈을 건네고 다른 쪽은 물건을 건네는 가장 단순한 상황을 놓고 이야기해 보자. 만약 건네는 돈의 액수가 굉장히 크다면 '누가 먼저 줄지'가 심각한 쟁점이 될 수 있다. 구매자는 돈을 줬는데 물건을 못 받을까 봐 걱정이고, 판매자는 물건을 줬는데 돈을 못 받을까 봐 걱정이다.

중개업체인 은행이 내놓은 해결책은 공동 관리 계좌를 개설하는 것이다. 일단 자금을 공동 관리 계좌에 넣어두고 구매자와 판매자 양측이 모두 동의해야만 자금을 사용할 수 있다. 그 결과, 거래 절차에 변화가 생겼다. 1단계, 은행에서 공동 관리 계좌를 개설한다. 2단계, 구매자가 자금을 공동 관리 계좌에 입금한다. 3단계, 판매자가 물건을 발송한다. 4단계, 구매자가 수취를 확인한다. 5단계, 공동 관리 계좌의 자금이 판매자 계좌로 입금된다. 6단계, 공동 관리 계좌를 말소한다. 이러한 과정 속에서 은행은 사실상 거래 행위에서 가장 믿을 만한 존재로서의 역할을 맡았고 사람들은 모두 은행을 신뢰하게 되었다. 그러나 그 바람에 은행은 권리를 독점하게 되었다.

스마트 계약에서는 알고리즘이 은행의 위치를 대신했다. 스마트 계약을 이용하면 '한쪽은 돈을, 다른 한쪽은 물건을' 건네는 거래 절차가 다음과 같이 변한다.

1단계, 스마트 계약을 개발해 구매자의 자본 중 일부를 묶어 둬 지불과 대출에 쓰일 충분한 자금을 확보한다. 2단계, 판매자가 물건을 발송한다. 3단계, 스마트 계약이 물건 수취 정보를 자동으로 확인한다. 물건 수취가 확인되면 자동으로 스마트 계약 중 약정한 이체 협의를 실행해 자동으로 판매자 계좌로 사전에 묶어 둔 자금을 송금한다. 스마트 계약은 은행과 공동 관리 자금 계좌의 기능을 대체했다. 스마트 계약이 가능한 이유는, 기초적인 거래 단계가 모두 블록체인에서 이루어지는 까닭에 모든 거래 단계가 정확하게 기록되고 위변조를 할 수 없기 때문이다.

블록체인, 탈중앙화 장부

앞서 소비자, 여행 앱, 보험사가 참여한 소비 시나리오에서 중심 노드인 여행 앱이 정보를 독점할 권리를 가진다고 했다. 그렇다면 여행 앱이 독점한 것은 무엇일까? 바로 소비자의 보험 가입 기록이다. 소비자가 보험을 구매한 '기록'은 여행 앱만이 움켜쥐고 있다. 다시 말해 여행 앱만이 '○○년 ○월 ○일, A씨가 00보험사의 항공편 지연 보험 상품에 가입해 보험료 ○○원을 지불했다.'라는 정보를 장부에 기록했다. 여행사가 이 장부를 숨긴다면 보험사도 조사할 수가 없으며 여행사로부터 돈을 받고 싶어도 근거가 없는 탓에 속수무책이다.

그러나 블록체인은 이와 달리 분산원장 기술DLT, Distributed Ledger Technology을 실현했다. 원장(거래장부) 기록은 블록체인의 핵심이다. 블록체인의 일련의 기술과 알고리즘으로 원장 기록의 위변조를 원천봉쇄할 수 있다. 만약 블록체인에 '○○년 ○월 ○일, A씨가 ○○ 보험사의 항공편 지연 보험 상품에 가입해 보험료 ○○원을 지불했다.'라는 정보가 있다면, 이는 블록체인상의 모든 노드가 동시에 기록한 정보이자 모든 노드에 대해 개방된 정보이다.

여행 앱은 블록체인상의 한 개의 노드이며 보험사도 블록체인상의 노드이다. 소비자가 항공편 지연 보상 보험을 구매하면, 여행 앱과 보험사도 동시에 원장을 기록하는데, 양측의 원장 내용이 동일하며 어느 누구도 일방적으로 수정할 수 없다. 이처럼 정보는 노드 사이에서 완전히 투명하며, 노드는 모두 평등하고, 어떤 노드도 정보를 은닉할 수 없다. 이런 공개적인 원장을 기반으로 보험사는 당당히 여행 앱에 결산을 요구할 수 있고 여행 앱은 보험사에 지불해야 되는 액수를 그대로 지불해야 한다. 중심 노드의 정보 독점 패권을 무너뜨린 것이다.

2가지 관리 방식의 비교

'중앙화 조직＋관리감독 기구'는 현실 세계의 전형적인 관리 방식으로 동서고금을 막론하고 모든 관리는 다 여기에 속한다. 하지만 디지털 세계에서는 블록체인 기술이 '탈중앙화 조직＋스마트 계약 당사자 간 자동 거래' 방식을 가능하게 했다.

현재 중국의 은행업은 은행감독 관리위원회, 증권업은 증권감독 위원회, 인터넷 플랫폼은 시장감독관리 총국에서 각각 관리하고 있다. 이런 관리 모델은 적어도 현실 세계에서는 아직 효과적이다. 중앙화 조직은 데이터 패권을 이용해 무소불위의 권력을 마음껏 행사하면서도 한편으로는 머리 위에 매달린 다모클레스의 검The Sword of Damocles이 언제 떨어질지 모른다는 두려움을 느낄 수밖에 없다.

블록체인을 기반으로 한 탈중앙화 세계에서 새로운 관리 방식이 탄생하고 있다. 탈중앙화 관리 방식은 도대체 무슨 '중앙'에서 빠져나온 것일까? 먼저 현실 세계의 영화 산업에 대한 관리 방식을 살펴보자.

영화 산업의 관리 방식

'영화 산업'은 현실 세계에서 생산, 현실 세계에서 소비, 디지털 세계에서 경험하는 아주 특별한 업계다. 영화 산업의 자산 유형은 전형적인 고가치 디지털 자산이다.

초기에 영화는 필름카메라로 제작되었다. 그래서 그 당시에는 둘둘 말린 필름들이 곧 영화가 되었다. 지금은 아무도 필름 기술로 영

217

화를 찍지 않는다. 그 자리를 디지털 기술이 대신했다. 필름에 저장되던 영화는 하드 디스크에 저장돼 디지털 파일이 되었다. 필름이든 디지털 파일이든 불법복제는 영화 산업을 위협하는 공공의 적이다.

영화제작자는 불법복제를 막기 위해 대부분 파일을 암호화한다. 패스워드를 모르면 디지털 파일을 훔치더라도 재생할 수가 없다. 또 다른 방법은 고가의 영화 상영 장비를 사용하는 것이다. 예를 들어 3D 영화는 전용 상영기가 필요하다. 따라서 전용 장비를 통제하는 것도 영화 파일을 보호하는 선택지(or 옵션) 중 하나다.

영화 산업에는 제작사(영화 촬영), 배급사(영화 판매), 극장 체인(영화를 상영하는 극장, 간략한 설명을 위해 온라인 상영 등 다른 상영 루트는 무시하기로 함)이 참여한다. 이 3자 간 영화 수익 분배는 어떻게 될까? 산업 발전 단계에 따라 수익 분배 비율이 약간 다르다.

여기에는 2가지 중요한 문제가 있다. 각 참여자에게 분배되는 몫이 어떠하든, '박스오피스 수입은 누가 결정하는가?', '극장 체인과 티켓 판매 회사가 거둬들인 자금은 어떻게 한데 모아야 하나?'이다.

정확한 박스오피스 수입을 알아야만 영화 산업의 각 참여자도 분배해야 할 파이의 전체 크기를 알 수 있고 자신의 몫이 얼마인지 계산할 수 있다. 박스오피스 수입은 지정된 곳에 전용하는 사업자금으로, 곧바로 모든 참여자에게 분배해야만 모두가 결과에 만족할 수 있다.

중국은 이 두 문제를 해결하기 위한 전문 기구인 국가 영화 산업 발전 특별자금관리위원회 판공실(이하 특별자금위원회)을 설치했다. 특별자금위원회는 중앙선전부 직속 사업부로, 다음 몇 가지 업무를 맡는다. 첫 번째, 국가 영화 특별자금의 징수, 사용, 관리를 책임진다. 두 번째, 전국 영화 티켓 서비스 관련 정보 시스템의 구축, 관리 등의 업무를 책임진다. 세 번째, 하급기관인 '성급' 영화 특별자금 관리위원회 판공실 관련 업무의 관리감독과 조정을 책임진다. 네 번째, 위탁받은 권한을 근거로, IT 기술을 이용해 영화 박스오피스 시장 감독관리를 실시하고 영화 산업 관련 업무 서비스 등을 진행한다.

이 중 '전국 영화 티켓 종합 정보 관리 플랫폼'을 관리하는 일이 매우 중요한 업무다. 특별자금위원회의 규정에 따라, 영화표를 판매하는 모든 회사는 반드시 10분 안에 영화표 판매 데이터를 업로드해야 한다. 이를 통해 전국 박스오피스 정보를 즉시 기록으로 남긴다. 또한 영화 티켓 판매 데이터에 따라 티켓 서비스 회사의 자금을 관리 감독한다.

특별자금위원회가 영화 산업에 존재하는 2가지 핵심 문제를 해결해 줬으니 위원회도 영화 티켓 수입의 일부를 가져갈 수 있다. 현재 특별자금위원회는 서비스 비용 명목으로 액면가의 5%를 적립한다.

특별자금위원회는 영화 산업을 위해 '장부'를 기록하고 다양한 참여자의 티켓 오피스 분배를 모니터링한다. 이는 영화 산업 전체를 떠받치는 역할로, 특별자금위원회가 없으면 영화 산업이 존재하지 않는다고 해도 과언이 아닐 것이다.

특별자금위원회의 중요한 기능은 코로나19 방역 기간에 특히 두드러졌다. 방역 기간 동안, 영화관은 날마다 파리만 날렸다. 거의 1년 동안 수입이 제로였던 탓에 일부 제작사와 극장 체인은 파산 위기에 몰렸다. 이때 특별자금위원회가 누적한 적립금이 빛을 발했다.

이는 영화 산업의 '큰 어른'이 '사비'를 털어 파산 위기에 내몰린 산업을 구해 낸 것이나 다름없었다. 특별자금위원회의 자금 덕분에 영화업이 엄동설한을 버텼다고 할 수 있다.

블록체인 관리 방식

블록체인 기술로 실현한 영화 산업 관리 방식은 '특별자금위원회' 방식과 사뭇 다르다.

우선 블록체인은 '전국 영화 티켓 종합 정보 관리 플랫폼' 대신 분산원장 기술을 활용했다. 제작사, 배급사, 극장 체인은 영화 블록체인상의 노드이며, 티켓 판매 데이터 '원장'은 모든 참여 노드에 보관된다. 분산 네트워크 참여자 중 누구도 티켓 판매 데이터 원장을 위변조할 수 없다. 이는 기술 수단으로 행정 명령을 대신한 것으로, 후자와 동일한 효과를 달성할 수 있다. '원장'의 권위성은 각 참여자에게 합당한 몫을 분배하는 근거로 쓰기에 충분하다.

관리감독 수단으로는 스마트 계약을 채택한다. 특별자금위원회가 규정한 각종 세칙은 모두 프로그래밍 코드로 실현할 수 있다. 만약 조건에 부합하면 자동으로 계약이 이행된다.

영화 산업 관리 모델과 블록체인 관리 모델은 각자의 영역에서 대단한 영향력을 발휘한다. 다만, 영화 산업 관리 방식은 운영비가 많이 들어 영화 산업의 5%나 차지한다는 점이 블록체인 관리 모델과 비교되는 점이다. 2020년 중국 영화 박스오피스 수입은 204억 위안(한화 약 3조 7,758억 원)이었고 운영비가 10억 위안(한화 약 1,850억 원)

에 달했다. 이런 관리 방식은 마이너 업계에서는 응용할 수 없다. 또 탈중앙화된 세계에서 중앙화된 조직을 설립해 관리할 수도 없는 노릇이다. 그러므로 블록체인 관리 방식은 디지털 세계에서 매우 효율적이다.

특별자금위원회가 방역 기간에 영화 산업을 구제한 것은 특별자금위원회 관리 방식의 우수성 덕분이다. 그렇다면 탈중앙화 방식에서는 누가 전체적으로 침체의 늪에 빠진 업계를 구제하는 중요한 임무를 맡을 수 있을까? 답은 '아무도 못한다.'이다. 어쩌면 스마트 계약 체제에서 아직 이와 비슷한 문제를 겪어 본 적이 없을 수도 있고 앞으로 발전 과정에서 비슷한 기제를 마련할 수도 있다. 마이애미 아파트 역설은 블록체인 세계에서도 해결되지 못한 문제다.

이더리움은 어떻게 관리할까?

블록체인 세계에서는 코드가 곧 규칙이다. 코드를 수정하는 것은 규칙을 수정하는 것을 의미한다. 코드 수정이 전체 참여자의 이익에 부합하도록 하는 공정이 있다. 여기에서는 이더리움을 예로 들어 코드 수정의 관리 과정을 설명하도록 하겠다.

이론적으로는 네트워크의 모든 부분을 수정할 수 있다. 우리가 현실 세계에서 준수하는 사회 계약과 다른 점일 수도 있는데, 탈중앙화 네트워크에서는 참여자가 네트워크 변화에 불만을 느낄 경우, 누구나 '분노의 종료Rage quit'를 선택할 수 있다. 그렇게 기존의 네트워크를 떠난 참여자는 계속해서 자체적인 예비 네트워크를 사용할 수 있다. 그러나 현실 세계에서는 이런 선택지가 없다. 혼자 힘으로는 소속된 시스템에서 로그아웃할 수도, 시스템의 규칙을 바꿀 수도 없기 때문이다. 세금을 내지 않을 수도 없고 법률을 위반하는 행위를 할 수도 없다. 이런 규칙은 체제가 결정한 것으로, 개인이 임의로 바꿀 수 없다.

그렇다면 소프트웨어의 콘텐츠는 누가 결정하는가? 소프트웨어 변경 과정은 현실 세계에서 새로운 법률을 통과시키는 과정과 흡사하다. 현실 세계에는 다양한 이해관계자가 존재한다. 이더리움에서의 주요 이해관계자는 다음과 같다.

이용자User: 이더ETH를 보유하고 있고 이더리움 애플리케이션을 사용하는 단말기 사용자, 암호화폐 거래소, 이더리움 응용프로그램을 구성하는 개발자.

채굴자Miner: 거래를 검증하고 네트워크를 보호하기 위해 서버팜Server farm을 운행하는 (이로써 이더를 획득) 개인 또는 기업 실체.

핵심 개발자 Core developers: 노드 소프트웨어에 공헌을 하고 각종 기술 포럼에 참가하는 개발자와 연구원.

이더리움 핵심 개발자는 정치가처럼 소셜 미디어, 회의 및 글에 담긴 감정을 파악해 최종 이용자의 요구를 경청한다. 많은 유저가 특정 기능 또는 프로토콜 변경을 요구할 경우, 개발자들은 이 의견들을 고려한다.

EIPEthereum Improvement Proposal가 제출되면 기술 심사, 연구 및 토론의 절차를 거쳐 작성자가 요구한 기술 수정이 요청된다. 마지막으로 핵심 개발자가 이를 각 클라이언트^{Geth, Nethermind etc.}에서 실시하기로 결정하고 앞으로의 하드 포크^{Hard fork}에 도입하거나 이미 이루어진 하드 포크에 적용한다.

탈중앙화 관리 방식을 네트워크에 적용하는 것은 결코 쉬운 일이 아니다. 이더리움 관리 시스템은 다른 관리 시스템과 마찬가지로 장단점을 모두 갖고 있다. 폴카닷^{Polkadot}을 비롯한 다른 블록체인도 현재 '체인 안'에서 자치를 시도하는데 폴카닷은 모든 중요한 의사결정이 이용자들의 투표로 이루어진다.

이더리움의 방식은 일종의 '온화한 관리'다. 이 중 수많은 조정이 '체인 밖'에서 진행되며 기능이 클라이언트에 병합^{Merge}되기 전에 제안서에 대한 지지를 평가한다. 그러나 결국 네트워크 참여자 모두 체인상에서 새로운 소프트웨어 승인 여부를 결정할 수 있다.

이더리움의 관리 메커니즘은 커뮤니티 자치의 전형적인 형태로, 이더리움에 해시레이트(Hashrate, 연산처리 능력을 처리하는 단위)를 제공하는 채굴자, 이더를 보유한 이용자, 개발자 커뮤니티 모두 발언권을 가진다. 현재까지의 상황을 보면 이더리움의 관리는 굉장히 잘 이루어지고 있다. 지금까지 가장 활발하게 활동하는 블록체인 개발자와 연구인력 커뮤니티를 보유하고 있으며 다양한 분야에서 혁신을 이뤘다. 향후 몇 년간 이더리움의 최대 난제는 기존 작업증명^{PoW}에서 지분증명^{PoS}으로의 전환(이더리움2.0)을 순조롭게 이루는 것이다. 이는 더 빠르고 저렴한 거래를 보장하고 탈중앙화 애플리케이션의 다음 단계로의 발전을 도울 것이다.

악한 본성과 플랫폼의 부작위가 만났을 때

메타버스 속 아바타는 사람들의 분신에 불과하다. 다층적인 인격을 지닌 인간은 다양한 메타버스에서 다양한 성격의 아바타로 분할 수 있다. 개개인이 지닌 선한 품성이 두드러질 수도 있고 마찬가지로 악한 품성만 부각될 수도 있다. 코드로 해결되지 않는 문제들도 있다. 다음에서 언급하는 사례들은 모두 실제로 게임에서 발생한 사건들로 일부는 돌이킬 수 없는 피해를 입히기도 했다.

가상에서 벌어지는 또 다른 형태의 폭력

'몰스월드'는 인터넷 게임업체 타오미^{Taomee}가 2008년 4월 28일 출시한 웹게임이다. 귀여운 애니메이션 캐릭터, 신나는 음악, 게임 속의 아름답고 환상적인 세계는 수많은 게이머의 시선을 사로잡았

[그림 5-1] 몰스월드 홍보 포스터
(출처: 레이팅게임즈(Leiting games) 공식 사이트)

다. 어린이를 대상으로 한 콘텐츠가 대다수이고 '건강, 유쾌, 창조, 나눔'을 주제로 한 이 게임에 어린이 유저들은 아낌없는 사랑을 보냈다.

2009년, 몰스월드는 바이두 랭킹에서 최고 웹게임상을 받아 어린이 이용 게임 중 최초로 수상의 영예를 안았다.

유명한 게임 사이트인 뒤완DuoWan은 몰스월드를 이렇게 평가했다.

> "몰스월드는 공들여 만든 훌륭한 작품이 분명하다. 몰스월드가 제창한 주제인 '건강, 유쾌, 창조, 나눔'처럼, 게임 화면과 배경음악도 연구개발자의 고심이 잔뜩 묻어나는 걸작으로 주제에 꼭 들어맞는다. 이 게임에서는 저속한 표현, 욕설, 비난, 폭력, 성범죄와 관련된 것을 전혀 찾아볼 수 없다. 게임에만 몰두하는 것에 대한 염려가 많은데, 몰스월드는 이 점 또한 효과적으로 방지한다. 이 게임은 아이들에게도 그렇지만, 어른 게이머들의 영혼을 위해 마련된, 오염되지 않은 마지막 정토淨土다. 청소년과 어린이를 대상으로 한 웹게임이라서 게임 화면은 어린이 애니메이션 스타일이다. 이는 정감 있고 즐거운 느낌, 긍정적이고 건강한 느낌을 준다."

어떤 의미에서 보면 몰스월드는 무릉도원, 유토피아의 특성을 가졌다. 진, 선, 미가 가득한 낙원이면서 사람들이 생각하는 순수한 메타버스의 모습 그대로다. 그렇기에 몰스월드와 관련된 범죄가 발생하리라고는 개발자와 소비자 모두 예상치 못했다.

2021년, 새로운 버전의 몰스월드가 출시된 뒤, 한 성인 게이머가 자신의 미니블로그에 과거를 고백한 글을 게재했다. 그는 웹게임 몰스월드에서 계정을 훔치거나 세탁하고, 속이는 방식으로 아이들의 영혼을 할퀴면서 만족감을 얻은 과거를 대놓고 자랑했다.

그가 아이들을 괴롭힌 방식은 간단했다. 단순하고 어리숙한 아이들의 심리를 이용해 친근하게 다가가 그들의 게임 계정을 얻어 냈다. 아이들의 계정으로 로그인한 다음에는 게임 속 자산인 예쁜 집, 의상 등을 망가뜨리고 게임머니를 거덜 내기 시작했다. 왜 그런 행동을 하는지 이유를 묻거나 심지어 중지해달라고 애원하는 아이들에게 그는 욕설을 퍼부었다. 게다가 그는 게임의 허점을 이용해 아이들을 무상으로 부려 먹었다. 아이들이 그의 장원莊園에서 힘겹게 퀘스트를 완수하면, '됐어, 이제 꺼져'라고 모욕하는 것을 낙으로 삼았다. 이런 행위는 어떠한 경제적 이익도 가져다주지 않았지만, 그는 단순하고 선량한 아이들의 마음을 이용해 자신의 변태적인 가학적 욕구를 채우고 인터넷상에 공개하고 자랑까지 한 것이다.

현실에서 아동에게 언어학대와 신체학대를 가하려면 이를 몰래 행할 장소와 적당한 대상이 필요하다. 대다수 아이는 부모, 보호자, 교사의 보호를 받기 때문에 범죄자가 나쁜 짓을 벌일 틈이 많지 않다. 그러나 가상 세계에서는 다르다. '가상'의 뒤에 숨은 '이리'들은 아무 거리낌 없이 아무 때나 아이들을 할퀴고 해친다.

이 사건은 특수한 사례가 아니다. 가상 세계에는 타인을 해치는 데서 기쁨을 느끼는 사람들이 많다. 이들은 디지털 신호 아래 숨어, '구조적 공백'으로 인한 편의를 이용해 자신의 변태적 욕구를 채우고 어린 영혼에게 상처를 입히며 게임 개발자가 처음에 꿈꾼 이상적 세상을 파괴한다.

성범죄의 온상

메타버스에서는 한없이 악해질 수 있다. 흔히들 '네트워크상에서는 눈앞에 있는 것이 사람인지 개인지조차 알 수 없다'고 하는데, 앞서 말한 내용과 같은 이치다.

메타버스 세계에서는 당신 앞에 선 사람이 어떤 사람인지, 그 사람의 목적이 무엇인지 알 길이 없다. 또 상대방의 눈에 당신이 어떻게 보일지도 알 수 없다. 특히 창조자의 방임과 부작위 아래 원래 아

[그림 5-2] 플라워 엔젤 홍보 포스터
(출처: 타오미 게임즈 플라워 엔젤 공식 사이트)

름답고 환상적이었어야 할 깨끗한 세상은 새로운 범죄의 온상으로 오염되고 만다. 타오미가 개발한 웹게임 '플라워 엔젤Flower Angel'은 이러한 악을 여과 없이 드러냈다.

플라워 엔젤은 어린이를 대상으로 한 게임으로 마이크로 세계에서 다양한 신분의 플라워 엔젤이 서로 엮이며 만들어 가는 신기한 모험에 관한 스토리다. 플레이어는 자신의 플라워 엔젤의 의상을 바꿀 수도 있는데 정교하고 화려한 의상, 귀엽고 예쁜 캐릭터 덕분에 이 게임은 소녀들이 가장 좋아하는 게임이 되었다. 이 게임을 즐기는 플레이어는 적게는 6~7세, 많게는 14~15세로 한창 천진난만할 나이다. 이처럼 순수하고 깨끗한 게임이 허튼 생각을 품은 자들에게 더럽혀져 소아 성애자들의 범죄 장소가 되고 말았다. 게임에서 '미미카드' 3~5장이면 예쁜 의상을 구매할 수 있기 때문에 이 '미미카드'로 유혹해 월드 채널, 게시판에 연락처를 남긴 다음, 꾀어낸 여자아이들에게 나체 사진과 야한 영상을 찍어 보내라고 하거나 실제로 만나자고 해서 성폭력을 가한 일도 있었다. 어린 소녀들은 성적인 위협으로부터 자신을 보호해야 한다는 개념이 제대로 서 있지 않은 상태라 그런 꼬임에 넘어가기 쉽다. 협박을 당한 아이들은 부모에게 말도 못 하고 수차례 위협과 위해에 시달렸다.

2017년, 이 사건이 위챗 인기 검색어에 오르면서 대중의 관심과 분노가 쏟아졌다. 타오미는 즉시 조치를 취했지만, 이때는 이미 게임이 출시된 지 7년이나 지난 시점이었다. 이 7년의 기간 동안 얼마나 많은 피해자가 발생했을지 상상조차 하기 어렵다.

이런 게임이 얼마나 많은 사람에게 평생 잊지 못할 악몽을 안겨 주고, 그로 인한 상처가 치유되기까지 얼마나 오랜 세월이 걸릴지, 아무도 모를 일이다.

디지털 자산의 훼손

'이브 온라인EVE Online'은 아이슬란드의 게임 제작사인 CCP가 개 발한 MMORPG(다중 사용자 온라인 롤 플레잉 게임-옮긴이)다[그림 5-3]. 이브 온라인은 상상력이 넘치는 드넓은 우주 공간 시나리오를 제공 한다. 플레이어는 자체적으로 개조한 함선을 타고 수천 개나 되는 행성계 사이를 이리저리 여행한다. 행성계에는 행성, 위성, 우주정 거장, 소행성대 등 다양한 것이 있고 각각의 행성계는 스타게이트를 통해 연결된다.

[그림 5-3] 이브 온라인 홍보 포스터
(출처: 넷이즈게임즈 이브 온라인 공식 사이트)

이 게임은 방대한 SF 배경, 하드코어한 게임 난이도로 명성을 떨치며 수많은 국내외 유저를 사로잡았다.

이브 온라인은 SF 세계의 메타버스라고 할 수 있다. 컴퓨터 인공지능을 기반으로 구축하는 기존의 게임 설계 이념을 버리고 사람과 사람 사이의 상호작용에 극단적인 가치를 부여했다. 게임 설계자는 처음부터 아예 판을 새로 짰다. 눈이 팽팽 돌아가는 다채롭고 복잡한 설정으로 플레이어의 승부욕에 불을 지르는 대신, 가상 세계의 운행 규칙을 짜는 데 집중했다. 또 플레이어 스스로 앞길을 개척할 수 있도록 필요한 툴을 손에 쥐여 줬다.

이 게임에서는 사람과 사람 사이의 상호작용이 가장 중요하다. 뉴비(신규 게이머)는 극악한 난도에 좌절하겠지만 일단 손에 익으면 게임의 묘미를 즐길 수 있다. 엄청난 시간과 노력, 돈을 쏟아야 하는 이브 온라인을 만든 목적은 절대적인 자유 속에서 SF 세계를 경험한 플레이어를 미래의 메타버스 세계로 안내하는 것이다. 이브 온라인에서 플레이어는 자발적으로 군단을 이룰 수 있으며 같은 군단에 속한 플레이어들은 서로 돕고 보호하며 공동의 자산을 소유한다.

그런데 2005년, 게임사에 남을 대학살 사건이 발생했다. 이브 온라인 가상 SF 우주 공간에서 적대 관계인 양측이 제대로 된 무간도(열반에 이르는 네 길 중 하나. 막힘이 없는 경지)를 재현했던 일이다. 당시 게임상에는 용병, 고용주, 언더커버, 타깃 등 현실에나 존재할 법한 캐릭터가 잇달아 등장했다.

이 사건의 주인공은 Ubiqua Seraph 군단의 CEO 미리알Mirial이다. 미리알은 평소와 다름없이 가장 신뢰하는 부하들을 데리고 게임을 하다가 갑자기 GHSC라는 군단의 습격을 받는다. GHSC는 이를 위해 1년이나 준비를 했는데 Ubiqua Seraph 군단에 다수의 언더커버를 심은 뒤, 미리알의 신임을 얻어 대학살을 계획했다.

그 결과, 이 사건으로 인해 Ubiqua Seraph 군단은 환산 가치 약 16,500달러에 달하는 자산을 약탈당했으며 미리알 개인의 게임 계정도 막대한 손실을 입었다. 게임 규칙에 따르면 이는 합법적인 행위였으므로 이 일과 관계된 누구도 처벌받지 않았다.

이 일이 있은 후, 게임 내에서 서로 학살을 자행하는 일이 비일비재해졌다. 많은 뉴비(인터넷상의 커뮤니타나 게시판에서 활동한지 얼마 되지 않은 사람)가 신나게 자신의 함선을 구축했지만 곧바로 들이닥친 다른 군단에 흠씬 두들겨 맞고 함선까지 잃었다. 비록 이는 메타버스에서 발생한 일이지만 그로 인한 경제적 손실은 현실에 실존했다.

이처럼 악한 본성과 플랫폼의 부작위가 합쳐질 경우, 일반 메타버스 이용자의 안위와 자산의 안전은 어떻게 보장받아야 할까?

은밀하게 범죄를 교사하는 게임

러시아에서 개발된 '흰수염고래Blue Whale'는 악명이 자자한 게임이다. 이 게임의 놀이법은 인터페이스상의 올가미와 핏빛 글자가 보여주는 것처럼 잔혹하다. 흰수염고래는 플레이어의 생명을 위협한 까닭에 여러 국가에서 금지되었다.

흰수염고래는 여러 소셜 미디어에서 플레이가 가능하다. 플레이어는 '주인Master'에게 배정되는데 이 '주인'은 날마다 플레이어에게 다소 잔혹한 미션을 하나씩 내준다. 이 미션에는 단도나 면도칼로

팔뚝에 고래 도안 새기기, 하루종일 공포영화 보기, 새벽 4시에 일어나기 같은 것이 있다. 그리고 50일째 되는 날, '주인'은 플레이어에게 자살을 명령한다. 이 게임이 더욱 끔찍한 것은 마음대로 탈퇴조차 못한다는 것이다.

흰수염고래 게임에 참여했던 청소년 중 도중에 탈퇴하려 한 많은 이들이 관리자의 협박에 시달렸다. 이들은 관리자가 IP주소를 추적해 자신과 가족을 찾아낼까 봐 두려움에 떨면서도 게임을 계속할 수밖에 없었다. 영국의 《데일리미러Daily Mirror》에 따르면, 게임을 그만뒀다는 이유로 현실에서 보복을 당했다는 증거는 없었지만 관리자의 위협에 못 이긴 아이들은 어쩔 수 없이 극단적인 선택을 할 수밖에 없었다고 전했다. 러시아 신문사 《노바야 가제타Novaya Gazeta》는 러시아 공공인터넷 기술센터가 추적한 내용을 근거로 단 하루 동안 4천 명이 넘는 이용자가 브콘탁테(VKontakte, 러시아 내 최대 SNS)에서 '심해의 흰수염고래', '고요한 방', '4시 20분에 깨워줘' 등의 '흰수염고래' 게임 연관어로 네트워크 그룹을 만들었다고 밝혔다. 각 그룹에 참여한 숨겨진 플레이어의 정확한 숫자가 얼마나 됐는지는 가늠할 수 없다.

중국에서도 '흰수염고래' 게임은 금지되었으나 비슷한 게임이 적지 않다. 이들은 발견할 수 없는 은밀한 곳에 숨어 판단 능력이 미흡한 청소년과 어린이들의 여린 생명을 갉아먹고 있다.

최적의 관리 방식을 찾아라

탈중앙화 응용에 비해, 메타버스 이용자의 행동양식은 훨씬 사회화되어 있다. 현재 블록체인에 기반한 탈중앙화 응용은 대체로 금융, 거래 등 분야에 집중돼 있다. 물론 블록체인 기술을 이용해 개발된 게임도 일부 있지만 스크린, 플레이어빌리티Playability 부분에서 아직 로블록스, 포트나이트 등 대작에 견줄 만한 것은 없다.

다양한 메타버스에는 다양한 아바타가 존재하고 그만큼 다양한 인생을 확인할 수 있다. 각양각색의 인생은 동일한 게임 규칙에서 진화해 나왔다. 창시자도 완전한 신의 모습이 아니다. 어쩌면 흰수염고래 개발자는 메타버스에 존재하는 사탄의 대표적인 모습일 수도 있다. 그렇다고 이를 막기 위해 메타버스에 최종 판결자 역할을 담당할 '정부'를 세울 수는 없다.

블록체인에 기반한 커뮤니티 자치 방식은 비용이 아주 적게 드는 해결책을 제공했다. 그러나 이 방식으로는 사악한 인간이나 사악한 창시자에 맞서기 힘들다. 악을 용인하는 것은 선을 짓밟는 것이다. 이런 의미에서 보면 메타버스 커뮤니티 자치 방식은 여전히 가야 할 길이 멀다. 효과적인 방안을 찾기 전까지는 영화 산업의 관리 방식을 참고해야 한다.

이 밖에 마이애미 아파트 붕괴 사고의 모순이 메타버스에서 똑같이 발생할 가능성도 있다. 기왕에 창조되는 우주이니 관리 체계도 같이 창조돼야 한다.

대규모 디지털 시장을 창설해 아름답고 환상적인 메타버스 세계로 진입하려면
단순하고 쉽게 활용할 수 있는 창조 툴을 마련해
사람들의 창의력과 상상력에 날개를 달아 줘야 한다.
통일된 공동 플랫폼을 마련해, 한 번 창조되면 범우주적으로 통용되게 해야 한다.
이렇게 생산된 디지털 제품을 실제 가치를 지닌 디지털 자산으로 만들어야 한다.
메타버스의 번영은 무엇보다 디지털 기반시설 구축에
달려 있다고 해도 과언이 아니다.

6장

메타버스의
초대륙을 선점하라

우리가 마음속에 희망의 대륙을 굳게 담고 있기만 한다면
틀림없이 폭풍우를 이겨 낼 수 있다. -콜럼버스

초대륙은 숙명적으로 거물의 게임이며, 거물이 되는 유일한 기준
이 될 것이다. 메타버스에는 새로운 초대륙이 자라고 있다. 가장 가
능성이 큰 두 후보는 화웨이에서 개발한 크로스 플랫폼 운영체제인
훙멍鴻蒙, Harmony과 이더리움이다. 전자는 소프트웨어로 만물을 생성
하고, 후자는 디지털로 만물을 생성한다.

초대륙은 메타버스의 기반시설로 물리층, 소프트웨어층, 데이터
층, 규칙층, 애플리케이션층을 포괄한다. 이 5개 계층은 서로 영향을
미치고 발전을 촉진하며 함께 진화한다.

메타버스에서 한발 물러나, 전통 산업의 업그레이드와 디지털 전
환을 살펴보면 모두 자체적으로 초대륙을 건설해야 하며 산업의 측
면에서 기업을 생각해야 함을 깨닫게 된다. 그들의 초대륙이 바로 생
태 운영 플랫폼EOP, Ecosystem Operation Platform이다.

콜럼버스가 발견한 신대륙은 유럽의 세력 확장을 위한 공간을 마련해 주었다. 그 후 수 세기에 걸친 세계 세력 판도의 변화는 모두 대항해 시대 신대륙의 발견에서 시작된 것이다.

　초대륙은 2개 이상의 대륙괴나 대륙이 붙어 있는 것을 일컫는 지리학 용어다. 유라시아대륙은 초대륙으로 아시아대륙괴와 유럽대륙괴가 붙어 있다. 아주 오랜 옛날의 지질 시대에 두 대륙괴가 부딪쳐 하나로 합쳐지면서 오늘날과 같은 구도를 형성했다.

　메타버스에서의 초대륙은 디지털 창조, 디지털 자산, 디지털 거래, 디지털 소비 등 기본 요소를 제공한 플랫폼을 가리킨다. 이 네 요소를 포괄하는 플랫폼이 바로 메타버스의 초대륙이다. 초대륙은 결코 학술용어가 아니며 전혀 엄밀하지 않지만 거물들이 패권을 다툴 방향을 가리킨다. 메타버스의 지배자가 되려면 반드시 초대륙을 세워야 한다. iOS가 애플이고 안드로이드가 구글인 것처럼 말이다. 응용 소프트웨어에서 위챗은 글과 그림 시대의 초대륙이었고 틱톡은 숏폼 동영상 시대의 초대륙이었다. 메타버스 시대에는 새로운 초대륙이 탄생할 것이다. 디지털 세계에서 초대륙의 특징을 가장 많이 지닌 것은 이더리움이다. 게임에서는 로블록스 플랫폼을 초대륙으로 꼽을 수 있다.

호대륙의 경계가 디지털 시장의 경계

인간의 창의력은 무한하지만 그것을 펼칠 수 있는 무대는 여전히 부족하다. 인간의 욕구도 밑 빠진 독처럼 무한하지만 이를 충족시킬 도구 역시 부족하다. 다행히 스마트폰의 보급, 5G 네트워크 구축, 웨이보, 유튜브, 틱톡 등 플랫폼의 등장으로 평범한 사람도 자신을 드러낼 무대가 생겼다. 틱톡의 하루 평균 이용자 수는 7억 명에 달한다. 개방적인 플랫폼에 이용자의 창조가 더해져 불가사의한 힘을 만들어낸 것이다. 지금 이 힘이 세상의 판도를 바꾸고 있다.

틱톡 플랫폼에는 2,200만 명이나 되는 크리에이터가 있다. 틱톡이 발표한 데이터는 이보다 더 구체적이다. 2021년 3월 8일, 틱톡은 '2021 틱톡 여성 데이터 보고'를 발표했다. 보고에 따르면 지난 1년 동안 틱톡 여성 이용자는 총 2,135만 개의 연애 영상을 업로드했고 일과 관련된 영상 5,306만 개를 업로드했으며 플랫폼으로부터 직접 수입을 얻은 여성은 1,320만 명에 달했다.

글로벌 경영 컨설팅업체 액센츄어Accenture 조사 데이터에 따르면 중국에서는 20~60세 사이의 여성 소비자 4억 명이 10조 위안(한화약 1800조 원)에 달하는 소비 지출을 장악하고 있다고 한다. 만약 남성을 포함시킨다면 이 숫자는 배로 뛸 것이다.

디지털 시장의 경계와 한계

현실 세계에서는 대규모 공동시장을 형성하는 데 수많은 제약이 따른다. 그중에는 하드웨어적인 부분과 소프트웨어적인 부분이 있다.

하드웨어 분야의 제약으로는 도로, 교량 등이 있다. 도로조차 연결되지 않은 곳에 시장이 생길 리 없다. 도로가 연결되지 않으면 사람들이 서로 만날 수 없어 상품을 교환할 일이 없으므로 거래가 이루어질 리 만무하다. 도로가 끝나는 곳이 바로 시장의 경계다.

소프트웨어 분야도 하드웨어 못지않게 중요하다. 소프트웨어적 제약의 관건은 사실 거래에 드는 비용을 끊임없이 줄여나가는 것이다. 다행히 2천여 년 전, 진시황이 문자의 통일, 도량형의 통일, 수레바퀴 간격의 통일, 세수 기준 통일 등 이 분야의 수많은 문제를 해결했다.

마찬가지로 디지털 세계에서도 광케이블이 끝나는 곳에 디지털 시장의 경계가 있다. 광케이블 브로드밴드는 도로와 비슷한 점이 있다. 서로 다른 브로드밴드는 서로 다른 디지털 시장을 제약했다. 2G 네트워크 시대였다면, 동영상을 매체로 한 전자상거래는 아무리 기를 써도 발전할 수 없었을 것이다. 이 모든 것은 기반시설의 중요성을 시사한다. 디지털 시장에는 대규모 디지털 기반시설을 투입해야 함을 이야기하는 것이다.

사실 시장은 늘 많은 돈을 필요로 한다. 시장을 건설하는 데도 막대한 자본이 필요하고 시장의 정상적인 운행을 유지하는 데도 상당한 자본이 들어간다. 인류는 물물 교환을 해야 기본적인 생활을 유지할 수 있다. 그러나 단순한 물물 교환을 시장이라는 거대한 체제로 키우고, 이 거대한 체제를 교역 중심으로 만들려면 엄청난 비용을 지불해야 한다. 농산품에서 공산품, 디지털 제품으로 변화할수록 필요한 시장 메커니즘은 점점 복잡해지고 필요한 시장 규모는 점점 커진다.

일반적으로 현실 세계에서 시공을 뛰어넘는 데는 항상 교통비를 지불해야 하는데 사실 이것은 거래 비용의 일부다. 디지털 세계는 시공간의 한계를 뛰어넘었기에 먼 거리를 운송하느라 고생할 필요가 없어졌지만 그 대신 기술 제한이 걸림돌이 되었다. 각기 다른 기술 표준, 각기 다른 운영체제, 각기 다른 운영 플랫폼은 사실상 디지털 시장을 여러 조각으로 갈라놓았다. 심지어 디지털 시장이 나눠진 정도는 현실 세계의 시장보다 더 심오하며 복잡하다.

다양한 전자상거래 플랫폼이 출현한 것은 자유로운 경쟁의 결과라 할 수 있다. 그러나 브랜드 제조업체에 양자택일을 강요하는 것은 자유로운 경쟁을 방해하는 행위이며 디지털 시장을 분열시키는 조치다. 애플 앱스토어와 안드로이드 앱마켓은 서로 분리돼 있을 뿐만 아니라 프로그램도 서로 호환하지 않는다. 개발자는 반드시 애플과 안드로이드를 위한 서로 다른 응용프로그램을 개발해야 한다. 플레이어가 게임을 하면서 어렵사리 획득한 장비도 다른 운영체제로 바꾸는 순간, 모두 무용지물이 되고 만다.

디지털 시장을 분열시키는 최대 장애물이 바로 디지털 창조, 디지털 자산, 디지털 시장, 디지털 소비를 제공하는 기반시설인 '플랫폼'이다. 우리가 창조할 수 있는 디지털 시장의 규모는 공동 플랫폼을 구축할 수 있는 능력에 달려 있다.

창조는 어디에서 비롯되는가?

대개 혼돈의 경계에서 창조가 시작된다. 체계 이론의 관점에서 보면, 창조는 해일처럼 솟구쳐 나오는 것이다. 머릿속의 생각이 파도처럼 한시도 멈추지 않고 치솟았다 꺼지기를 반복하는 것처럼 창조도 역시 같은 구조를 반복한다. 솟구쳐 나와, 공명하고, 돌변하는 것이 창조의 메커니즘이다.

무엇이 창조될지를 예측하기란 불가능하다. 우연성이 강하기 때문이다. 그러나 큰 틀에서 보자면 창조를 길러내는 게 영 불가능한 일은 아니다. 시스템 안의 다양한 요소들을 취합하는 데 드는 비용이 충분히 낮을 경우, 창조가 쏟아져 나올 확률이 꽤 장히 높기 때문이다. 이런 의미에서 보면 창조는 필연성이 있다.

따라서 창조를 길러 내려면, 시스템 안의 요소들을 취합하고 분산시키는 비용을 최대한 낮추는 방법을 강구해 이용자가 동일한 기술 언어로 소통할 수 있는 기반시설, 즉 공동 플랫폼을 제공해야 한다.

전형적인 모델은 '플랫폼＋UGC(사용자가 직접 제작한 콘텐츠)'이다. 이 모델은 개인의 창조력을 무한대로 발휘하는 데 최적이다. 애플은 이 모델을 활용해 하룻밤 사이에 수많은 프로그래머를 모아 애플 휴대전화 애플리케이션을 개발하도록 했고, 이로 인해 휴대전화 기능의 다양성 부분에서 단숨에 노키아를 압도했다. 틱톡 플랫폼상의 모든 동영상은 이용자가 직접 만든 것으로 영화사에서 막대한 자금을 들여 찍은 영화와는 비교할 수 없을 정도로 다채롭고 풍부한 콘텐츠를 자랑한다.

대규모 디지털 시장을 창설해 아름답고 환상적인 메타버스 세계로 진입하려면 단순하고 쉽게 활용할 수 있는 창조 툴을 마련해 사람들의 창의력과 상상력에 날개를 달아 줘야 한다. 통일된 공동 플랫폼을 마련해, 한 번 창조되면 범우주적으로 통용되게 해야 한다. 그리고 이렇게 생산된 디지털 제품을 실제 가치를 지닌 디지털 자산으로 만들어야 한다. 각기 다른 시장 사이의 기술 장벽을 무너뜨려 기술과 규칙을 통일해야 한다. 메타버스의 번영은 무엇보다 디지털 기반시설 구축에 달려 있다고 해도 과언이 아니다.

메타버스를 위한 새로운 인프라 건설[19]

메타버스는 디지털 경제 중 가장 역동적이고 대표적인 부분이다. 또한, 디지털화된 기반시설이 어느 기준 이상으로 발전하면 나타나는 필연적인 산물이기도 하다. 메타버스의 발전을 추진하려면 새로운 디지털 기반시설은 필수적이다. 기반시설의 외부성Externality은 현실 세계 디지털 경제의 발전을 촉진해 디지털 사회로의 전환을 가속화할 것이다. 게임이 메타버스의 초기 형태를 보여 준다면, 메타버스는 디지털 사회의 형태를 보여 준다고 할 수 있다.

메타버스의 기술 기반, 경제 요소, 기본 특징을 단계적으로 분석해 만든 메타버스 기반시설 5계층 모델은 다음 3개의 가설 위에 구축되었다.

가설 1: 메타버스 기반시설은 계층성을 띤다.

기반시설도 계속 업그레이드되면서 발전한다. 각기 다른 발전 단계에서 중점적으로 구축한 기반시설은 계층성을 띄는 특징을 보인다. 기존의 기반시설 부지에서 일부 핫스팟은 새로운 형태의, 공공재의 속성을 가진 서비스가 파생되는 경우가 많다. 서비스 범위가 확대되고 서비스 대상이 증가하면서 이런 새로운 형태의 서비스가 기반시설의 일부가 되는 것이다. 각 계층이 어떻게 나눠지고, 각 계층이 무엇인지를 이해하면 서로 간의 관계를 설명하는 데도 도움이 된다. 그러므로 기반시설의 계층을 나누는 것은 기반시설의 발전 규칙을 발견하고 정책을 제정하는 데 매우 중요한 일이다.

가설 2: 메타버스 기반시설은 하드웨어 범주에만 속하지 않는다.

위챗은 이미 일상생활의 일부가 되었다. 소셜 네트워크 기능은 물론이고 비즈니스 애플리케이션, 공공관리 툴의 기능도 하고 있다. 해외 버전 틱톡은 새로운 창조와 생각을 전파하는 매개체가 되었다. 따라서 공공재와 외부성, 이 두 가지 기본 특징을 제대로 이해해야만 새로운 기반시설을 온전히 정의할 수 있다.

가설 3: 메타버스 기반시설은 기술이 융합·응용되는 발전 방향을 보여준다.

기반시설은 대개 여러 기술을 융합해 창의적으로 응용한 것이다. 예를 들어 이제 온라인 콜택시 앱은 외출 시 필수적인 모빌리티 플랫폼이 되었다. 이 앱은 4G 네트워크, 전자지도, GPS, 스마트폰이 광범위하게 보급된 상황에서 생겨났으며, LBS(Location Based Service, 위치 기반 서비스), 인공지능, 빅데이터 등 다양한 분야의 기술을 집약해 '네트워크 생활'의 일부가 되었다. 로블록스의 경우, 3D엔진, VR 디바이스, 공간컴퓨팅 등 기술이 융합돼야 한다.

이 세 가지 가설을 기반으로 한 메타버스의 5계층 기반시설 모델은 메타버스를 총체적으로 인지하기 위한 초석이자 디지털 경제 이론 체계의 핵심 요소다.

디지털 경제 기반시설의 5계층

메타버스 기반시설은 총 5계층으로 나뉘는데, 아래서부터 물리층, 소프트웨어층, 데이터층, 규칙층, 애플리케이션층이 있다[표 6-1]. 이 5계층은 기계적이거나 경직된 구분이 아니며 인식에 기반한 방법론이다. 물리층은 하드웨어에 편중돼 있고 소프트웨어층은 광범위하게 응용되는 소프트웨어에 중점을 두며 데이터층은 더 추상화된, 중요한 자산과 새로운 생산 요소에 치중한다. 또한 규칙층은 디지털 경제 내부의 운행 질서에 집중한다. 이 네 개 계층은 위로 갈수록 점차 추상화된다. 상호 보완적인 성격의 이 계층들은 메타버스 기반시설의 중요한 구성 부분이 되었다. 마지막 다섯 번째 계층은 이 네 개의 계층 위에 구축된 각종 애플리케이션이다. 특히 일부 애플리케이션은 소프트웨어층, 데이터층 또는 규칙층의 기반시설이 될 수도 있다. 다음 표를 기반으로 하나하나의 층을 살펴보자.

애플리케이션층	APPs	디지털 화폐, 전자지갑 등
	DApps	
규칙층	디지털 관리	관리감독 과학기술, 자기 조직/자기 관리
	디지털 시장	법률 법규, 업계 규칙, 기술 표준
데이터층	디지털 자산	디지털 트윈, 빅데이터 인터넷 (데이터 상호 연결 및 소통)
	데이터 센터	디지털 자산 거래 센터 과학 데이터 센터(생물유전자 데이터베이스, 토양 데이터베이스 등), 디지털 세계 상사 및 민사 데이터 센터
소프트웨어층	응용 소프트웨어	광범위하게 사용되는 응용 소프트웨어(위챗 등)와 산업 진입 장벽이 있는 응용 소프트웨어(3D엔진 등), EOP
	기초 소프트웨어	클라우드 컴퓨팅, OS, 데이터베이스
물리층	인간-기계 인터페이스	휴대전화, 스마트 글라스, VR, 촉각, 손짓, 뇌-컴퓨터 인터페이스
	디지털화된 기반시설	5G, 사물인터넷, 미세전자기계 시스템, 컴퓨팅 센터, 에지 컴퓨팅 센터 등

[표 6-1] 디지털 경제 기반시설 구조

물리층

물리층은 모든 메타버스 기반시설의 기초를 이루는, 데이터를 생산하고 저장하며 분석 및 응용하는 장비와 설비를 말한다. 디지털 경제 기반시설의 정의에 따르면, 물리층은 공공재 서비스에 속해 외부성과 공공성의 특징을 지닌다. 물리층은 주로 전통적 기반시설의 디지털화, 디지털화 기반시설과 인간-기계 인터페이스 설비 이 3가지로 나눌 수 있다. 메타버스에서는 그중 디지털화 기반시설과 인간-기계 인터페이스 설비에 주목한다.

디지털화 기반시설은 5G, 사물인터넷, 미세전자기계 시스템MEMS Micro Electro Mechanical System, 컴퓨팅 센터Computing center, 에지 컴퓨팅 센터 등 각종 전자 설비를 가리킨다. 5G는 디지털화 기반시설의 중요 구성 성분으로 메타버스, 산업 인터넷Industrial Internet, 인공지능, 원격 의료 등 중국의 미래 중점 육성 산업에 통신 네트워크를 지원한다. 5G는 전통 산업과 융합해 더 많은 신산업, 신경영 방식, 신모델을 만들어낼 것이다.

가장 아랫 단계인 물리층을 구축하면 새로운 형태의 사회 기반시설이 형성된다. 최하부 구조를 이룰 이 기반시설은 디지털 경제를 뒷받침할 가장 기초적인 기반시설이다.

물리층의 인간-기계 인터페이스는 인류가 메타버스로 진입하는 직접적인 매개체로 휴대전화, 스마트 글라스, VR, 촉각, 손짓, 뇌-컴퓨터 인터페이스BCI, Brain-Computer Interface 등이 있으며 이 밖에 새로운 디바이스들도 속속 개발되고 있다. 스마트폰은 이미 광범위하게 보급되었고 VR 등 새로운 디바이스는 성숙기에 접어들어 곧 폭발적인 성장을 맞이할 것이다. 뇌-컴퓨터 인터페이스는 공상 과학 세계에서나 볼 법한 인간-기계 인터페이스인데 아직 프로토타입 검증 단계에 머무르고 있다.

소프트웨어층
물리층 위에 구축된 소프트웨어층은 데이터를 가공, 처리, 분석하는 주체로 기초 소프트웨어와 응용 소프트웨어로 나뉜다. 기초 소프트웨어는 대규모 응용을 갖추고 있고 공공성을 띤 소프트웨어 시스템으로 운영체제, 데이터베이스, 클라우드 컴퓨팅 시스템, 유비쿼터스 운영체제Ubiquitous operating systems 등이 이에 속한다.

기초 소프트웨어는 차세대 정보기술의 지원하에 디지털 경제의 각 분야, 각 노드를 구성하는 스마트 서비스 플랫폼 또는 시스템으로 전반적 감지, 어디서나 접속 가능한 정보통신 환경, 효율적인 대처능력, 유연한 처리 등의 특성이 있다.

응용 소프트웨어는 개체 또는 기관이 사용할 수 있는, 각종 프로그래밍 언어로 짠 응용프로그램을 모두 일컬으며, 인스턴트 메신저(위챗 등)와 산업 진입 장벽이 있는 응용 소프트웨어(CAD, CAE, 제품 데이터 관리 등), 지역, 계층, 조직, 부문을 뛰어넘은 사회 협력 플랫폼(산업 제어 시스템, 생태 운영 플랫폼 등)이 이에 속한다. 생태 운영 플랫폼인 EOPEcosystem Operation Platform의 경우, 개인을 위한 위챗, 기업을 위한 ERP 등이 모두 응용 소프트웨어의 범주에 속한다. 응용 소프트웨어는 일종의 '다리'와 같다. 디지털 경제 기반시설 물리층과 현실의 응용 시나리오를 연결하는 핵심적인 부분이 바로 이 응용 소프트웨어이다. 응용 소프트웨어를 배치해 디지털화 능력을 제고하면 기업의 디지털화 관리 능력 제고, 스마트 제조 과정의 제어 수준 향상, 공무 시스템 협치 효과 향상을 위한 초석을 마련하는 셈이다.

많은 기업이 이 응용 소프트웨어 기반을 이용해 자체 응용 플랫폼을 구축해 만든 데이터를 회사 자산으로 만들어 최대한 활용하려는 노력을 기울이고 있다. 업계 측면에서 보면, EOP를 지배하는 기업은 기본적으로 그 업계를 모두 지배할 수 있다.

"소프트웨어가 세계를 정의하고, 소프트웨어가 모든 것을 정의한다."라는 말처럼, 소프트웨어는 모든 것을 할 수 있고 어느 곳에나 존재한다. 디지털화 기술이 지원하는 소프트웨어의 응용은 사회 각 분야의 비약적인 발전을 촉진할 것이다.

데이터층

물리층과 소프트웨어층은 데이터 요소를 생산하는데 여기에서는 데이터층을 소프트웨어층에 예속되지 않은 독립적 존재로 빼내 이야기하려고 한다. 디지털 경제의 신형 기반시설인 데이터층은 디지털 트윈, 빅데이터 인터넷Internet of Bigdata 및 각종 빅데이터 센터를 포함한다. 데이터층이 주로 하는 역할은 데이터 상호 연결 및 소통 문제를 중점적으로 해결하는 것이다.

데이터층의 하나인 디지털 트윈은 물리적 대상의 물리적 특성을 바탕으로 디지털화된 쌍둥이, '클론Clone'을 창조하는 것이다. 디지털 트윈은 물리적 대상의 현재까지의 상태, 실시간 데이터, 외부환경을 동적으로 재현해 물리적 대상이 받던 시공간상의 제약에서 벗어나 시뮬레이션 실험을 진행할 수 있다는 데 가치가 있다.

앞으로 디지털 트윈은 주로 대형 엔지니어링의 동적 설계에 응용될 것이다. 오래전, 미국항공우주국NASA은 디지털 트윈을 활용해 우주선의 모의 분석, 검사, 예측을 실시해 지상 관리자들의 의사결정에 도움을 주었다. 마이클 그리브스 교수와 지멘스 회사는 디지털 트윈을 활용해 제품 수명 주기 관리를 진행했다.

디지털 트윈을 이용하면 제품 설계, 제품 기능, 제품 성능, 가공 기술, 유지보수 등의 모의 분석을 진행할 수 있다. 오토데스크Autodesk와 같은 건축, 엔지니어링 계열 소프트웨어 공급업체는 디지털 트윈 기술을 건축, 공장, 기반시설 등 건설 분야에 응용해 건축과 기반시설의 수명 주기 관리를 하고 있다. 이 밖에 디지털 트윈은 '스마트 도시 건설' 분야에서도 핵심적인 역할을 한다. 도로 홀로그램 스캔 데이터를 이용해 현실의 교통 시스템과 동일한 디지털 교통 트윈을 구축하면 도시를 정밀하게 관리하는 데 매우 유익하다.

데이터층의 두 번째 요소인 빅데이터 인터넷은 데이터 라벨링Data labeling, 데이터마이닝Data mining, 딥러닝Deep learning 등의 알고리즘과 기술을 통해 물리 공간에 존재하는 잠재적인 관계를 발견해서 그 결과를 다시 물리 공간에 적용하고 개선하는 역할을 한다. 이로써 국가 안보와 사회 관리, 경제 발전 등의 분야에서 필요로 하는 빅데이터 응용 수요를 만족시킨다. 빅데이터 인터넷에서는 각기 다른 서로가 표준 데이터를 전송하기 때문에 응용 개발 모델에 많은 변화가 생기게 된다. 그 결과 개성화된 빅데이터 응용이 대거 출현하게 된다. 이는 개발자에게 많은 수익을 안겨줌과 동시에 사용자에게도 보다 큰 편의를 제공할 것이다.

인터넷은 기초 플랫폼을 제공하고 빅데이터 인터넷은 응용을 제공한다. 인터넷이 기초 플랫폼으로 기본적인 통로의 기능을 한다면, 빅데이터 인터넷은 가공된 각종 데이터를 제공하고 '추천 알고리즘'

에 따라 정보를 전송해 응용된 데이터를 공유하도록 한다. 따라서 데이터는 디지털 트윈 또는 빅데이터 인터넷의 형식으로 현실의 응용 시나리오에 투입돼 클라우드 컴퓨팅, 사물인터넷 등 관련 산업의 동반 성장을 이끌고 산업의 바운더리를 확장하거나 융합해 서비스업의 변혁과 업그레이드를 촉진할 것이다.

블록체인 기술이 디지털 경제의 핵심 기술로 발전함에 따라, 블록체인 기술을 이용한 자산의 디지털화는 피할 수 없는 추세가 되었다. 블록체인은 신뢰성, 공개성, 투명성 등의 장점을 내세워 디지털 화폐의 기반 기술이 되어 지불결제업계에 커다란 지각변동을 일으켰다. 디지털 자산 거래가 활발하게 이루어지고 있는 지금, 디지털 자산 거래 센터는 디지털 자산 거래의 기본 플랫폼으로서, 가상전자 형태로 존재하던 각종 데이터를 통합적으로 관리하고 있다. 이는 본질적으로는 대량의 데이터 정보를 수집하고 저장하는 역할이다. 디지털 자산 거래 센터는 블록체인 기술로 주주권을 '파편화'해 첨단과학기술 기업의 대출 문턱을 대폭 낮춰 그 혜택을 다수가 나눌 수 있게 했다. 또한 각 분야 빅데이터 센터는 과학연구 분야, 정치, 경제, 민생, 산업 분야에 존재하는 대량의 수직 데이터를 수집해 데이터 저장 문제를 해결함으로써 데이터 응용 분야에 커다란 기여를 하고 있다.

데이터층은 앞으로 사회적 측면에서 데이터 관리와 데이터 보안에 보다 심혈을 기울여야 한다. 그 이유는 첫째, 많은 인터넷 기업이 패권적으로 데이터를 독점해 소규모 기업의 발전을 제한하면 대형 인터넷 기업의 권력이 날로 강화돼 데이터 블랙홀을 형성하기 때문이다. 이를 방지하기 위해 모든 기업이 평등하게 데이터를 사용할 수 있는 권리를 보장하는 방법에 대한 논의가 이루어져야 한다.

둘째, 데이터가 집중되면 당연히 데이터 보안의 문제가 두드러질 수밖에 없다. 데이터가 집중되지 않았을 때는 모든 데이터를 얻는 것은 불가능에 가까워 일부 데이터만 수집할 수 있었다. 그러나 일단 데이터가 한곳에 모이면, 어느 한 곳만 뚫려도 모든 데이터은 무방비 상태가 된다. 따라서 데이터 안전을 보장하는 문제도 깊이 고민해 봐야 한다.

규칙층

데이터를 실제로 응용하기에 앞서 반드시 필요한 것이 관련 규칙을 마련해 완벽한 관리감독 체계를 구축하는 것이다. 디지털 시장 측면에서 보면, 디지털화된 거래를 관리할 새로운 규칙을 마련해 시장의 효율적 운행을 보장해야 할 것이다. 시스템 이론 측면에서 보면, 만물은 서로 연관돼 있는데 어떤 관계를 강화하고, 또 어떤 관계를 약화할지는 규칙의 제정을 통해 확정할 수 있다.

따라서 디지털 경제 기반시설의 규칙층은 그 무엇보다 관리 측면에서 그 중요도가 매우 크다. 규칙층은 크게 제약 환경과 디지털 관리감독, 이 두 부분으로 나눌 수 있다. 제약 환경은 정부, 업계의 각 협회, 대기업 등이 제정한 법률법규, 업계법규, 기술표준, 규정 등 다양한 강도의 일련의 제도가 디지털 경제의 체계적이고 효율적인 운행을 제도적으로 뒷받침하는 환경을 말한다. 그중 일부 규칙은 특정 산업 발전에 직접적으로 영향을 미칠 수 있다. 예를 들어 위챗 구독 계정 규칙의 변화는 곧장 위챗을 중심으로 한 생태계의 변화를 초래할 수 있다.

디지털 관리감독은 규칙의 실효를 보장하는 제도적 수단이자 디지털 시장의 자유를 보장하는 중요한 하부구조다. 충분한 관리감독이 이루어지지 않으면 자유시장도 존재하지 않는다. 디지털 관리감독은 일종의 공공서비스이다. 경제적 가치가 전혀 없는 행위라 해도 규칙에 따라 합법적으로 경제적 수익을 얻도록 보장하는 수단이므로 정부도 질서 있는 디지털 시장을 만들기 위해 디지털 관리감독을 발전시키는 데 최대한 힘써야 한다.

디지털 경제 시대의 규칙은 기존의 규칙과 분명한 차이가 있다. 첫 번째, 실물 자원은 나누거나 공유할 수 없으며 권리 확인이 비교적 쉽지만, 데이터 자원은 무한공유가 가능하며 타인과 공유한 이후에도 여전히 자신이 보유할 수 있다. 이로 인해 한계 권리 확인과 보호는 중점적으로 고려해야 하는 문제가 된다.

두 번째, 규칙을 정하는 주체도 다르다. 계획경제에서의 규칙은 정부가 제정하고 전통적 시장에서의 규칙은 업계 협회나 자치단체가 정한다. 그러나 디지털 시장에서는 대다수 규칙을 커뮤니티가 정하는데, 점점 더 중요한 주체로 언급되는 커뮤니티는 규칙의 제정자가 될 수도 있다. 세 번째, 디지털 시장 규칙은 전통 시장의 실패 문제를 효과적으로 해결할 수 있다. 전통 시장의 실패 원인 중 하나는 일부 시장 주체가 규칙을 파괴하는 능력을 가졌기 때문이다. 이렇게 한 번 파괴된 규칙은 공정을 보장할 수 없다. 그러나 디지털 경제에서는 대다수 규칙이 프로그램을 통해 실현된다. 즉, 'Code is Law'가 될 수 있다는 말이다. 예를 들어 '스마트계약'을 통해 프로그램에 구체적인 거래 규칙이 나타나는데, 이런 규칙은 임의로 수정할 수 없어 전통 시장처럼 불공정한 현상이 발생하는 것을 효과적으로 방지할 수 있다.

하지만 위험한 요소도 있다. 디지털 시장에서 규칙의 제정은 주도권 쟁탈전을 불러올 수 있다. 미시적 측면에서 보면, 규칙은 이익을 대변한다. 각 참여 주체가 규칙 제정권을 쟁탈해 자신의 이익을 최대화하려는 전쟁이 끊이지 않을 것이다. 예를 들어 휴대전화 하드웨어 생산업자와 위챗 등 소프트웨어 회사의 규칙 제정권 쟁탈전의 결과는 이익이 누구에게 돌아갈지를 결정한다. 거시적 측면에서 보면, 어떻게 해야 규칙 제정을 통해 디지털 시장의 발전 방향을 제시할 수 있을까, 규칙을 어떻게 정해야 데이터의 가치를 최대한 발휘할 수 있을까 등이 국가 정책에 반영돼야 한다.

규칙층의 확립은 디지털 경제 기반시설 체계의 정상적인 운행과 작동을 보장해 데이터가 진정으로 가치를 낳게 할 것이다. 또한 디지털 시장의 안정적·체계적·효율적 운행을 보장해 사회 경제 발전과 사회 복지 향상에 기여함으로써 더 큰 경제적 이익을 파생시키고 공급 측면의 구조 개혁과 경제 구조의 최적화를 촉진할 것이다.

총체적으로 보면 디지털 시장 환경의 규칙을 제정할 때는 다음 3가지 문제를 고려해야 한다.

1. 누가 정책을 제정할 것인가?
2. 어떤 정책을 제정할 것인가?
3. 어떻게 정책을 시행할 것인가?

과학기술형 기업 측면에서 보면, 규칙층은 대기업과 표준 조직의 영역이고, 규칙층의 핵심은 응용형 기업에 있다. 응용형 기업의 데이터를 통해 산업 규칙을 새로 정하면 산업 경계에 변화가 생길 테고 이 규칙을 준수하는 다른 기업은 규칙을 정하는 산업의 일부가 될 것이다. 예를 들어 비트코인 지갑은 소프트웨어 제작회사가 규칙을 제정했고 이용자는 비트코인 지갑을 다운받아 사용하는 것만으로 이미 그의 규칙을 따른 셈이다.

이렇게 이용자는 그 생태계의 일부가 되어 그 안에서 수익을 얻으면서 또 그 생태계의 발전에 기여하게 된다. 이처럼 규칙은 산업의 경계를 다시 정의해 새로운 생태계를 만들어낸다. 다양한 규칙에 따라 새로운 세계가 발생하는 환경에서는 거시사회 측면으로, 데이터 윤리 문제를 생각해 봐야 한다. 데이터 규칙은 어떤 기준에 따라 정해야 할까? 산업 입장에서 보면, 규칙은 산업의 발전을 촉진할 목적으로 정해진다. 하지만 산업이 발전한 이후에는 사회 발전을 저해하지 않을지 심사숙고해야 한다.

응용층

응용층은 앞의 네 계층이 닦은 토대 위에서 발전한 디지털 경제 기반시설이다. 응용층은 한마디로 다양한 꽃들이 만발한 백화제방百花齊放의 상황을 보인다. 각종 모바일 응용프로그램, 탈중앙화 응용 등이 각 산업 분야는 물론 사회 곳곳에서 생산 방식과 생활 방식의 일대 변화를 일으켜 경제 발전에 지대한 영향을 미쳤다.

더 중요한 점은 위의 네 개 기반층을 바탕으로 키워낸 응용 소프트웨어 일부가 새로운 기반시설의 일부가 되었다는 사실이다. 예를 들어 인민은행이 테스트 중인 디지털 화폐는 이용자 사용 측면에서 보면, 스마트폰에 디지털 지갑 프로그램을 설치해 디지털 지갑 안에 디지털 화폐를 예치해 둔 것이나 다름없다. 그러나 디지털 지갑이 광범위하게 보급되면 그 외부성과 공공재로서의 특징이 두드러지기 시작해 새로운 기반시설의 일부가 된다. 이로써 앞으로 디지털 지갑에 기반한 수많은 응용이 또 개발될 것이다. 디지털 경제의 새로운 기반시설은 이처럼 끊임없는 반복 속에서 지속적으로 업그레이드된다.

응용층은 블록체인, 빅데이터, 인터넷 등 차세대 정보기술에 힘입어 오프라인 산업과 긴밀히 융합했다. 그로 인해 '블록체인+', '빅데이터+', '인터넷+', 'AI+'의 응용을 실제로 실현했다. 예를 들어 'AI+금융' 모델에서, 개방적인 기술 플랫폼, 안정적인 고객 확보 루트, 지속적인 창조 활동을 기반으로 금융기관은 자신의 자원과 인터넷 과학기술기업의 기술을 접목해 전혀 새로운 형태의 가치사슬 창조 모델을 만들어냈다. 이를 통해 고객의 입장에서 사용상의 효율성과 서비스에 대한 만족도를 높였을 뿐만 아니라 기존의 비즈니스 논리를 뒤엎고 양측이 가치 자원을 공유하도록 해 점차적으로 '인터넷+금융' 산업 생태와 시장 구도를 형성했다. 그 토대 위에서 각 기술 제공업체는 기반시설, 데이터 현금화, 부가서비스 등의 부분을 중심으로 차별화된 서비스 능력을 갖추고, 다원화된 수익모델을 구축하고, 새로운 블루오션을 창조하고, 롱테일 법칙으로 산업에 거대한 가치를 창조했다.

또 다른 예로 'AI+교통' 모델에서 무인 자율주행 기술의 미래, '빅데이터+마케팅' 모델에서 디지털 마케팅 방식의 재정립 등은 모두 물리층, 소프트웨어층, 데이터층, 규칙층의 기반시설을 바탕으로 한 응용층의 실례들이다.

응용층에서 과학기술형 기업은 각종 응용 소프트웨어를 제공하고 응용형 기업은 업무의 차원에서 니즈를 만족시키고 디지털 경제 기반시설의 강대한 힘을 충분히 발휘해 기업의 실제 업무 문제를 해결했다. 거시적 측면에서 보면, 응용은 그 종류가 끊임없이 변하지만 결국 근본을 벗어나지는 않는다.

메타버스 기반시설 5계층의 관계, 작용 그리고 실례
5계층의 관계
지금까지 알아본 메타버스 기반시설 5계층은 서로 어떤 형태로 상호보완하는 것일까? 앞서 말했듯이 메타버스 5계층은 단계적으로 건설된다. 단계가 올라갈수록 하드웨어에서 소프트웨어로 점차 추상화된다. 하층은 상층의 밑바탕이고 상층은 하층의 목표다. 이렇게 층층이 쌓아 올린 결과, 응용층은 '백화제방'을 맞이했다. 메타버스 기반시설 중 물리층은 기반시설 체계의 주춧돌로 메타버스 기반시설 건설이라는 목표를 실현하기 위한 최하부 구조다. 소프트웨어층은 물리층의 반석 위에 구축한 시스템으로 하드웨어에서 빠져나와 단독으로 존재한다. 독립적인 대상이 된 소프트웨어는 응용 소프트웨어, 기초 소프트웨어에 관계없이 현실의 응용 시나리오에서 물리층 기반시설이 최대한의 기능을 발휘하도록 협조한다.

데이터층은 물리층, 소프트웨어층의 기초 위에서 데이터를 단독으로 빼내 자산을 형성하고 데이터가 상호 소통되고 제 가치가 충분히 발휘되도록 보장한다. 규제가 없는 자유는 진정한 자유가 아니라는 말처럼, 관리감독 체계가 미흡하면 혼란이 초래돼 데이터와 관련한 사생활, 안전 등의 문제가 끊이지 않을 것이다. 데이터는 반드시 일련의 규제 규칙을 정해야만 진정으로 가치를 발휘할 수 있다. 이것이 바로 디지털 경제 기반시설 규칙층 건설의 목표다.

디지털 경제 기반시설 응용층의 건설은 앞선 네 개 계층을 기반으로 한 구체적인 응용 시나리오의 디지털화 작업이다. 또한 기업의 구체적인 업무 측면에서 디지털 전환의 구현이며 다양한 업계의 디지털 시장의 탄생을 의미한다.

전통 산업의 디지털 전환이 미치는 영향

앞 장에서 언급한 기업의 디지털 전환 및 디지털 시장 관련 문제에 대응해, 메타버스 기반시설의 각 계층이 발휘하는 역할은 그 주안점이 서로 다르다.

기업의 디지털화 과정에서 선결 과제는 관념과 인지의 전환이다. 물리층을 건설하는 것은 기업 디지털화의 이념을 형성하는 것으로, 권력층이 고리타분한 인식을 전환하는 데 어느 정도 영향을 미친다. 눈에 보이고 만질 수 있는 기반시설이 구축됨으로써 기업 디지털 전환은 도구와 수단을 갖추게 되었고 권력층은 디지털 전환이 더 이상 허튼소리가 아니라 실제로 추진할 수 있는 중요한 전략임을 깨달았다. 이 밖에 데이터는 디지털 경제 시대의 핵심적인 생산 요소로 기업에게 매우 중요한 의미를 지닌다. 이제 틀에 박힌 사고방식을 지녔던 권력층도 데이터 소통, 정보 사일로Silo 방지, 데이터 자산 구축의 중요성을 깨닫게 되었다. 앞으로 데이터는 기업 디지털 전환의 성공 여부를 결정짓는 관건이 될 것이다. 그러므로 데이터층 건설은 인식 전환에 지대한 영향을 미칠 것이다.

디지털 전환의 또 다른 중요한 문제는 조직 개혁이다. 기업 입장에서 보면, 기초 소프트웨어 건설은 디지털화 기술 수준을 제고하는 데 유익하고, 응용 소프트웨어 건설은 응용 차원에서 기존 조직의 고유 방식을 바꾸고 조직의 타성을 극복하고 조직 개혁을 이뤄 디지털 전환에 힘을 싣는 작용을 한다. 이와 동시에 데이터는 기존의 피라미드식, 관료적 조직구조를 타파하고 디지털 경제 시대에 맞게 수

평적이고 네트워크화된 조직을 형성해 고객 지향 조직으로 거듭나고 자원 배분을 최적화하는 데도 중요한 작용을 한다. 데이터 보유는 디지털 경제 시대에 기업이 경쟁 우위를 점하는 데 강력한 동력이자 디지털 전환의 성공 여부를 결정하는 핵심 요소다.

디지털 시장에서 메타버스 기반시설 건설은 시장경제와 계획경제의 통일에 도움이 된다. 특히 데이터층과 규칙층의 건설은 이 목표를 실현하는 데 매우 유익하다. 전통 시장에서는 데이터의 부족이 시장경제와 계획경제의 이원화를 불러와 계획과 시장이 완전히 분리되었다. 하지만 디지털 시장에서는 생산 요소 시장 총량에 기반한 조정적 계획을 시장경제에 융합해 계획과 시장의 통일을 완벽하게 실현한다.

규칙층 건설은 정부가 데이터를 활용하고 조정할 때 데이터의 진실성을 보장할 수 있어 전통 시장의 관리감독 실패 문제를 일시에 해결했다. 이로써 규칙층은 시장경제와 계획경제의 통일을 실현하는 데 필수 불가결한 단계로 꼽힌다.

이처럼 메타버스의 기반시설을 마련함으로써 전통 시장의 정보 비대칭 문제를 효과적으로 해결할 수 있다. 데이터 자산이 갖는 공공재로서의 외부성은 디지털 시장의 정보 대칭을 실현해 전통 시장의 모럴 해저드, 불투명성이 초래한 수급불균형 문제 및 인지부족으로 인한 시장 실패 문제를 효과적으로 해결했다. 또한 규칙층의 데이터 관리감독과 제약 환경의 구축은 관리감독에 과학성·합리성·실행가능성을 부여하고 디지털 시장이 행위와 신용의 통일, 규제(관리감독)와 자유의 통일을 실현하는 데 힘을 보탰다.

디지털 시장에서 물리층, 소프트웨어층, 데이터층 기반시설을 구축하는 것은 생산과 소비의 통일을 이루는 데도 유익하다. 생산과 소비의 통일을 실현하려면 소비자 데이터를 확보해 소비 상황을 파악해야 한다. 물리층 지능 단말Intelligent terminal은 소비자 데이터를 획득하는 주요 수단일 뿐만 아니라, 이어지는 데이터 저장, 분석을 통해 생산 영역의 전략적 결정에 유익한 자원을 제공하는 토대다. 물리층의 목적이 데이터 획득이라면, 소프트웨어층의 목적은 대량의 데이터를 효과적으로 저장하고 필요한 데이터를 적재적소에 신속히 가져다 쓰는 것이다. 데이터베이스는 소비 데이터를 일괄적으로 관리해 데이터 분석의 가치 생성을 보장한다. 데이터는 소비 및 생산의 전략적 결정에도 유용하게 쓰인다. 소비 데이터를 분석해 합리적인 생산 방안을 정할 수도 있다. 이는 실제 소비를 근거로 합리적인 생산을 실현해 자원 분배의 최적화를 돕는다.

마지막으로 디지털 시장에서의 거래비용이 제로에 수렴할 수 있는 이유는 물리층, 소프트웨어층, 데이터층, 규칙층 기반시설의 시너지 효과 덕분이다. 물리층에서 5G 등 기반시설이 구축되면서 공간의 제약을 받지 않아 정보를 빠르고 효율적으로 전송할 수 있게 되었다. 소프트웨어층의 EOP(생태 운영 플랫폼)도 데이터의 투명성과 유통성을 제고해 정보 대칭 실현을 뒷받침함으로써 디지털 시장의 거래비용을 낮추는 데 일조했다. 데이터층에서는 디지털 시장에서 유동하는 데이터의 '투명성'이 도드라진다. 빅데이터 인터넷으로 모든 데이터의 상호소통을 실현해 데이터 간의 벽을 완전히 허물고 정보 사일로의 발생을 미연에 방지해 산업 간 반목을 방지한 것이 디지털 시장 거래비용을 낮은 수준으로 유지하는 데 결정적 작용을 했다. 규칙층도 디지털 시장의 거래비용을 낮추는 데 크게 기여했다. 신뢰성, 공개성, 투명성, 탈중앙화, P2P 전송 등 새로운 거래 수단의 특징은 정보의 투명성, 유통 효율을 대폭 향상시킴과 동시에 신용 리스크 문제를 해결해 다양한 차원에서 디지털 시장의 거래비용을 낮췄다.

2개의 초대륙, 홍멍과 이더리움

홍멍 OS는 광범위한 하드웨어와 소프트웨어를 포괄하는 통합 플랫폼으로 역사상 최초의 크로스 하드웨어 플랫폼 운영체제라는 데 의미가 있다. 이더리움은 소프트웨어와 데이터를 포괄하는 통합 플랫폼으로 진정한 디지털 세계로 향하는 길을 열었다. 완전히 데이터로 이루어진 이 세계는 현재 경이로운 방식으로 물리적 세계에 영향을 미치고 있다.

메타버스는 홍멍과 이더리움이라는 견고하게 다져진 2개의 초대륙 위에 구축됐다. 인류의 풍부한 정신세계는 '초대륙'의 통합 기술과 기준의 힘으로 물리적 세계의 한계를 벗어나 메타버스에서 자유롭게 피어나고 있다.

훙멍, 소프트웨어로 만물을 생성하다

운영체제를 전 세계적으로 보급한 최초의 공로자는 미국의 마이크로소프트다. 마이크로소프트는 창업 이후 현재까지 PC 운영체제 시장을 주름잡고 있으며 한때는 애플을 절망시킬 정도로 시장 점유율이 높았던 적도 있다. 마이크로소프트는 시장 독점의 책임을 피하기 위해 자발적으로 애플에 투자해 PC 운영체제 시장에서 애플의 가련한 존재감을 유지시켜 줬다. 그러나 역시 세상은 변화무쌍했다. 가련했던 애플은 자체 iOS 운영체제를 통해 스마트폰 시장을 거의 독점하다시피 했다. 휴대전화 운영체제 경쟁에서 마이크로소프트가 낙오되면서 애플과 구글이 패권을 다투게 되었다.

이제 애플의 iOS와 구글의 안드로이드 시스템은 스마트폰 시장을 100% 점령했다. 누가 이 숨 막히는 상황을 타파할 수 있을까? 바로 이때 혜성처럼 등장한 화웨이의 훙멍 OS가 iOS와 안드로이드가 점령한 철의 장막에 칼을 대기 시작했다.

엄밀한 의미에서 보자면, 훙멍은 안드로이드, iOS와 경쟁하기 위해 만들어진 것이 아니라 점점 늘어나는 스마트 하드웨어의 효율적인 소통을 위해 만들어졌다. 스마트 하드웨어는 크게는 스마트 자동차에서 작게는 무선 이어폰, 스마트 워치, 그리고 사용량이 가장 많은 스마트폰까지 포함한다.

이처럼 통합성 면에서 보자면 훙멍은 스마트폰에서만 사용할 수 있는 iOS와 안드로이드 운영체제를 훌쩍 뛰어넘는다. 애플의 경우 애플 스마트폰, 아이패드를 지원하는 iOS와 애플의 Mac에 쓰이는 Mac OS, 이 2가지 운영체제를 각각 유지할 수밖에 없다. 그러나 화웨이의 세계에서는 PC, TV, 태블릿 PC, 스마트 자동차, 스마트 워치, VR 글라스, 스피커, 이어폰, 심지어 청소기, 스마트 저울, 전자레인지, 냉장고 등 모든 곳에서 홍멍 OS를 사용할 수 있다. 운영체제 하나로 모든 하드웨어 장비를 지원하는 것이다.

이 매력적인 비전에 매료된 프로그래머들은 곧바로 무한한 창의력을 발휘하기 시작했다. 개발자 입장에서는 각기 다른 하드웨어에서 더 이상 서로 다른 명령어를 쓰거나 더 많은 프로그램을 짤 필요가 없어졌다. 일단 홍멍은 디지털 창조를 위한 하나의 툴이다. 홍멍은 다른 모든 상용 OS를 뛰어넘는 설계 이념을 가졌다. 그나마 구글의 퓨시아 OS^Fuchsia OS를 홍멍에 견줄 수 있겠지만 퓨시아는 아직 실제로 사용할 수 없는 프로토타입일 뿐이다.

마이크로소프트가 윈도우 11^Windows 11을 정식 출시했지만 그 자체로는 큰 주목을 받지 못했고 윈도우 11이 안드로이드 애플리케이션을 지원한다는 점에 이목이 집중됐다. 마이크로소프트도 PC와 휴대전화 융합 방향으로 크게 한 발을 내디뎠음을 보여 주는 사례다. 그러나 유감스럽게도 이들의 행보는 휴대전화와 PC 융합에 그쳤다. 미래는 다양한 단말기, 다양한 시나리오, 다양한 하드웨어의 시대이기 때문에 단순히 PC와 휴대전화의 융합만으로는 산업 발전의 수요를 충족시킬 수 없다. 윈도우 11은 출시 순간부터 이미 홍멍에 밀린 셈이다.

메타버스 소프트웨어를 지원하기 위해 어떤 기술을 도입하든, 메타버스가 작동하려면 반드시 운영체제를 갖춰야 한다.

이더리움, 디지털로 만물을 생성하다

현재 도서시장을 보면 블록체인과 이더리움 관련 책이 서점가를 점령했다고 해도 과언이 아니다. 그런데도 알면 알수록 그 새로운 이념과 깊은 철학적 사유, 간단히 실현 가능한 기술에 감탄이 끊이지 않는다. 홍멍이 여러 사람의 노력 끝에 탄생한 걸작이라면, 이더리움은 비탈릭 부테린Vitalik Buterin이 천재적인 능력을 마음껏 발휘해 낳은 기적이다.

디지털 세계에서는 어떤 조작이든 결국 데이터 상태의 변화에 반영된다. 데이터 상태는 디지털 만물의 시발점이자 종착점이 되는 것이다. 데이터 상태를 바꿨다는 것은 곧 디지털 만물을 바꿨다는 뜻으로, 디지털 창조와 디지털 시장 등 모든 분야에서 동일하게 적용된다. 데이터 상태를 바꿀 수 있는 범용 컴퓨팅을 실현한 이더리움의 키워드는 바로 '탈중앙화'다.

데이터 상태를 바꾸는 것은 중앙화된 시스템에서는 매우 쉽다. 앞장에서 언급한 영화 산업을 예로 들어 보자. 티켓을 한 장 팔면 박스오피스 숫자가 하나 늘어난다. 이런 조작은 매우 간단하다. 그러나 만약 박스오피스를 조작했다면 어떻게 될까? 예를 들어 영화관에서 티켓을 판매하고 나서 티켓 판매 수 '상태'를 수정하지 않았다면(1을 더하는 조작을 실행하지 않았다면) 판매된 티켓 수와 받은 돈의 액수가 맞지 않게 된다. 판매된 표 중 일부를 장부에 기록하지 않았기 때문에 박스오피스가 조작된 것이다. 이는 당연히 영화관에는 이득이고, 영화 제작사와 배급사에는 손실이다.

264

중앙화된 매표 시스템은 사람의 관리감독이 필요하다. 따라서 최종적인 해결방안은 영화 박스오피스를 관리감독하는 기관을 만들어 책임지도록 하는 것이다. 하지만 관리감독 부문을 설립하는 데는 큰 비용이 들고, 이는 결국 업계가 부담해야 하기에 시장 거래비용이 증가할 수밖에 없다. 이에 비해 디지털 세계에서는 관리감독 부문을 설립할 수 없다. 따라서 장부 기록 노드의 임의 데이터 상태 수정 행위를 근절하는 것이 필수 해결 과제가 된다.

다행히 이 문제는 블록체인 1.0 시대에 효과적인 해결방안을 찾았다. 해시레이트를 통해 증명한 컨센서스는 중앙집중화된 장부 기록 관리감독 기구가 없더라도 정확한 기록과 위변조 방지를 보장한다[그림 6-1].

[그림 6-1] 블록체인 1.0에서 블록체인 2.0까지
(출처: 궈성증권연구소)

이더리움은 여기서 한 걸음 더 나아갔다. 비트코인은 단순히 거래 정보만 기록했지만 이더리움은 기록하고 싶은 정보를 기록할 수 있고 프로그래밍을 통해 실현할 수 있었으며 탈중앙화 컨센서스를 계승 및 발전시켰다[그림 6-2].

2009년 비트코인이 발행된 이래 블록체인 세계는 빠르게 발전했는데 그중에서도 이더리움의 발전 추세가 무서웠다. 탈중앙화된 범용 컴퓨팅 플랫폼을 구축한 뒤, 각종 탈중앙화 응용층이 우후죽순 생겨났는데 대표적인 것이 DeFi와 NFT다.

비트코인은 디지털 세계에서 P2P 지불이 가능하다는 것을 증명했다. 이더리움은 이보다 더 나아가 P2P의 어떠한 디지털 세계의 행위도 가능하며 제3자 없이 '제로 트러스트' 거래가 가능함을 증명했다. 이는 디지털 세계에 기초적인 거래 규칙, 행위 규칙을 정함으로써 다양한 응용을 파생시켰고 블록체인 메타버스를 형성했다.

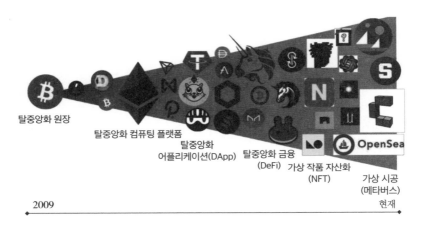

탈중앙화 원장

탈중앙화 컴퓨팅 플랫폼

탈중앙화
어플리케이션(DApp)

탈중앙화 금융
(DeFi)

가상 작품 자산화
(NFT)

가상 시공
(메타버스)

2009

현재

[그림 6-2] 블록체인의 발전: 탈중앙화 원장에서 탈중앙화 메타버스까지
(출처: 궈성증권연구소)

266

DeFi

사토시 나카모토가 처음에 비트코인을 만든 까닭은 은행의 중앙집권적 지배에서 벗어나 P2P 지불을 실현하기 위해서였다. 비트코인이 이 목표를 이뤘음은 의심의 여지가 없다. 이더리움에서 파생된 DeFi^{Decentralized Finance}는 탈중앙화된 금융으로 P2P 지불에 기반해 각종 금융 업무를 만들어낸다. DeFi에는 전통 금융기관이 끼어들 자리가 없다. DeFi 업무는 스테이블 코인(Stable coin, 가격 변동성을 최소화하도록 설계된 암호화폐-옮긴이), 대출, 거래소, 파생상품, 펀드 관리, 복권, 지불, 보험 등 다양한 분야를 포괄한다. 이는 간략하게 분류한 것이며 이 업무들은 블록처럼 서로 겹쳐져 새로운 금융 상품을 파생시킬 수도 있다. 아마도 물리적 세계에서는 이런 종류의 금융 업무를 이해하기 어려울 것이다.

금융의 탈중앙화 응용을 바라보는 시각에서는 강대국과 약소국의 차이가 있다. 중국은 현재 비트코인 채굴 산업을 강력히 규제해 비트코인 거래 및 투기를 제한하고 있다. 반면 중남미 소국인 엘살바도르는 비트코인을 법정통화로 채택했다.

중국은 은행을 거치지 않는 국제 송금은 편리한 자산 도피의 수단이라고 본다. 중미 간 경쟁이 치열한 상황에서 통제를 벗어난 자산 도피 루트는 용인할 수 없다. 그런데 왜 엘살바도르에서는 비트코인을 악용할 우려를 배제한 채 법정 통화로 통용하고 있을까? 엘살바도르는 국토 면적 2만여 제곱킬로미터, 인구 600여만 명으로 작은 나라이다. 이 나라의 공식 화폐는 미국 달러로 현재 인플레이션 충

	전통 금융	DeFi
지불과 결제 시스템	국제 송금은 각국 은행 간 회전과 업무일 기준 며칠이 지나야 완료됨. 또 수수료, 송금 증명, 자금세탁 방지법, 사생활 보호 등 수많은 문제와도 연관됨	전 세계 어떤 계좌든 암호화 화폐 송금에 최단 15초, 최장 5분밖에 걸리지 않으며 수수료도 미미한 수준임
접근가능성	2017년 기준, 전 세계 인구 중 17억 명이 은행 계좌가 없음. 빈곤, 지리적 위치, 신뢰 등이 주요 원인	DApp 방문에는 인터넷에 접속할 수 있는 휴대전화만 필요. 은행 계좌가 없는 17억 명 중 3분의 2가 휴대전화 보유
중앙화와 투명도	권력과 자금이 전통 금융 기관(은행 등)에 집중됨. 금융기관은 파산 위험이 있으며 일반 투자자는 은행의 구체적인 운영 상황을 알 수 없음	공개 블록체인(Public blockchains)상에 DeFi 프로토콜은 대부분 오픈 소스로 회계 감사와 투명도 제고에 유익

[표 6-2] 전통 금융 vs 탈중앙화 금융
(출처: 궈성증권연구소)

격으로 인해 화폐 주권을 거의 상실한 상태다. 이런 이유로 엘살바도르는 비트코인을 법정화폐로 삼으면 적어도 달러 인플레이션으로 인한 화폐 가치 급락은 막을 수 있다고 판단했다. 누구의 판단이 맞을지는 아직 알 수 없다. DeFi의 미래를 조금 더 기다려 볼 수 밖에 없다.

메타버스는 현재 DeFi에 다양한 응용 시나리오를 제공하고 있다. 7월 3일, 블록체인 게임 샌드박스The Sandbox 속 24×24센티미터의 가상 토지가 364만 달러에 낙찰돼 사상 최고가를 경신했다. 이전까지 샌드박스 속 가상 토지의 최고 거래가는 65만 달러였다.

전통적 금융기관은 게임 속 가상 자산 경매에 어떠한 도움도 줄 수 없다. 이로써 DeFi는 제대로 실력을 발휘할 기회를 포착했다[표 6-2].

NFT

NFT^{Non-Fungible Token}는 '대체 불가능한 토큰'이라는 뜻으로, 분할할 수 없는 유일무이한 자원이다. 희소성을 갖는 디지털 자산의 특징은 나눌 수 없고 오직 하나뿐이라는 것이다. 마침 현실 세계와 가상 세계의 자산은 대부분 비동질화되어 있다. NFT는 가상 물품을 매핑해 거래 실체가 되어 가상 물품을 자산화하는 역할을 한다. 사람들은 임의의 데이터 콘텐츠를 링크를 통해 블록체인상에 매핑해 NFT를 데이터 콘텐츠의 '실체'로 만들어 데이터 콘텐츠의 가치 이전을 실현할 수 있다. 디지털 자산을 매핑하면 장비, 장식품, 토지 소유권 등은 모두 거래 가능한 실체를 가지게 된다.

NFT는 메타버스를 구축하는 데 중차대한 의미를 지닌다. NFT가 생기면서 플레이어가 게임 중 구매한 각종 장비와 창조한 각종 물품이 모두 '자산'으로서 거래가 가능해졌을 뿐만 아니라 정찰 가격까지 생겼다. 여태까지는 게임 장비와 게임 '스킨' 같은 것은 자산이 아니라 일종의 서비스로서 수량 제한이 없고 생산 비용도 제로에 수렴했다. 일반적으로 운영자는 자산이 아닌 서비스 콘텐츠로서 게임 물품을 이용자에게 판매한다. 창작 플랫폼도 이와 같아 이용자가 타인의 작품을 사용하려면 지정된 비용을 지불해야 한다. 그러나 NFT로 전통적 가상 상품 거래 방식이 바뀌었다. 마치 현실 세계에서 상품을 생산하는 것처럼, 유저 크리에이터가 직접 가상 상품을 생산, 거래할 수 있다. 게임 플랫폼을 벗어나 이용자끼리도 관련 NFT 자산을 자유롭게 거래할 수 있다.

메타버스는 여전히 카오스 상태에 있다. 하지만 권위적인 중앙화 조직을 세워 메타버스 내 경제 행위를 규범화할 수는 없다. 로블록스는 이런 상황에서 과감하게 첫발을 뗐다. 로블록스는 탈중앙화 기제로 거래를 실현하지는 않았지만 로벅스와 달러 사이의 '환율' 안정을 신중하게 유지해 나가려 한다. 아마도 안정적인 환율은 로블록스 생태계의 번영을 도울 것으로 기대된다.

그렇다면 다양한 로블록스 간에 디지털 자산을 교환하려면 어떤 시스템이 요구될까? 이는 로블록스 스스로 해결할 수 있는 문제가 아니다. 이더리움은 메타버스 경제 기제를 안정시키고 메타버스는 이더리움에 풍부한 응용 시나리오를 제공해야 한다. 이더리움과 메타버스가 서로의 발전을 촉진하고 시너지 효과를 내는 것이 중요하다.

전통 산업의 호대륙, EOP

우리가 메타버스를 논하는 것은 뭔가 있어 보이게 꾸며 홍보하기 위함이 아니다. 전통 산업이 디지털 전환을 실현한 후의 최종 형태가 메타버스가 될 것임은 명백한 사실이다. 다만 현 단계에서는 가시화, 게임화 방식 외에는 딱히 이를 보여줄 방도가 없다. 그래도 메타버스는 전통 산업이 나아가야 할 방향을 알려줬다. 바로 모든 산업을 아우르는 통합 플랫폼을 구축해야 한다는 것이다. 이 플랫폼에는 디지털 창조 콘텐츠, 온라인 디지털 시장과 금융 지불 수단을 포함해야 한다. 전통 산업에서 제조는 핵심이었다. 이에 비해 게임 속의 창조는 100% '그냥' 게임이다. 그러므로 제조 단계에서 전통 산업의 통합 플랫폼은 대개 관리 시스템으로 구현된다.

EOP 개념의 탄생

산업 생태계는 디지털 경제의 기본 단위로, 이 기본 단위를 구성하는 것은 북적대는 각종 거래 및 이런 거래에서 파생된 각종 '관계', 즉 지불, 대출, 물류, 공급망 관리SCM, 그리고 생산 단위 관리다. 도대체 무엇이 이런 거래를 처리하고 이런 '관계'를 실현해, 산업 생태계가 통합된 전체성을 띠게 만드는 걸까? 그 답을 구하는 과정에서 EOP 개념이 탄생했다.

산업 생태계의 각 생산, 유통, 금융, 소비 단위는 통합적 정보 시스템 위에서 운행돼야 한다. 생태계 계약을 토대로 다양한 업종의 업무 프로세스가 유도하는 대로, 산업 생태계의 전체적 효율 향상과 총비용 감소 촉진을 목표로 해야 한다. 이때 인터넷, 빅데이터, 인공지능 등 기술을 통일적이고 종합적으로 운용하는 '정보 시스템'이 바로 EOP다. EOP는 디지털 경제 기반시설의 일부가 된다.

EOP의 'E'는 과거의 'E'와 다르다. 여기에서 말하는 'E'는 생태계Ecosystem를 의미하고, ERP의 'E'는 기업Enterprise을 의미한다. 즉 EOP는 그 범위가 크게 확대되었다. EOP는 서로 관련 있는 기업을 하나로 연결하는 역할을 한다. 과거는 내부 시스템을 연결했다면 현재는 외부 시스템을 연결한다.

O는 운영Operation을 뜻한다. ERP는 관리에 중점을 두며 기업 관리 시스템이 핵심이지만 운영은 창조를 통해 수익을 거두는 과정에 주

목해 고객, 자원 기회, 시장의 역할을 제대로 발휘하는 방법을 고민한다. 과거 ERP의 P는 계획^{Plan}이었으나 EOP의 P는 플랫폼^{Platform}을 의미해 함의가 더 넓어졌다. 결과적으로 EOP는 운영 수단을 통해 산업 자원, 기업을 하나로 연결하고 업무를 진행할 플랫폼을 제공한다.

그렇다면 EOP와 ERP는 구체적으로 어떻게 다를까?

첫째, 관심의 범위가 다르다. 과거에는 기업 내부에 주목했다면 이제는 업계 생태사슬에 포함된 기업에 주목한다.

두 번째, 목표가 다르다. 과거에는 관리 효율을 높이고 관리 비용을 낮추는 것이 목표였지만 지금은 시장 기회를 제공하고 수입 범위를 확대하고 더 Open(개방)하는 것이 목표다. 따라서 'O'는 개방의 의미도 있고 운영의 뜻도 있다. 우리는 안으로 성장하는 것이 아니라 밖으로 강해져야 한다. ERP는 프로세스를 중요한 관리 수단으로 여겨 과거에는 BPR$^{Business\ Process\ Reengineering}$을 자주 언급했는데 이제는 생태계 통합을 이야기한다. BPR은 기업 내부의 업무 프로세스를 재설계하는 것이지만 생태계 통합은 각기 다른 산업 간의 프로세스를 재설계하는 문제로 범위가 훨씬 넓고 난도도 훨씬 높다.

세 번째, 비즈니스 모델이 다르다. EOP는 산업 생태계 전체의 운영 지원 시스템으로, 기업 전체의 관리 정보 시스템인 ERP와 소프트웨어적인 속성에서 보면 같다. 그러나 ERP의 비즈니스 모델은 ERP 소프트웨어를 고객에게 '파는' 것으로, ERP와 고객 사이에 수급을 둘러싼 갑을관계가 존재한다.

그러나 EOP는 다르다. EOP 이용자는 EOP 소프트웨어를 '구매'할 필요 없이 업무적으로 필요할 때마다 '빌려' 쓰면 된다. 게다가 대개 '빌리는' 데 비용이 들지 않는다. EOP 제공자와 EOP 사용자는 더 이상 기존의 '수급'을 둘러싼 갑을관계가 아니라 함께 사업을 개척하는 '공동체'다. EOP와 그 고객이 형성한 '업무 개척 공동체'는 안정적인 산업 생태계 빌딩을 세우는 주춧돌이다.

한마디로 비즈니스 모델 면에서 보면 ERP는 그 자체가 상품이다. 그러나 EOP의 경우, EOP가 제공하는 '서비스'가 바로 상품이다. 소프트웨어에서 서비스로 변한 것은 메타적 변화이자 비즈니스 모델의 질적 변화다. 이는 새 모델과 옛 모델, 새 경제와 옛 경제를 가르는 분수령이기도 하다. ERP 회사가 이 메타적 변화를 이룰 수 있다면 완전히 새로운 존재로 거듭나겠지만, 변화에 실패한다면 그대로 무너질 것이다.

네 번째, ERP와 EOP의 가장 큰 차이는 각자의 사명이 다르다는 점이다. EOP는 전 산업 생태계의 번영을 목표로 하지만, ERP는 기업을 질서 있게 관리하는 것이 목표다. 이 때문에 ERP와 EOP는 가치관, 문화, 이념, 능력 구조, 지식 구조 등 다양한 분야에서 근본적인 차이를 보인다. 어떤 의미에서 보면, EOP는 디지털 경제를 발전시킬 사명을 짊어졌다고 할 수 있다. 또한 EOP는 디지털 경제가 산업을 재편성하는 데 방법론과 툴셋을 제공했다.

기업 측면에서 보면, EOP는 다수의 이질적인 기업들을 하나로 연결해 상생, 공생, 더 나아가 재생의 가치 순환 체계를 형성한다. 산업 측면에서 보면, EOP는 다양한 산업, 특히 3차 산업을 2차 산업, 1차 산업과 융합시키는 산업 융합 메커니즘이다. 사회적 협동 측면에서 보면, EOP는 다양한 '경제 주체'가 지역, 시간, 산업의 한계를 뛰어넘어 형성한 '사회적 협동 플랫폼'이기도 하다.

이런 의미에서 EOP는 더 이상 단순한 소프트웨어 플랫폼이 아니라 이용자와 혼연일체를 이루는, 완전무결한 경영 사상의 매개체다. EOP는 그 자체가 아니라 이용자 업무의 발전을 추진하는 과정에서 각종 서비스의 '수수료'와 '임대료'를 받아 수익을 실현한다.

EOP 기반, 디지털을 이용한 산업 재편의 특징

디지털은 산업 재편에 이용된 행정력, 자본력의 뒤를 이어 산업 재편을 이룰 역량이 되었다. 이는 디지털 경제가 농업 경제, 공업 경제와 확실히 구별되는 특징이다. 행정 재편, 자본 재편과 달리 디지털 재편은 다음 몇 가지 특징을 지닌다.

첫째, 주업의 서비스를 독점한다. 자본 재편이든 행정 재편이든 산업 재편의 근본적인 목표는 기업을 크고 강하게 키워 최종적으로 독점적 대기업을 형성하는 것이다. 자본 재편은 자본시장에서 해마다 발생하는 까닭에 관련 사례가 부지기수다.

디지털 재편은 다르다. 디지털 재편의 근본적인 목표는 산업의 전체적인 효율을 높이고 비용은 낮추는 것이다. 디지털로 산업을 재편하는 기업의 수익원은 주업이 아니라 주업과 관련해 제공되는 서비스다. 이런 수익 구조의 차이 때문에 단순히 산업 규모를 키우는 것이 아니라 업계 전체의 활력을 높이는 데 힘써야 한다. 농신후롄農信互聯을 보면, 주요 수익원은 양돈업에 제공하는 각종 서비스다. 돼지 거래를 촉진해 수수료를 챙기고, 대출을 제공해 이자를 챙기고, 물류를 제공해 운송비를 받고, 정보 플랫폼을 제공해 사용료를 받을 수 있다. 그렇다고 농신후롄이 양돈업에 종사하는 것은 아니다. 농신후롄과 양돈업체의 수익 구조가 다르기 때문에 둘은 상호 보완적인 관계가 된다. 양돈업이 발전해야만 농신후롄의 수익도 늘어난다. 따라서 농신후롄과 같은 '디지털 재편'이야말로 산업 전체의 번영을 불러올 수 있다.

두 번째, 지배 주주와 지분 참여 관계가 아니라 생태계 계약이다.

자본 재편의 특징은 기업 지분율이 바뀐다는 것이다. 자본 재편 기업은 대개 대주주의 자격을 잃어 기업의 주인이 바뀐다. 자본 재편은 본질적으로 기업 소유권이 완전한 운영권을 얻는 것이다.

그러나 디지털 재편은 다양한 업무 협력 협의, 즉 생태계 계약을 기반으로 기업들이 하나로 연합한다. 중국 최대 양돈업체 원스溫氏 그룹은 매년 양식업자와 계약을 맺어 양측의 의무와 책임을 정한다. 원스 그룹이 양식업자의 모든 판매를 책임지는 대신, 양식업자는 반드시 원스 그룹이 정한 기준을 준수해야 하며 정기적으로 원스 그룹의 검사를 받아야 한다. 다음 해에 양측은 경영 상황에 따라 계약을 연장하거나 종료할 수 있다.

이는 계약 당사자 양측의 연합 경영을 중시하는 방식이다. 양식업자는 구체적인 양식을 책임지고 원스 그룹은 사료, 판매 등 서비스를 제공한다. 양측의 공동 목표는 더 큰 수익을 내는 것이다.

디지털 재편 특징 세 번째는 단일 업계가 아니라 여러 업계가 참여한다는 것이다. 자본 재편은 대개 단일 업계에서 기업의 볼륨을 키워 단시일 내에 거대 기업을 만들어 독점 구도를 형성하는 데 집중한다. 디지털 재편은 이와 달리 다양한 업계의 융합에 집중한다. 주업을 키우는 과정에 필요한 서비스업이라면 모두 디지털 재편의 범주 안에 들어간다. 은행, 보험, 펀드, 물류, 거래 시장, 관리컨설팅 등 서비스업은 물론이고 다른 연관 서비스업을 모두 포함한다.

네 번째, 단순히 규모를 키우는 것이 아니라 업무를 융합한다.
디지털 재편을 시도하는 업체는 주업과 관련된 각종 서비스업에서 수익을 창출한다. 따라서 더 다양하고 효율적인 서비스를 제공하는 것이 디지털 재편 업체의 업무 목표다. 이 목표를 달성하려면 필연적으로 다양한 업계의 업무를 효율적으로 융합해야 한다.
자본 재편 업체는 일단 곳곳에 흩어진 감자를 자루 속에 집어넣는다. 그것을 가지고 매시드 포테이토를 만들지, 포테이토칩을 만들지는 재편이 끝난 뒤에 결정한다. 그러나 디지털 재편 업체는 먼저 업무 융합을 추진한 다음, 복합 기업으로 나아간다.

7장

웜홀,
메타버스 사이를
자유롭게 유영하다

META
VERSE

우주 속에서 생존하는 것 자체가 굉장한 행운이다. 그런데 언제부터인지 당신들은 손만 뻗으면 잡을 수 있는 것이 생존이라는 환상을 품기 시작했다. 이것이 바로 당신들이 실패한 근본적인 원인이다. -류츠신, 『삼체』

우리는 3차원 세상에서 살고 있지만 현재 주류를 이루는 디스플레이는 모두 2차원 평면이다. VR과 AR 디바이스가 우리 삶 속으로 성큼 들어서고 있다. 곧 휴대전화의 평면 세계는 끝을 고할 것이다. 디지털 세계에서의 경험은 '진실'이며 물리적 세계에서 가상과 현실의 융합을 경험한다.

단말기 형태의 변화는 업계 판도를 바꾸고 디지털 세계로의 이주를 촉진한다. 다양한 사람들이 다양한 메타버스에 모여 그 사이를 자유롭게 오갈 수 있다. 제자리에 가만히 앉은 채 온 세상을 유영한다.

과거에는 신체 기관이 손상된 탓에 부득이하게 인공 디바이스를 사용했지만 미래에는 기관의 기능을 강화하기 위해 인공 디바이스를 선택할 수 있다. 스마트 디바이스는 형체 면에서 인체와 융합하고 정신적인 면에서는 어떤 생각이든 메타버스 속에서 마음껏 실현할 수 있게 해 준다. '규소생명체'가 되는 상황이 상상도 못한 방식으로 우리 삶을 파고들 것이다. 어쩌면 우리는 '포스트휴먼 사회'로 서서히 나아가고 있는지도 모른다.

인류는 자연계의 유일한 생명체가 아니다. 우주비행사와 탐험가의 마음 깊은 곳에는 이 세상의 속박을 끊어내고 물리적 한계를 뛰어넘어 미지의 세계를 탐구하고 싶다는 열망이 솟구치고 있다. 어쩌면 미지의 것이 완벽할 수도 있다. 인류는 늘 우주, 세계, 정신에 대해 사유해 왔다. 그림, 사진, 영상, 문학작품으로 풍요로운 정신세계를 일궈 인류사상사, 예술사, 문학사의 절정기를 맞이했다.

중국에서 가장 유명한 SF 소설인 『삼체』는 3차원 세계에서는 결코 경험할 수 없는 4차원 세계의 광활함을 묘사했다. 그러나 그나마 있던 4차원 공간도 파괴되고 마지막에는 태양계마저 궤멸하고 만다. 창세와 궤멸은 예술의 영원한 주제다. 어쩌면 현실 세계에서는 궤멸이야말로 영원한 주제일지도 모른다. 영생과 초월을 어떻게 생각해야 할까? '인류의 영원한 생존'이라는 궁극적인 환상은 또 어떻게 생각해야 할까?

초현실주의 예술가들은 나름의 선택을 했다. 끊임없이 인류의 무의식을 파고들며 논리적이고 현실적인 관념을 깨부수고, 체계적인 경험과 기억을 바탕으로 한 현실 현상을 완전히 버려야 한다고 주장했다. 그들은 현실 관념과 본능, 무의식, 꿈의 경험을 융합해 인류의 잠재의식 속 깊은 곳에 자리한 구체적인 세계를 그려 냈다. 현실 세계는 이성의 통제를 받는 까닭에 인간의 수많은 본능과 욕망은 그 앞에 무릎 꿇을 수밖에 없다. 그러나 인간의 진심과 진면목을 보여줄 수 있는 세계, 현실 너머에 있는 그 절대적이고 초연한 피안의 세계, 즉 초현실의 세계가 바로 인간의 심층 심리에 존재하는, 또는 인간이 꿈꾸는 세계다.

샌드박스 게임인 마인크래프트에는 현실을 초월한 몬스터, 건물, 물리법칙이 넘쳐난다. 심지어 이용자가 직접 초현실적인 작품을 창조할 수도 있다. 그런데 이런 게임들은 메타버스의 초기 형태일 뿐이다. 게임 속에서 우리는 직접 초현실 세계를 창조할 수 있다. 모든 꿈과 상상을, 기묘하고 환상적인 것들을 완벽하고도 완전하게 만들어낼 수 있다. 물론 툴이 필요하기는 하다. 툴의 힘을 빌리면 여러 '우주' 사이를 자유롭게 유영할 수 있다. 그 툴이 바로 VR 기술이다.

휴대전화의 평면 세상을 초월하다

우리가 생활하는 공간은 3차원이다. 따라서 시각적 경험도 3차원적이다. 그러나 여태껏 인간의 생각을 담는 도구는 늘 2차원 형식으로 존재했다. 갑골문, 죽간, 종이부터 오늘날의 스마트폰, TV, 영화까지 모두 2차원이다. 영화의 특수효과, 특히 IMAX-3D 기술은 관객에게 강렬한 충격을 선사했지만 실재감을 느끼기에는 부족한 점이 많다. 무엇보다 관객 스스로 자신이 영화를 보고 있음을 '안다.' '3D' 안경을 쓰고 있지만 여전히 현실 세계의 물체들이 시야에 들어

온다. 예를 들어 스크린을 가리는 앞 좌석 관객의 '머리'는 지금 보고 있는 것이 실제가 아니라 영화일 뿐임을 수시로 알려 준다.

3차원 시각적 경험, 더 나아가 4차원 가상 현존감은 인류가 오랫동안 꿈꾸던 목표다. 기술 발전에 힘입어 휴대전화 평면 스크린이 보여 주는 세계를 뛰어넘을 날이 점차 가까워지면서 산업 판도의 대변혁이 예고됐다. 스마트폰이 확립한 비즈니스 모델은 이미 성숙을 거쳐 퇴보의 단계로 돌입 중이다. 사람들이 기대하는 것은 스마트폰을 대체할 새로운 단말기의 탄생이다.

3차원 시각적 경험은 가상과 현실의 관계에 따라 VR, AR, MR, XR, 이 4가지로 나눌 수 있다. VR(가상현실) 기술은 영화 〈레디 플레이어 원〉 속 가공의 세계처럼 현실 세계 너머의 가상 세계를 느끼게 해 준다. AR(증강현실)은 현실 세계에 가상 물체를 겹쳐 보여 준다. 차량 탑재 HUD^{Head Up Display}가 전형적인 AR 응용이다. 차량 전면 유리창에 디스플레이된 운행 정보를 통해 운전자는 물리적인 도로 위에서 가상의 도로표지를 '볼' 수 있다. MR(혼합현실)은 가상 환경에 현실 정보를 부가한다.

MR과 AR이 헷갈리기 쉬우니 여기에서 간단히 알아보자. AR의 시각적 환경은 현실이며 현실을 바탕으로 가상의 물품을 창조한다. 이에 반해 MR은 시각적 환경이 가상이며 가상을 배경으로 현실의 물품을 창조한다. 실제 응용에서는 이 두 기술이 빠르게 융합되고 있다. XR(확장현실)은 가상과 현실이 더 긴밀히 융합되는 것으로 '가짜를 진짜로 여길 때, 진짜는 가짜와 같아지고, 있는 것을 없는 것으로 여길 때, 있는 것은 없는 것과 같아지는' 경지다. 이 책에서 말하는 '가상현실'은 VR, AR, MR, XR을 따로 구분하지 않고 통합해서 쓴 표현이다. 영문 약자 'VR'을 사용한 경우는 좁은 의미의 '가상현실', 즉 'Virtual reality'를 가리킨다.

가상현실의 성장 과정

1935년, 스탠리 웨인바움Stanley Weinbaum의 SF 소설 『피그말리온의 안경Pygmalion's Spectacles』에서 작가는 아주 특별한 안경에 관해 이야기한다. 이 안경을 쓰면 마치 실제로 그 세계에 사는 것처럼 보고, 듣고, 냄새까지 맡을 수 있다. 1962년, 미국의 영화 촬영 기사였던 모튼 하일리그Morton Heilig는 최초의 VR 디바이스인 센소라마Sensorama를 발명했다[그림 7-1]. 센소라마는 SF 소설 속 안경이 현실에서 구현되었음을 보여 준다. 이 디바이스는 고정 스크린, 3D 스테레오, 3D 디스플레이, 진동시트, 팬(바람 부는 상황의 시뮬레이션) 및 냄새 생성기 등을 갖추고 있다. 그러다 보니 당연히 크기가 엄청나게 크지만 형상화 효과는 안타까울 정도로 형편없었다.

20세기에 TV 기술도 겨우 걸음마를 뗀 수준이었던 그때, 센소라마는 벌써 가상현실의 개념 몇 가지를 보여 줬다. 센소라마는 인간의 감각기관 중 시각뿐만 아니라 촉각, 후각까지 시뮬레이션할 수 있었다. 처음부터 가상현실을 '인간의 감각기관을 완전히 대체하는 것'으로 생각했음을 알 수 있다. 그러나 이 생각은 아직 소비품 분야에서 완전히 실현되지 못하고 '이상'에 머물러 있다.

[그림 7-1] 미국 영화 촬영 기사 모튼 하일리그가 발명한
최초의 VR 디바이스 센소라마[20]

1968년, 미국의 컴퓨터 과학자 이반 서덜랜드Ivan Sutherland는 오늘날의 VR 디바이스 개념에 가장 가까운 VR 글라스의 초기 모델을 발명했다. 센소라마에 비하면 이는 엄청난 발전이었다. 그러나 이 HMDHead Mounted Display는 너무 무거워 따로 머리 위에 매다는 설비가 있어야만 조금이나마 편하게 사용할 수 있었다.

재료, 통신, 형상화 기술, 컴퓨팅 기술이 발전하면서 VR 디바이스의 무게는 점점 가벼워지고 처리 능력은 향상되었다. 페이스북이 오큘러스를 20억 달러에 인수했을 때, 사람들은 VR 기술이 이미 상당한 수준에 이르렀다는 사실에 놀라움을 감추지 못했다. VR 업계 강자의 등장으로 2015~2016년 가상현실 산업 붐이 일어났다. 그렇게 탄생한 것이 '포켓몬고Pokemon Go' 게임이다. 이 게임은 전 세계적으로 엄청난 인기를 얻었다. 포켓몬고는 증강현실 게임으로 스마트폰을 통해 일상생활 시나리오 속에서 '포켓몬'을 찾으면 게임에서 승리한다. 포켓몬고의 빅히트에 자본가들은 가상현실 기술이 이미 성숙했음을 기민하게 알아차렸다. 그래서 약속이라도 한 듯 가상현실 기술에 펀딩해 투자 열풍을 일으켰다.

그러나 도저히 참을 수 없는 어지러움, 모기장 같은 3D 화면, 형편없는 브로드밴드는 VR 디바이스에 대한 열정을 꺼뜨리기에 충분했다. 처음으로 찾아온 VR 디바이스 붐의 흔적은 백화점과 놀이동산에 가면 볼 수 있는 어린이용 오락시설에만 남았다.

그러나 VR 액션 게임 '하프라이프: 알릭스Half-Life: Alyx'에 접속하면 VR 디바이스에 대한 걱정이 종적도 없이 사라진다. 정교한 디자인, 또렷한 디테일, 막힘없는 화면, 이 모든 것이 강력한 초실감을 선사한다. 하프라이프 알릭스를 통해 VR 기술의 잠재력을 확인한 자본시장은 다시금 VR 투자에 뛰어들었다.

이로 인해 오큘러스를 인수한 페이스북의 선견지명에 다들 찬사를 보내기 시작했다. 오큘러스도 만인의 기대를 저버리지 않고 올인원 VR 디바이스인 '오큘러스 퀘스트Oculus Quest'를 성공적으로 출시했고 이 시리즈는 큰 인기를 끌었다. 게다가 내재된 게임도 훨씬 다양해졌다. 2020년 퀘스트 시리즈 출하량은 천만 대가 넘었고 2025년에 이르면, VR 디바이스 출하량이 9천만 대에 이를 것으로 예상된다. VR 디바이스 시장의 성장 속도는 스마트폰 시장의 성장 속도에 버금간다.

서로의 성장을 촉진하는 게임과 장비

코로나19 팬데믹은 게임개발업체와 장비업체에 엄청난 비즈니스 기회를 던져 줬다. '홈코노미Home Economy'가 크게 기지개를 켜며 오락, 게임, 커뮤니케이션 수요의 성장을 촉진시킨 것이다. 통계에 따르면 2020년 말 기준, 게임 유통 플랫폼 '스팀Steam'의 VR 콘텐츠 수량은 이미 5,554개나 된다. 여기에 오큘러스, 바이브VIVE, 피코PICO 등 플랫폼을 더하면 현재 주류 게임 플랫폼에 올라온 VR 콘텐츠는 만 개가 넘는다. VR은 이미 '이용자 증가-장비 개발업자와 콘텐츠 개발자 수입 증가, 장비 체험감 상승과 콘텐츠 지속적 다양화-이용자 지속적 증가'의 선순환 단계에 진입했다[그림 7-2].

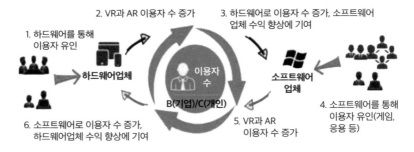

[그림 7-2] VR과 AR 하드웨어 + 콘텐츠 상호 촉진의 선순환
(출처: 공식계정 라타다오런(邋邋道人), 싱예증권(興業證券)경제금융연구원 정리)

현재 하프라이프 알릭스 게임이 엄청난 인기몰이를 하고 있다. 슈퍼데이터SuperData에 따르면, 2020년 출시된 하프라이프 알릭스 게임 하나가 거둔 이익이 2019년 출시된 모든 VR 게임의 이익 합계보다 많았으며, 2020년 전 세계 VR 게임 이익은 동기 대비 25% 성장

해 5.89억 달러에 달했다. 2020년 스팀 VR의 세션 수는 1.04억 회에 달했고 신규 이용자는 170만 명에 달했으며(처음으로 스팀 VR을 사용한 이용자 수), VR 게임 시간은 2019년 대비 30%나 증가했다.

스팀 플랫폼²¹의 월간 VR 디바이스 접속 대수가 끊임없이 최고치를 경신하고 있는데 그중 오큘러스가 50% 이상을 차지한다. 스팀 연례 보고서에 따르면, 2020년 스팀 플랫폼 신규 VR 이용자는 170만 명이고 월간 활성 VR 이용자는 205만 명이었다. Roadto VR의 추산에 따르면 현재 스팀 내 월간 VR 디바이스 접속 대수는 이미 250만 대를 넘어섰으며 끊임없이 최고치를 경신하고 있다. 페이스북은 이미 VR 소비시장의 50% 이상을 점령했다. 2021년 3월 스팀 플랫폼 월간 접속 VR 디바이스 중 58%가 오큘러스 제품이었다.

초현실 경험의 응용 범위는 무궁무진

차량 탑재 HUD^Head Up Display는 가장 광범위하게 응용되는 AR 기술이다. 운전자가 고개를 숙일 필요 없이 차량 전면 유리를 통해 운행 속도, 내비게이션 등 기본적인 운전 정보를 볼 수 있다. HUD는 이미 운전자의 주의력을 높이는 중요한 툴이 되었다. 다만 고가의 비용 탓에 고급차에만 응용된다. 그렇다고 아쉬워할 필요는 없다. 어차피 평소에 운전하면서 전방만 뚫어져라 응시할 필요는 없으니 계기판 좀 힐끗 보더라도 큰 지장이 없기는 하다. 그러나 조종사라면 이야기가 달라진다. 특히 전투기 조종사는 단 한 순간도 전방에서 눈을 떼면 안 된다. 주의력을 흩트리는 어떠한 행위도 용납되지 않는다. 그런 까닭에 HUD도 애초에 조종사를 위해 만들어진 시스템이었다.

비행 훈련에 필요한 장비는 결코 '단출한' HUD 시스템 하나만이 아니다. 영화 〈캡틴 파일럿〉은 조종석 유리창이 갑자기 깨진 극한 상황에서 항공기를 조종해야 했던 실화를 스크린에 담았다. 기장은 고도의 상공에서 가까스로 비행기를 제어하며 만신창이가 된 몸으로 시속 수백 킬로미터의 강풍과 살을 에는 추위에 맞서다 결국 무사히 활주로에 착륙했다. 이처럼 극단적인 조종 경험은 현실 세계에서라면 최대한 피해야 할 것이다. 일단 발생하면 비행기 파손은 말할 것도 없고 심각한 인명피해를 초래할 수 있기 때문이다. 다행히 기장은 뛰어난 비행 실력과 용기, 그리고 운이 따라준 덕분에 절체절명의 위기를 극복할 수 있었다.

또한 조종사는 천둥 번개가 내리치는 비구름을 뚫거나 버드 스트라이크, 조종석 유리창 파열, 엔진 작동 불능 등 극한 상황에 대처할 수 있어야 한다. 일단 특수 상황이 발생하면 어떻게 대처해야 할까? 이런 훈련은 필수적인 것으로 이런 사고에 대처해 본 경험이 없는 조종사의 비행기를 타고 싶은 승객은 없을 것이다. 반면 비행기를 조종해 보지 않으면 이런 극한 상황을 겪을 수도 없다. 이러다 보면 닭이 먼저냐, 달걀이 먼저냐 따지는 답 없는 질문만 되풀이하게 된다. 해결 방법은, 시뮬레이터에서 훈련하는 것이다. 시뮬레이터는 극단적인 시나리오를 '실제'처럼 재현하는 까닭에 조종사는 강한 현존감을 느끼게 된다. 시뮬레이터에서 조종사는 비행 기술을 익히고 압력 저항 능력을 기를 수 있다. 실제로 조종사는 이미 비행기 조종에 있어서 달인 수준에 이르렀더라도 각종 돌발 상황에 신속히 대처하는 민

첩성을 유지하기 위해 정기적으로 모의 훈련을 한다.

우주비행사는 시뮬레이터를 활용한 모의 훈련밖에 할 수 없다. 달에 가거나 화성에 가는 고난도 '동작'을 해 본 사람이 전무하거니와, 지구에는 달, 화성과 같은 자연환경이 존재하지 않기 때문이다. 따라서 과학자들은 우주비행사들의 훈련을 위해, 관측 데이터와 과학적 분석에 근거해 달, 화성과 흡사한 환경을 마련한다.

가상현실 기술은 이미 '진짜보다 더 진짜 같은 가짜'를 만들 수 있는 경지에 이르렀지만 이 정도 기술은 우주비행, 군수 산업 등 특수한 영역에서만 사용되고 있다. 왜냐하면 모의 조종석 하나를 만드는 데도 비행기 제조비용보다 더 많이 들 만큼 엄청나니 당연한 일이다. 이러한 고비용은 가상현실 기술의 보급을 가로막는 중요한 원인이 되고 있다.

가상현실을 응용하기 시작한 산업계
자동차 제조업계

VR은 자동차 외관 디자인과 조형 분야에서 두드러진 활약을 보인다. 자동차 외형 디자인 문제에 있어, VR 기술은 훌륭한 방안을 내놓았다. 디자이너는 클레이 모델을 만들지 않고도 VR 플랫폼을 이용해 3D 모델을 1:1 크기로 키워 가상 공간에서 실물 크기로 만든 모델의 디자인을 평가할 수 있다. 이를 통해 프로젝트 주기를 대폭 줄여 비용을 절감했다. 게다가 VR 플랫폼은 모델 데이터를 도출할 필요가 없고 다양한 3D 소프트웨어가 호환되는 까닭에 VR은 자동차업계로부터 각광받는 기술이 되었다.

전력에너지업계

VR 송변전 공정 설계와 배전반^{Cubicle} 개폐 송전 조작은 에너지 분야에 변혁을 가져왔다. VR 송변전 공정 설계로 고객에게 가상화된 시각적 구성을 통해 현존감을 경험하게 해 주며 작업자는 현장에 직접 가지 않고도 송전선 설계 협업을 진행할 수 있다.

리테일업계

고객이 자동차를 구매하기 전에 VR 기술로 가상 시운전을 해 볼 수 있다. 3D 전시는 이미 전자상거래 사이트에 보급 및 응용되었다. VR 디바이스로 가상 시운전을 경험할 수 있다면 자동차 판매업계에 일대 혁명이 일어날 것이다.

관광업계

미래의 여행, 관광, 문화관람은 'VR과 여행의 결합' 방향으로 발전할 것이다. VR 기술은 자연경관의 장엄한 아름다움을 보여 줄 수도 있고 인문경관의 역사적 면모도 재현할 수 있으므로 많은 디지털 박물관이 이 기술을 응용하고 있다. 포켓몬고와 같은 게임은 실제 명소와 결합해 시너지 효과를 냈다. 이는 당연히 관광업계에 새 바람을 불러올 것이다.

부동산업계

베이커자오팡^{其殼找房}(KE 홀딩스)의 데이터에 따르면, VR로 매물을 확인할 수 있게 되면서 1인당 매물 조회량이 1.8배 늘었고 온라인

체류 시간은 3.8배 늘었다. 또 7월 한 달 동안 계약 성공률이 1.4배 올랐다.

자동화 분야

가상현실을 통해 설계도 및 방안에 따라 공장 및 광산 자동화 설비의 현실 시나리오를 직접 시뮬레이션할 수 있다. VR 헤드셋HMD을 통해 가상 시나리오 속에서 프로그램 조각을 조목조목 테스트하고 마지막에 전체적인 기능 검사를 진행할 수 있다.

스포츠 분야

네덜란드 국가 대표팀은 이미 이론 교육과 훈련 중에 비욘드 스포츠Beyond Sport의 VR 기술을 도입해 훈련, 비디오 분석, 전술 복기를 진행함으로써 축구대표팀의 훈련 효과를 높이고 있다.

교육 분야

VR 360도 영상을 교육 분야에 응용하면 학생의 참여도와 학습 흥미를 크게 올릴 수 있다. VR 360도 영상 기술은 추상적인 개념을 구체화하고 이해가 안 되는 화학 성분, 아득하고 신비로운 천문 현상을 눈앞에 그려내 학습을 돕는다. 학생들을 교육할 때 내레이션, 문자 및 관련 학습 자료를 더해 학생들에게 몰입식 학습 경험을 선사하면 학습 이해도와 효율을 크게 높일 수 있다.

레저 분야

2017년 개최된 제74회 베니스 국제영화제에서 VR 영화 경쟁 부문이 신설됐다. 이는 극단적인 몰입식 영화 경험을 추구하는 현재, VR 영화가 점차 주목받고 있음을 시사한다.

얼마 전, 홍콩 관광진흥청은 'VR 시간 여행: 과거의 홍콩 속으로 VR Time Travel: Step into Old Hong Kong'라는 마이크로필름을 선보였는데 VR 기술로 과거 홍콩의 대표적인 명소를 재현했다. 관광객은 홍콩의 유명 랜드마크인 빅토리아항의 풍경을 실컷 구경할 수도 있고 과거 홍콩섬과 구룡반도의 명소에서 당시 홍콩 시민들의 일상생활을 경험하고 홍콩의 옛 정취를 느낄 수도 있다.

의료 건강 분야

2016년, 상하이 루이진瑞金병원이 VR 기술의 힘을 빌려 3D 복강경 수술 장면을 생중계하면서 중국 VR 수술 중계의 문을 활짝 열었다. 가상현실 시뮬레이션 학습은 미국 UCSF(University of California, San Francisco, 캘리포니아대학교 샌프란시스코 캠퍼스) 의과대학 브리지 교과과정Bridges curriculum 중 한 부분이다. 이 교과과정은 혁신적인 시험으로 볼 수 있는데, 학생들이 보건위생 분야의 상호 연관성을 깨닫게 하는 데 주안점을 두었다.

선천적 사시였던 제임스 블라하James Blaha는 오큘러스 Rift HMD로 VR을 경험하고 이 디바이스가 자신의 시각장애를 개선할 수 있음을 깨달았다. 제임스 블라하는 2년 동안 실제로 시험해 본 끝에 입체시 Stereoscopic vision를 80%나 회복했다. 이후 제임스 블라하는 비비드 비전^{Vivid Vision}을 설립해 사시나 약시 환자를 위한 시각장애 치료를 목적으로 한 동명의 소프트웨어를 개발했다.

광업 생산 분야

까다로운 채광 조건, 방대한 생산 체계, 가변성이 큰 채굴 환경 등의 특징 때문에 광산 채굴 산업은 심각한 위기에 직면했다. 다행히 공업화, 전기화, 정보화의 뒤를 이어 지능화가 글로벌 과학기술 혁명의 새로운 돌파구가 됨에 따라 친환경적이고 스마트하고 지속적으로 발전 가능한 지능광산이 광업계의 새로운 추세가 되었다. 휴대전화 한 대, VR 글라스 한 대로 광산 전체를 운영하는 것이 더는 꿈이 아닌 현실이 되어 가고 있다.

군사 분야

울트라 비스^{ULTRA-VIS} 시스템은 홀로그램 디스플레이와 비전 트래킹 포지셔닝 시스템을 합친 것이다. 이 시스템을 사용하면 군인의 무기 장비 데이터(총포, 탄약 정보 등)와 전투 현장 정보가 홀로그램 디스플레이를 통해 눈 앞에 펼쳐진다. 군인은 이 시스템을 통해 주위의 다른 부대, 차량, 위험 요소, 비행체의 위치를 직관적으로 확인하고 피아식별을 할 수 있다. 또한 이 시스템은 내비게이션 역할도 겸해 위험 지역을 표시함으로써 군인의 안전을 보장할 뿐만 아니라 최적의 전투 정보를 제공할 수도 있다.

미국 육군 통신과 전자 연구개발 엔지니어링 센터^{US Army CERDEC}는 AR 작전 시스템인 '전술 증강현실(Tactical Augmented Reality, 약

칭 TAR)'을 개발했다. 군인이 착용한 HMD에 증강현실 마이크로 디
스플레이를 집적한 이 시스템은 작전 명령, 전술 지도, 열화상 장치
이미지, 목표 거리 등의 정보를 HMD상에 디스플레이 할 수 있고 이
를 다른 부대원과 공유할 수 있다.

우리 주변 곳곳에서 볼 수 있는 증강현실 사례[22]

소셜 네트워크

소셜 네트워크 소프트웨어는 AR의 주요 응용 분야다. 스냅챗
(Snapchat, 스마트폰을 위한 사진 공유 애플리케이션-옮긴이)의 약진은 AR
보급을 이끌었다. 2021년 1분기 기준, 스냅챗 하루 이용자 수는 2.8
억 명에 달했고, 평균 약 2억 명이 날마다 AR 경험을 했다. 스냅챗의
초기 기능은 영상통화를 하는 이용자에게 제공되는, 사람의 얼굴 위
로 이펙트를 추가하는 AR 필터다. 이 밖에도 영상통화 경험을 제고
하는 실용적인 기능도 어느 정도 있는데, 예를 들어 헤어 컬러를 바
꾸고 친구들의 피드백을 받을 수 있다.

로레알 등의 브랜드는 이 '필터' 기능을 이용해 신제품을 홍보했
다. 스냅챗은 계속해서 AR 기능을 강화해 신체 각 부위에 대한 식별
기능을 추가했다. 예를 들어 이용자는 발 부위 식별 기술을 이용해
가상 신발을 착용해 볼 수 있다. 또 현실에서도 필터 기능을 사용할
수 있다. 이런 AR 기능들은 이용자에게는 색다른 경험을, 기업에는
새로운 광고 홍보 및 시장 마케팅 루트를 제공한다.

게임

　게임은 AR 소셜 네트워크 애플리케이션처럼 AR을 매스 마켓으로 밀어 넣은 주류 콘텐츠다. 나이언틱Niantic이 개발한 포켓몬고는 전 세계에서 메가히트를 기록하며 AR 게임 붐을 일으켰다. 포켓몬고는 출시와 동시에 전 세계를 사로잡았고 2018년 5월 기준, 월간 활성 이용자 수는 1.47억 명을 돌파했다. 2019년 초 기준 다운로드 수는 10억 건을 넘어섰으며 2020년 기준, 60억 달러 이상의 수익을 올렸다.

　포켓몬고의 특징은 현실과 가상 세계를 하나로 이어 이용자에게 현실에 기반한 AR 경험을 제공한다는 점이다. 현실 세계 곳곳에 흩어져 있는 포켓몬을 잡으려면 이리저리 바쁘게 움직여야 한다. 플레이어가 포켓몬을 만나면, 포켓몬은 마치 현실 세계의 존재인 것처럼 AR 모드로 등장한다. 또 플레이어는 포켓몬 배틀을 벌일 수도 있는데 배틀도 현실에 기반한 장소인 '포켓몬 체육관'에서 진행된다. 이뿐만이 아니다. 게임 제작사는 게임 경험과 현실 배경을 한 단계 더 결합시켰다. 예를 들어 현실에서 근처에 물이 있다면, 물 타입 포켓몬을 잡을 수 있다.

　포켓몬고는 게임 자체도 성공을 거뒀지만 광고 모드도 매우 성공적이었다. 포켓몬고는 현실 세계 곳곳에 흩어져 있기 때문에 이 점을 이용해 플레이어를 어떤 특정 지점으로 이끌 수 있다. 예를 들어 2016년, 포켓몬고는 일본 맥도널드와 콜라보해 맥도널드 매장을 포켓몬 체육관으로 변모시켰다. 포켓몬고와 제휴를 맺은 뒤로 일본 내

맥도널드 매장의 평균 이용객 수가 2천 명 이상 늘었다. 이후 미국 스프린트Sprint도 나이언틱과 제휴해 미국 전역 1.05만 개 매장에서 위와 비슷한 형태의 콜라보를 진행했다.

AR 게임은 집안 풍경과도 융합된다. 닌텐도가 내놓은 AR 레이싱 게임 '마리오 카트 라이브: 홈 서킷Mario Kart Live: Home Circuit'이 그것이다. 플레이어는 카메라가 내장된 RC카로 레이싱을 진행한다. 집 안에 서킷을 만든 다음, 증강현실 기술로 기존 마리오 카트 게임 속 요소를 현실에 중첩시킨다. 이 게임에서는 RC카와 집 안의 가구만 실체고 나머지 콘텐츠는 AR로 중첩한 그래픽 요소다.

교육

AR은 참신하고 재밌는 교육 경험을 창조하는 데도 활용할 수 있다. 다른 분야 애플리케이션과 달리, 교육 애플리케이션은 대개 기존의 도서출판업체, 방송사, 교육업계 종사기업, 공익기관이 개발하는데 현재 교육업계 참여자들은 AR과 교육의 접목에 열중하고 있다. 교육 관련 애플리케이션은 대개 통신업체와 제휴를 맺기 때문에 앞으로 모바일 통신업체의 AR 시장 진입에 중요한 교두보가 될 수 있다.

유럽 입자물리 연구소Conseil Européenne pour la Recherche Nucléaire와 구글 예술 문화 부문이 협력해 출시한 '우주대폭발Big Bang' AR 애플리케이션이 가장 대표적인 예다. 개발자는 AR로 빅뱅에서 시작된 우주의 형성 과정을 보여 주는데 이용자는 손동작으로 초신성을 폭발시키거나 행성을 손 위에 올려놓을 수 있다. 빅뱅 AR 애플리케이션은 상호작용 학습의 완전히 새로운 경험을 선사한다.

리테일

AR 소셜 네트워크와 여행 애플리케이션은 종종 리테일 업체, 브랜드 업체와 제휴해 가상 물건을 실제 물체상에 중첩해 소비자가 '먼저 써 본 다음에 구매'할 수 있도록 해 준다. 또 현실 풍경에 가상 물건을 중첩해 소비자를 상점이나 식당으로 끌어들일 수 있다.

현재 전문적인 리테일 애플리케이션도 등장했다. LG U플러스 자회사 아이캔디랩Eyecandylab은 2019년 augmen.tv 서비스를 출시했다. 제휴 쇼핑 채널에서 이용자가 휴대전화를 집어 들고 TV에 조준하기만 하면 TV 속 물건을 집 안으로 '끌어낼' 수 있다. 이용자는 물건을 원하는 곳에 배치하고 상호작용해 보면서 실내에 어울리는지 눈으로 보고 판단하게 된다. 또 원한다면 물건을 직접 클릭해 구매할 수도 있다.

이 밖에도 다수 리테일업체가 자체 애플리케이션을 출시했다. IKEA Place 애플리케이션을 통해, 이용자는 실물 크기의 IKEA 가구 모형을 집 안에 배치해 전체적인 인테리어와 조화를 이루는지, 크기가 적당한지도 파악할 수 있다. 소비자 입장에서 이 애플리케이션은 매우 실용적이다. 다른 가구업체들도 비슷한 애플리케이션을 속속 내놓으면서 AR 기능이 빠른 속도로 보급되고 있다.

내비게이션

내비게이션도 AR 기능이 적극적으로 응용되는 분야다. 구글맵

Google Map과 구글어스Google Earth는 모두 AR 기능을 도입했다. 더욱 직관적인 내비게이션 기능을 제공한다는 실용적인 목적 외에, 식당이나 랜드마크 등 실제 장소에 '로케이션 마크'를 중첩해 고객이 추가 정보를 쉽게 얻을 수 있도록 했다.

관광

'AR+서호西湖'는 중국 항저우杭州의 AR여행 애플리케이션이다. 서호는 유네스코가 세계문화유산으로 지정한 유명한 관광지로 AR은 서호를 찾는 여행자들에게 더 다양한 콘텐츠를 제공하고 몰입식 전망 경험을 선사한다. 관광객은 '손바닥 위의 서호掌上西湖' 앱을 다운받아 'AR 서호 여행'을 터치해 들어간다. 그리고 휴대전화로 관광 명소를 조준하면 곧바로 스크린에 해당 명소에 관한 배경 이야기가 나타나 관광객의 눈길을 사로잡는다. 'AR+서호' 여행 코스 중 1.4킬로미터에 달하는 코스에서 AR 체험을 할 수 있다.

또 '손바닥 위의 서호'는 전체 관광 코스에서 AR 스마트 내비게이션, 가이드 및 쇼핑 가이드 기능을 실현해 관광객이 더 즐겁고 편하고 보람찬 여행을 만끽할 수 있도록 최대한의 편의를 제공한다.

스토리지

기업이야말로 HMD 장비 수요를 엄청나게 일으키는 효자 노릇을 톡톡히 하고 있다. 전용 HMD는 노동자의 두 손에 자유를 줬다. 단순 작업(창고 피킹)이든 복잡한 작업(AR 보조 수술)이든 AR은 만능 보조 수단이다.

운송업체 DHL은 구글 글라스Google Glass를 이용해 창고 피킹 정확도, 생산력, 효율을 제고했다. 2015년 파일럿 테스트에 성공한 뒤, 현재 AR 글라스는 DHL 전 세계 창고 작업 시 기본 구성품이 되었으며 AR 글라스 덕분에 각 창고 생산력은 평균 15%나 향상되었다.

메타버스, 가상현실을 응용한 궁극의 시나리오

다양한 산업에서 가상현실을 응용하고 있는 실례를 살펴보았지만 아직 메타버스는 일부 분야에 선별적으로 적용하는 실험 단계에 머물러 있을 뿐이다. 물론 기술적 한계 요소가 크다. 하지만 앞으로는 가상현실 기술을 고립적으로 응용하지 말고 스마트폰 시대가 이룬 디지털 창조, 디지털 시장, 디지털 소비, 디지털 자산의 틀을 이용해, 신속하게 응용 범위를 확장해 세세한 영역에서 선두를 지켜야 한다.

관광업을 예로 들어 보자. 단순히 실제와 똑같은 명승지를 구현해 놓고 VR 기술로 구경하라고 하는 것은 활로가 없다. 아무리 아름다운 풍경도 여러 번 보면 질리는 법이다. 여행의 진정한 묘미는 사람과 사람 사이의 경험이다. 여행지에 동행한 사람이 눈 앞에 펼쳐진 아름다운 풍광보다 훨씬 중요하다. 물리적 세계보다 더 다양한 경험을 할 수 있는 가상 세계를 만드는 것이 성공 비책이다. 이는 메타버스의 2가지 특징, 즉 몰입감과 소셜 네트워크로 귀결된다.

게임은 경험이 나아가야 할 길을 보여 준다. 게임 속에서 스토리, 플롯이 차지하는 비중이 점차 슈팅이나 액션보다 커질 것이다. 게임에서 함께 겪은 경험이 M세대Multimedia Generation 전체의 기억이 될 것이다. 가상현실, 몰입감, 소셜 네트워크, 심지어 경제 행위까지 하나로 엮을 수 있는 것이 메타버스다. 메타버스는 가상현실 기술의 성장을 이끌고, 가상현실 기술은 메타버스 번영의 토대를 다진다.

단말기의 진보와 산업의 변혁

단말기는 영어로 'Terminal'이라는 통신용어로, 원래 컴퓨터 본체에서 멀리 떨어진 입출력장치를 일컫는 말이었으나 현재는 일반적으로 말단 이용자와 상호작용하는 인터넷 장비를 가리킨다. 예를 들어 휴대전화가 전형적인 단말기인 셈이다. 자율주행 자동차도 단말기의 일종으로 볼 수 있다. 옛날에 사용되던 필름카메라는 네트워킹 기능이 없기 때문에 단말기라고 볼 수 없다.

단말기는 통신기술, 네트워크 기술, 칩, 소프트웨어, 센서, 제조 기술 등 각종 기술을 종합적으로 응용한 것으로 진보적인 기술과 선진적인 비즈니스 모델을 대변한다.

지리吉利홀딩스 회장 리수푸李書福는 우스갯소리로 말했다.

"자동차는 그냥 바퀴 4개 달린 소파 아닙니까?"

일론 머스크도 유쾌하게 이런 말을 했다. "자동차는 그냥 바퀴 4개 달린 태블릿 PC 아닌가요?" 그 후 테슬라가 혜성처럼 나타났다. 자동차도 새로운 형태의 단말기로 진화해 기존 자동차 산업의 판도를 뒤엎기 시작했다.

VR과 AR은 모두 새로운 형태의 단말기다. 테슬라가 갑자기 나타

300

나 자동차 산업을 뒤엎은 것처럼 VR과 AR 단말기의 보급은 산업에 일대 변혁을 일으킬 것이다.

이제 단말기의 발전사를 돌아보면서 가상현실이 나아갈 길을 모색해 보자. 단말기와 산업의 변혁을 이해하려면 아이팟[Pod]부터 살펴봐야 한다.

아이팟의 위대한 공적

아이팟은 휴대용 디지털 음악 플레이어 역사에 길이 남을 공적을 세웠으며 아직까지 누구도 아이팟을 뛰어넘지 못했다. '애플이 아이팟을 먼저 개발했나, 아니면 아이튠즈[iTunes] 소프트웨어를 먼저 개발했나?' 이 문제는 아마 애플의 열성팬이라고 자부하는 사람조차 쉽게 답하지 못할 것이다.

2000년 무렵의 미국에서는, 사람들이 P2P 소프트웨어에서 음악을 다운받아 CD로 구웠다. 그러나 소프트웨어를 다운받고, 굽고, 또 CD 버너를 조작하는 일은 쉬운 일이 아니기에 음악에 제대로 미친 사람들만 기기를 다루는 방법을 연구했다. 바로 이 지점에서 엄청난 사업 기회를 포착한 스티브 잡스는 음악 재생 관리 프로그램 '리오[Rio]'의 창업팀을 인수해 늘 그래왔던 것처럼 가혹한 요구를 내걸어 훨씬 더 간단하고 사용하기 쉬우며 사용자 경험을 최적화한 제품으로 변모시켰다. 이 제품이 바로 훗날의 아이튠즈다.[23]

아이튠즈가 출시된 뒤, 잡스는 아이튠즈와 세트를 이뤄 사용자가 더 편히 음악을 들을 수 있도록 해 줄 제품을 만들고자 했다. 이렇게 해서 탄생한 것이 아이팟이다. 사실상 대다수 독자가 생각하는 바와 달리, 아이튠즈가 먼저 개발됐고 뒤이어 개발된 것이 아이팟이다. 아이튠즈 출시 초기, 플레이어는 있는데 플레이할 노래가 없는 황당한 상황에 직면했다. 하지만 그 당시 음반회사들도 사정이 썩 좋지 않아 날이면 날마다 불법 음반 유통 문제로 골머리를 앓고 있었다. 이에 스티브 잡스는 할리우드에서 창업했던 경험과 시장 흐름을 통찰하는 천재성으로 5대 음반회사를 설득해 디지털 음악 판매권을 얻어냈다. 잡스는 곡당 가격을 도저히 안 사고는 못 배길 '99센트'로 결정했고 음반회사는 이 중에서 70센트를 가져갔다. 이리하여 아이튠즈 스토어가 탄생해 '음악회사도, 예술가도, 애플도, 이용자도 이윤을 얻는' 4자 원원 비즈니스 모델이 구축되었다. 그 결과, 아이튠즈 스토어는 출시된 지 6일 만에 100만 곡을 팔았고 첫해에 판매한 곡은 총 7천만 곡이었다. 2006년 2월, 아이튠즈 스토어는 10억 곡을 판매했으며 2010년 2월에는 100억 곡을 판매했다.

'아이팟+아이튠즈 스토어' 모델의 성공을 계기로, 사람들은 하드웨어, 소프트웨어, 콘텐츠(음악)가 합쳐져 최상의 사용자 경험을 제공한다는 사실을 깨달았다. 애플이 대량의 아이팟을 통해 음악 판매 루트를 통제하면서 음악 산업 전체에 변혁이 발생했다[그림 7-3].

앱스토어App Store는 대개 응용 상점으로 이해된다. 앱스토어는 애플이 아이폰과 아이팟 터치, 아이패드, 맥Mac을 위해 만든 서비스로, 이용자가 아이튠즈 스토어나 맥 앱스토어Mac App Store에서 아이폰이나 맥을 위해 개발된 응용프로그램을 훑어보고 다운로드하는 것을 허락한다. 이용자는 구매하거나 무료 샘플을 신청해 이 응용프로그램을 아이폰과 아이팟 터치, 아이패드, 맥에 직접 다운받을 수 있다. 여기에는 게임, 달력, 번역 프로그램, 사진 갤러리를 비롯해 수많은 실용적인 소프트웨어들이 포함되어 있다. 앱스토어는 아이폰과 아이팟 터치, 아이패드, 맥 응용프로그램 상점에서도 이름이 같다.

이 모델에서 아이팟은 독립적인 음악 플레이 디바이스로서 선풍적인 인기를 끌었다. 같은 종류의 MP3 플레이어는 아이팟에 비하면 싸구려 모방품 같았다. 음악을 들으려는 사람은 누구나 아이팟을 먼저 떠올렸고 아이팟을 사용하면서 다른 플레이어를 사용하는 사람은 없었다. 객관적으로 아이팟은 음악 포털의 특징을 제대로 갖췄다.

아이튠즈 스토어는 음반회사와 제휴하는 비즈니스 모델을 구축했는데 수익 배분율이 7:3 정도로, 음반회사가 훨씬 더 많은 수익을 가져갔다. 아이튠즈 스토어에서 음반회사는 불법 음반을 걱정할 필요가 없었다. 애플은 한 단계 더 나아가 뛰어난 음악인들과 직접 계약을 맺어 그들이 음반회사를 거치지 않고 다이렉트로 아이튠즈 스토

[그림 7-3] 범우주적 인터넷의 초기 형태를 만든 아이튠즈와 아이패드

어에서 신곡을 발표할 수 있게 했다. 이렇게 애플이 음반회사의 기능 중 일부를 대신하는 동시에 아이튠즈 스토어를 통해 이윤을 얻는 제3자가 대폭 증가하면서 아이튠즈 스토어는 널리 사랑받는 음악 판매 플랫폼이 되었다.

소비자의 입맛을 맞추기란 보통 어려운 일이 아니다. 이에 애플은 음반째로 판매하던 관례를 깨고 이용자가 단독으로 한 곡씩 구매할 수 있도록 했다. 더 이상 좋은 노래와 듣기 싫은 노래가 섞인 음반을 통째로 구매하도록 강요하지 않았다. 음반을 파편화해 개별 곡들로 나눠 이용자의 니즈를 최대한 만족시킨 것이다.

소비자 입장에서 '아이팟+아이튠즈' 모델의 데이터 측면을 정리해 보자. 음악은 아이팟과 아이튠즈에 동시에 보존될 수 있으며 아이팟과 아이튠즈 사이에는 '동기화' 기제로 일관성을 유지한다. 한편 동기화된 데이터 속에는 '재생 목록' 데이터가 포함되어 있다. 재생 목록은 소비자의 '취향'으로 개개인의 성향이 담겨 있어 이용자마다 재생 목록이 다 다를 것이다. '아이팟+아이튠즈' 메커니즘에서 '재생 목록'은 아이팟에만 들어 있는 것이 아니기에 아이팟을 새 것으로 바꿔도 자신이 좋아하는 곡을 쉽게 찾을 수 있다.

이러한 데이터 '동기화' 메커니즘은 순수 인터넷 응용과는 다르다. 순수 인터넷 응용은 이용자의 '단말기'에 아무런 데이터도 담겨 있지 않다. 다시 말해 범인터넷화된 단말기는 오프라인 상태에서도 여전히 핵심 기능을 발휘할 수 있다. 만약 인터넷이 연결된 상태라면 이용자는 훨씬 더 많은 데이터를 얻을 수 있다. 이에 반해 순수 인터넷 응용은 오프라인 상태에서는 쓸 수 없다. 이 또한 범인터넷화 응용과 순수 인터넷 응용 간의 중요한 차이다.

음반업계에 울린 장송곡

아이튠즈를 통해 곡을 팔아 주겠다는 잡스의 말에 고개를 끄덕였던 음반회사 사장들은 자기 손으로 이 업계를 끝장내게 될 줄은 꿈에도 몰랐을 것이다. 아이팟이 출시되기 전까지, 가수는 음악을 만들고, 음반회사는 음반을 제작해 판매했다. 그리하여 대형 음반회사는 업계의 정점에 자리해 있었다. 만약 음반회사와 계약을 못 하면 아무리 뛰어난 가수라 할지라도 대중과 만나기란 요원했다. 그러나 아이팟이 생기면서 상황이 변하기 시작했다.

음악애호가들은 아이팟이 구현하는 깨끗한 음질과 언제 어디서나 음악을 들을 수 있는 경험을 좋아했다. 이보다 더 중요한 것은 아이튠즈를 통해 자신이 좋아하는 곡을 마음대로 살 수 있고 그 자리에서 아이팟으로 들을 수도 있다는 점이었다. 더는 레코드가게로 달려가 음반을 통째로 사서 집으로 들고 가 좋아하는 곡만 선별해서 들어야 하는 수고를 할 필요가 없어졌다.

음반회사의 음반 발매 능력은 아이튠즈가 대신했다. 가수들은 자신이 만든 곡을 아이튠즈에 손쉽게 올릴 수 있다는 사실을 깨달았다. 그리하여 아이튠즈는 최대 음악 배급사가 되었다. '아이팟+아이튠즈' 모델 덕분에 음악애호가와 음악창작자 사이가 긴밀하게 연결되면서 더는 음반회사가 설 자리가 없어졌다. 그렇게 음반회사는 영원히 이 세상에서 자취를 감추었다.

애플은 음악 산업에서 큰 성공을 거뒀다. 업계 하나를 통째로 날려 버릴 정도로 완벽한 성공이었다. 그 후 애플은 다른 산업으로의 진출을 모색했는데 그 과정이 지독히도 험난했다. 가장 전형적인 예를 들자면 지금까지도 애플은 TV 산업을 차지하지 못하고 있다. 가장 큰 이유는 음반회사들의 쓸쓸한 말로를 목격하고 충격을 받은 대형 드라마 제작사들이 애플에 대항하기 위해 단 한 곳도 애플과 깊은 협력관계를 맺지 않았기 때문이다.

아이폰 앱스토어의 성공 스토리

언급했듯이 아이팟은 가공할만한 빅히트를 쳤다. 2005년, 아이팟 장비 판매수익이 애플 회사 전체 수익의 45%를 차지할 정도였다. 그런데도 잡스는 의기양양해지기는커녕 깊은 근심에 빠졌다. 스티브 잡스는 아이팟의 위세를 꺾을 존재는 틀림없이 휴대전화일 것으로 생각했다. 휴대전화 안에 음악 재생 소프트웨어가 깔리는 순간, 아이팟은 더 이상 설 자리가 없는 것이다.

다행히 애플은 전 세계를 휩쓴 스마트폰인 '아이폰iPhone'을 개발해 냈다. 과연 잡스가 예상한 대로 아이폰에는 아이팟 음악 재생기가 내장됐다. 그뿐만 아니라 아이팟 시대에 효과를 톡톡히 본 '뮤직 스토어'를 본떠 그보다 더 확장된 개념인 '앱스토어'를 마련했다. 소비자는 앱스토어를 통해 사진에 액자 효과를 넣는다든지, 매일 달리기를 한 거리를 기록할 수 있는 등의 재미있고 다양한 응용 소프트웨어를 다운받을 수 있었다.

2008년 3월 6일, 애플은 앱 개발자가 아이폰 및 아이팟 터치용 애플리케이션을 개발하기 편하도록 소프트웨어 개발 키트Software development kit를 무료로 다운받을 수 있도록 제공했다. 3월 12일, 일주일도 안 된 시점에서 애플은 이미 다운로드 횟수가 10만 회가 넘었다고 발표했다. 3개월 뒤, 이 숫자는 25만 회로 늘어난다. 다들 알다시피 애플은 처음부터 제품 및 기술과 관련해 특유의 폐쇄성을 보였다. IBM이 호환 PC를 출시하자, 마이크로소프트 등 다른 소프트웨어 회사도 PC를 둘러싸고 수많은 오피스, 오락 소프트웨어를 개발해 소프트웨어에 대한 이용자의 의존성을 이용했다. 이로써 수많은 PC 이용자들을 빼앗을 수 있었다. 그러나 애플의 Mac 컴퓨터는 소프트웨어와 하드웨어의 호환성 문제 때문에 줄곧 회사의 관심 밖이었던 탓에 10% 정도의 '절대 충성팬'만 보유하고 있었다. 애플이 SDK를 내놓은 것은 처음으로 개인과 기업 개발자에게 화해의 제스처를 취한 것이나 다름없다.

한편 이용자가 애플리케이션을 구매할 때 지불하는 비용은 애플과 앱 개발업체가 3:7의 비율로 나눈 까닭에 하룻밤 사이에 벼락부자가 된 사람들의 신화가 만들어졌고, 이는 전 세계 수많은 기업 개발자와 개인 개발자를 끌어들였다. 수많은 개발자가 벌떼처럼 앱스토어로 몰려들면서, 서서히 비즈니스 생태계가 형성되었다.

2008년 7월 11일, 애플 앱스토어가 출시됐다. 800개나 되는 다운로드 가능한 앱은 무려 천만 건에 달하는 다운로드 수를 기록했다. 2009년 1월 16일, 애플리케이션 수는 1.5만 개 이상으로 늘었고 5억 회 이상 다운로드됐다. 2021년 기준, 앱스토어에 있는 애플리케이션 수는 200만 개가 넘는다.

'앱스토어'는 콘텐츠 창조 산업을 탄생시켰는데 이는 정보 산업 전체에 엄청난 영향을 미쳤다. 상황이 이쯤에 이르자 모두의 머릿속에 똑같은 생각이 떠올랐다.

'애플 앱스토어에 있는 수많은 애플리케이션 중 하나가 될까, 아니면 우리만의 앱스토어를 만들까?'

아이폰은 최고의 인기를 구가한 휴대전화 중 하나로 '포털^{Potal}'의 역할을 했다. 전화통화를 하든, 게임을 하든, 블로그를 방문하든, e-잡지를 읽든, 사람들의 일상은 아이폰에서 시작해 아이폰으로 끝났다. 앱스토어는 플랫폼이 되어 수많은 개발자 사이의 이익 분배 문제를 해결했고 소프트웨어 애플리케이션을 보급하는 주요 루트가 되었다. 앱스토어에는 사람들의 업무, 휴식 및 오락 활동, 쇼핑 등 갖가지 니즈를 만족시키는 오만가지 애플리케이션이 넘쳐났다.

이제 빅데이터 측면에서 앱스토어를 살펴보자. 이용자는 애플리케이션을 다운로드하거나 업데이트할 때만 앱스토어를 사용한다. 이용자가 애플리케이션을 사용할 때 발생하는 '행위 데이터^{Behavior} ^{data}'와 '콘텐츠 데이터'는 수집되거나 기록되지 않는다. 다시 말해 소비자가 앱스토어에서 애플리케이션을 다운로드하는 데이터만으로는 '빅데이터'를 구성할 수 없다. 활성 데이터가 부족하기 때문이다.

아이패드^{iPad} 태블릿 PC가 출시되면서 데이터 문제는 더 두드러졌다. 아이폰에 저장된 대량의 사진, 주소록, 음악, 파일 등의 자료를 아이패드에서 쉽게 보는 방법이 없을까를 고민해야만 했다. '만약 아이폰을 잃어버리면 이 자료들은 어떻게 찾을 수 있을까'와 같은 고민은 '아이클라우드iCloud'의 탄생을 불러왔다.

완전한 비즈니스 판도를 구축한 아이클라우드

2011년 5월 31일, 애플은 클라우드 서비스 상품인 아이클라우드를 공식 발표해 메일, 캘린더, 연락처의 동기화 기능을 제공했다. 이 밖에 아이클라우드는 강력한 스토리지 기능을 갖추고 있어 구매한 음악, 애플리케이션, e북을 저장할 수 있고 이를 다른 모든 디바이스로 전송할 수 있다. 즉, 아이클라우드는 처음으로 아이폰, 아이팟 터치, 아이패드, 심지어 맥 컴퓨터 등 모든 애플 기기 간의 연동을 실현했다. 아이클라우드를 통해 애플 제품은 다수 데이터 소스로부터 데이터 수집, 통합 저장 및 색인 기능을 실현해 빅데이터 센터 구축의 기반을 다졌다.

아이클라우드는 크게 포토스트림, 아이클라우드 드라이브, 캘린더, 연락처, 메일, 아이북스iBooks의 백업 및 복원 기능을 가지고 있다. 표에서 알 수 있듯이 모든 기능이 애플 이용자의 데이터를 수집하는 소스다[그림 7-4].

포토스트림 기능은 이용자가 다수의 iOS 디바이스를 통해 실시간으로 사진을 공유할 수 있게 하는 기능이다. 포토스트림 기능을 사용하는 디바이스는 Mac과 아이패드다. 디지털 카메라에서 사진을 컴퓨터로 옮기면 아이클라우드는 WLAN을 통해 이 사진들을 즉각 이용자의 아이폰, 아이패드, 아이팟 터치로 전송한다. 이용자는 별

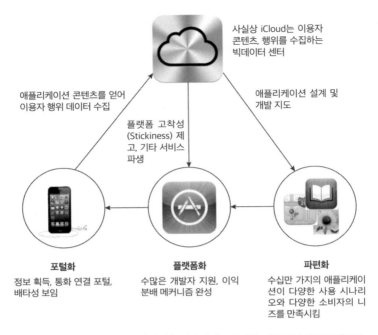

사실상 iCloud는 이용자 콘텐츠, 행위를 수집하는 빅데이터 센터

애플리케이션 콘텐츠를 얻어 이용자 행위 데이터 수집

애플리케이션 설계 및 개발 지도

플랫폼 고착성 (Stickiness) 제고, 기타 서비스 파생

포털화

정보 획득, 통화 연결 포털, 배타성 보임

플랫폼화

수많은 개발자 지원, 이익 분배 메커니즘 완성

파편화

수십만 가지의 애플리케이션이 다양한 사용 시나리오와 다양한 소비자의 니즈를 만족시킴

[그림 7-4] 애플 범인터넷 패러다임을 완성시키는 마지막 퍼즐 조각, 아이클라우드

도로 동기화를 하거나 이메일에 첨부파일로 보내는 괜한 수고를 할 필요가 없으며 파일을 전송할 필요도 없다. 사진은 저절로 모든 애플 디바이스에 공유된다. 또 이용자는 사진을 공유할 사람들을 선택할 수도 있다. 이용자는 사진을 본 사람들의 의견 게재를 허용할 수도 있고 각 의견에 피드백을 줄 수도 있다. 포토스트림 기능으로 영상 데이터를 통합 보존할 수 있게 돼 영상 데이터 수집이 편해졌다.

아이클라우드 드라이브 기능은 맥, 아이폰, 아이패드, 아이팟 터치에서 파일과 파워포인트 생성을 지원한다. 또한 아이클라우드는 모든 iOS 디바이스상에서 이 파일의 업데이트를 지원한다. 아이클라우드는 이미 Keynote, Pages, Numbers 등 앱에 내재되어 있으며 아이클라우드를 지원하는 다른 앱과 함께 사용할 수도 있다.

이뿐만이 아니다. 이용자가 어떤 디바이스에서 구매한 앱은 자동으로 다른 디바이스에도 동기화된다. 이 기능은 혁신적인 의미가 있다. 개발자는 애플이 제공한 iCloud API를 통해 자신이 개발한 애플리케이션이 만들어낸 데이터를 클라우드에 저장할 수 있다. 이용자가 아이클라우드를 지원하는 애플리케이션을 사용할 때, 굳이 따로 업로드하거나 데이터를 동기화할 필요가 없다. 즉, 여러 디바이스의 문서를 동시에 편집할 수 있는 것이다. 애플도 이런 방식으로 더 가치 있는 애플리케이션 데이터를 얻어 빅데이터 응용을 위한 기반을 마련했다.

캘린더, 주소록, 메일 기능은 이용자가 아이클라우드에 개인 데이터를 저장할 수 있게 해 준다. 또한 저장된 데이터는 모든 디바이스에서 실시간으로 업데이트된다. 메일주소를 삭제하거나 캘린더에 일정을 추가하거나 주소록을 업데이트하는 등 데이터에 변경이 생기면 아이클라우드는 모든 디바이스의 데이터를 똑같이 업데이트한다. 마찬가지로 메모, 알림, 북마크도 동기화된다. 캘린더, 주소록, 메일, 이 3가지 데이터 소스는 이용자의 가장 사적이면서도 가치 있는 데이터를 제공한다. 애플이 이용자의 개인정보를 수집할 수 있다면 최적의 맞춤형 서비스를 제공할 수 있게 된다.

아이북스도 경쟁력 있는 기능이다. 모바일 전자책 독서는 가장 광범위한 잠재고객층과 잠재시장을 가지고 있어 각 단말기업체, 서비스업체, 애플리케이션 개발업체 및 운영업체가 각축을 벌이는 분야다. 애플은 원활하고 통합적인 이용자 경험을 통해 수많은 이용자를 확보했다. 아이클라우드의 출현은 아이북스의 시장 지위를 더욱 공고히 하는 역할을 했다. 일단 이용자가 아이북스에서 전자책을 받으면 아이클라우드는 자동으로 이 전자책을 이용자의 모든 디바이스로 전송한다. 다른 부분에서도 아이클라우드는 데이터를 동기화할 수 있다. 예를 들어 이용자가 아이패드에서 전자책을 읽기 시작해 글자를 적거나 노트를 기록하거나 북마크를 추가하면 아이클라우드가 자동으로 이용자의 아이폰과 아이팟 터치를 업데이트한다.

백업과 복원 기능도 주목할만 하다. 이용자의 아이폰, 아이패드, 아이팟 터치에는 온갖 중요 정보들이 잔뜩 들어 있다. 전원이 연결된 상태에서, 아이클라우드는 날마다 WLAN을 통해 정보를 자동으로 백업하는데 이 과정에서 이용자는 아무런 조작도 할 필요가 없다. 이용자가 새로운 iOS 디바이스를 설치하거나 기존의 디바이스에 정보를 복원할 경우, 아이클라우드 백업이 모든 문제를 해결해준다. 이용자가 디바이스를 WLAN에 접속하고 애플 ID와 패스워드만 입력하면 된다. 백업과 복원은 이용자에게 편의를 제공하는 기능이면서 애플에게도 의미가 큰 기능이다. 즉, 이 기능을 통해 이용자의 데이터를 최대한으로 수집해 다른 서비스를 파생시킬 수 있고 다른 애플리케이션의 설계와 개발에 시사점을 얻을 수도 있다.

만약 60년 전에 아이클라우드의 의미를 깨달았다면 그 가치는 아이폰의 성공을 훨씬 뛰어넘었을 것이다.

컴퓨터는 세상에 등장한 그 순간부터 줄곧 '데이터 센터'로서 기능해 왔다. 모든 문서, 자료가 PC에 고이 보관됐다. 그런데 갑자기 등장한 아이클라우드가 PC의 '데이터 센터' 기능을 대체해 버렸다. 아이클라우드는 순수 인터넷 애플리케이션과 다른, 범인터넷화된 애플리케이션으로 아이팟 시대의 음악 관리 아이디어와 일맥상통한다.

디지털 경제 비즈니스 모델 확립

'아이팟＋아이튠즈'에서 '아이폰＋앱스토어'로, 다시 '아이폰＋앱스토어＋아이클라우드'로 진화하면서 디지털 창조, 디지털 시장, 디지털 소비, 디지털 자산 등 각 파트를 모두 포함한 디지털 경제의 비즈니스 모델이 확립되었다.

2011년, 아이클라우드의 출시는 디지털 경제 비즈니스 모델의 확립을 의미한다. 10년 동안 모든 빅메이커가 디지털 창조, 디지털 시장, 디지털 소비, 디지털 자산을 둘러싸고 각축을 벌여왔다. 이 중 샤오미의 약진이 가장 대표적이다.

애플의 비즈니스 모델을 완전히 카피한 샤오미는 애플의 하위버전 정도로 생각할 수 있다. 2010년에 설립된 샤오미는 단 10년 만에 세계 500대 기업에 이름을 올렸다.

이제 남은 것은 단말기의 변화뿐

2007년 애플이 출시한 1세대 아이폰은 스마트폰 시대의 도래를 선포했다. 올해로 1세대 아이폰이 출시된 지 14년이 지났다. 그동안 하드웨어, 소프트웨어 모든 분야에서 놀라운 발전이 있었다. 이제 스마트폰이 없으면 일상생활과 업무에 엄청난 불편함이 따르게 되었다.

1세대 아이폰은 외관부터 남달랐다. 10개가 넘던 버튼이 싹 사라진 휴대전화에는 단 1개의 버튼만 남았다. 얼핏 봐도 충격적일 만큼 새로웠기에 틀림없이 기존의 휴대전화와는 근본적으로 다를 터였다. 그래서 스티브 잡스는 강렬한 한마디를 던졌다.

"오늘 애플은 휴대전화를 다시 발명합니다."

그러나 그 후 지금까지 휴대전화의 외관은 크게 달라지지 않았다. 단 1개 있던 버튼마저 사라지고 정면에는 유리 스크린이 반짝거린다. 크기가 달라진 것 외에는 딱히 변화가 없고 이보다 좀 더 크게 만들면 태블릿 PC가 된다.

어쩌면 차원 측면에서 생각해 볼 수도 있겠다. 휴대전화에 많은 변화가 있었다 치더라도 결국은 2차원 세계를 벗어나지 못했다. 2차원 세계인 휴대전화, 태블릿 PC, TV 등 서로 다른 크기의 스크린은 이미 상당히 높은 수준까지 발전했다.

돌파구는 3차원 세계에서 찾을 수 있을 것이다. 아이팟의 탐색이 형성한 새로운 비즈니스 모델이 아이폰의 탄생을 부른 것처럼 말이다. 모바일 2차원 세계에서의 비즈니스 모델과 경제 모델은 이미 완전체의 모습을 갖췄다. 이제 남은 것은 단말기의 변화뿐이다. 혁명적인 변화만이 산업 전체의 발전을 견인할 수 있다.

이제 폭죽을 터뜨릴 시간이야!

반세기 동안 기술을 축적한 끝에, 드디어 스마트폰을 대신할 새로운 단말기인 '올인원 VR 디바이스'가 탄생했다. 산업 주기로 보면, 지금은 VR과 AR 축포가 터지기 바로 직전이다[그림 7-5].

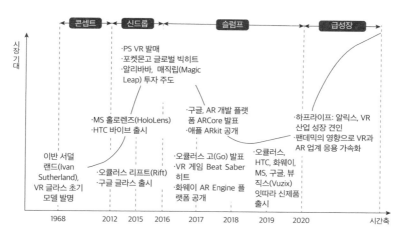

[그림 7-5] VR과 AR 산업 흐름
(출처: 동팡(東方)증권연구소)

빅테크 기업의 움직임은 산업의 흐름을 반영하곤 한다. 대표적으로 페이스북을 들 수 있다. 마크 저커버그Mark Zuckerberg는 VR, AR과 소셜 네트워크를 유기적으로 결합해 소셜 네트워크 메타버스를 구축하는 데 주력하고 있다. 2014년, 페이스북은 20억 달러로 오큘러스 VR을 인수해 VR 분야에 공식 진출했다. 2016년, 페이스북이 제시한 10년 로드맵 중, 3~5년 안으로 페이스북은 소셜 네트워크 생태계를 구축해 핵심 제품 기능을 최적화할 것이라고 했다. 10년간, 페이스북은 VR, AR, AI, 드론, 인터넷 인프라 등 신기술에 역량을 쏟아부을 계획이다.

2021년 초 기준, 페이스북에서 VR과 AR 기술 연구 개발에 참여한 직원 비율은 2017년의 1:10에서 1:5로 크게 성장했으며 VR과 AR 분야의 선도 기술에 투자를 이어가고 있다. VR과 AR 기술과 SNS에서 갖는 우위를 바탕으로 페이스북은 대형 소셜 네트워크 메타버스 플랫폼을 구축할 전망이다.

페이스북의 빈번한 투자와 인수 활동을 통해 페이스북의 야심을 엿볼 수 있다. 단말기 디바이스, 게임 콘텐츠, 유통 루트, 소셜 네트워크 등 거의 모든 분야를 아우르고 있다. 스마트폰 시장 진입 기회는 놓쳤지만 새로운 단말 디바이스의 약진으로 페이스북이 애플의 스마트폰 시장 성공 신화를 새로 쓸지도 모른다. 페이스북이 메타버스의 선도자가 될 가능성 또한 다분하다.

포스트휴먼 사회의 미래

시간은 다 어디로 가 버렸지?

국가통계국 제2차 전국 시간 이용 조사 결과에 따르면, 사람들은 하루 동안 생리적인 필수 활동에 평균 11시간 53분, 즉 하루 시간 중 49.5%를 사용했다. 유급 노동 시간은 평균 4시간 24분으로 18.3%, 무급 노동 시간은 평균 2시간 42분으로 11.3%, 자유 활동

시간은 평균 3시간 56분으로 16.4%, 학습 및 연수 시간은 평균 27분으로 1.9%, 교통수단을 이용한 이동 시간은 평균 38분으로 2.7%를 차지했다.

흥미롭게도 먹고 자고 싸는, 기본적인 생리 수요를 해결하기 위해 쓰는 시간이 하루 중 절반이나 됐다. 일하는 데 쓰는 시간도 4시간이나 됐다. 생산라인에 투입된 노동자가 업무 시간 내에 휴대전화를 사용할 수 없는 것을 제외하면, 일하고, 개인적인 자유 활동을 하고, 교통수단을 이용하고, 공부하고 연수받는 시간 내내 휴대전화를 사용할 수 있었다. 게다가 택배업처럼 업무상의 이유로 휴대전화를 사용해야 하는 직업군이 굉장히 많다. 이렇게 추산해 보면 사람들이 하루 동안 스마트폰에 쓰는 시간이 5시간 이상일 것으로 판단된다.

2020년 제45차 중국 인터넷발전상황 통계보고에 따르면 2019년 12월 기준, 휴대폰 이용자들이 주로 사용하는 각종 앱 중, 인스턴트 메신저 앱 사용 시간이 가장 길어 14.8%를 차지했다. 뒤를 이어 온라인 동영상(숏폼 영상 제외), 숏폼 영상, 온라인 오디오, 온라인 음악, 온라인 문학 앱 사용 시간이 각각 13.9%, 11.0%, 9.0%, 8.9%, 7.2%로 2위부터 6위까지를 차지했다. 숏폼 영상 응용 사용 시간은 동기 대비 2.8%나 증가해 뚜렷한 성장세를 보였다.

네티즌이 휴대전화로 각종 동영상을 시청하는 데 사용하는 시간이 전체 시간 중 3분의 1을 차지했다. 통계적으로 보아, 동영상 콘텐츠를 가상 공간과 같은 개념으로 본다면, 사람들은 이미 메타버스에 푹 빠져 헤어나지 못하고 있는 셈이다.

위에서 언급한 두 가지 통계 결과를 정리해 보면, 사람들은 날마다 최소 2시간씩 메타버스에서 생활하고 있다.

VR HMD를 착용하더라도 사람들이 메타버스에 몰입하는 시간에는 큰 차이가 없을 것이다. 이처럼 가상 세계에 장시간 몰입하는 것이 인간의 경험에 미치는 영향과 사고에 미치는 충격파는 절대 예사롭지 않다. 그런데 이 과정은 이제 겨우 시작됐을 뿐이다.

뇌-컴퓨터 인터페이스와 외골격

뇌-컴퓨터 인터페이스와 외골격 모두 사람의 능력을 직접적으로 강화하는 기술이다. 뇌-컴퓨터 인터페이스는 디지털화 기술로 대뇌의 명령을 곧바로 이해할 수 있고 외골격은 사람의 체력을 키운다.

뇌-컴퓨터 인터페이스는 '직접 신경 인터페이스DNI, Direct Neural Interface' 또는 '뇌-기계 인터페이스BMI, Brain-Machine Interface'라고도 불리는데 인간이나 동물의 뇌(또는 뇌세포 배양물)와 외부 디바이스 사이에 만들어진 직접적인 연결 통로다. 단방향 뇌-컴퓨터 인터페이스 상황에서는 컴퓨터가 뇌가 보낸 명령을 접수하거나 뇌에 신호를 발송한다(예: 주파수 재건). 그러나 신호의 발송과 접수를 동시에 수행할 수는 없다. 반면 양방향 뇌-컴퓨터 인터페이스는 뇌와 외부 디바이스 사이의 양방향 정보 교환을 허용한다.

대뇌의 측량과 분석 능력은 이미 일부 실용적인 문제를 해결할 수 있는 수준에 이르렀다. 많은 과학자가 뇌신경 활동에 의해 발생하는 전기적 신호를 대뇌피질에서 기록하는 기술을 이용한다. 이로써 실시간으로 운동피질의 복잡한 신경 신호를 포착해 외부 디바이스를 제어할 수 있다. 인공 달팽이관은 여태까지 임상 응용이 가장 많이 이루어지고 가장 성공한 뇌-컴퓨터 인터페이스다. 인공 달팽이관은 수많은 청각장애인이 청력을 회복하는 데 큰 도움이 되었다.

외골격은 사람의 체력 노동을 보조하는 데 크게 기여했다.

어떤 의미에서는 기사가 입는 금속 갑옷도 외골격이라고 부를 수 있다. 딱딱한 껍데기와 피부를 제공해 전투 중 기사의 생명을 보호하는 역할을 하기 때문이다. 우주복과 심해잠수부의 짐Jim 수트도 따지고 보면 외골격이다. 극도로 열악한 외부 조건에서 인체의 정상적인 활동을 돕기 때문이다.

메타버스의 주민은 사이보그?

사이보그(Cyborg, 인조인간)는 일종의 '컴퓨터로 제어하는 유기체'다. 다시 말해 반은 인간이고 반은 기계인 생물이다. 인류와 지능을 가진 기계가 하나로 합쳐져 둘의 장점만을 가진 사이보그가 되는 것은 현대 과학기술의 발전 목표 중 하나다.

VR과 AR 디바이스, 뇌-컴퓨터 인터페이스, 외골격 기술을 하나로 융합하면, SF 영화의 단골손님인 슈퍼영웅이 스크린에서 현실로 걸어 나온다. 영화 〈아이, 로봇I, Robot〉에서 남자주인공은 사고로 잃은 왼팔 대신 기계팔을 이식받았다[그림 7-6]. '아이언맨'도 전형적인 사이보그의 모습을 하고 있다.

인류는 인공적인 제품으로 자신의 몸을 개선해 온 역사가 있기에 사이보그는 새로운 개념이 아니다. 다만, 인공 기관은 주로 특수한

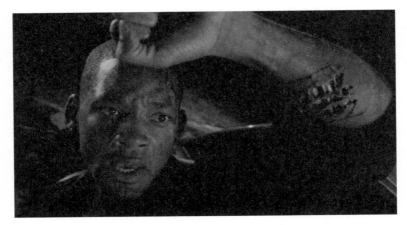

[그림 7-6] 영화 <아이, 로봇> 포스터
(출처: 영화 캡처)

신체적 결함, 질병, 부상 등을 치료하기 위한 목적에서 사용된다. 예를 들어 팔다리를 다친 사람에게 인공 신체를 이식할 수 있고 심부전이 있는 사람에게는 인공심장박동기를 삽입할 수 있다. 어쩌면 메타버스 사회의 주류는 사이보그가 될지도 모른다.

인공지능의 놀이터, 메타버스

규소생명체는 탄소생명체에 대비되는 용어다. '규소생명체'라는 개념은 19세기에 처음으로 제기됐다. 1891년, 독일 포츠담대학교의 천체물리학자였던 샤이너Julius Scheiner는 자신의 논문에서 규소를 기반으로 한 생명체의 존재 가능성에 대해 논했다. 그 후, 영국의 화학자 제임스 레이놀즈James Reynolds가 이 개념을 받아들였다. 1893년, 제임스 레이놀즈는 영국 과학진흥협회British Association for the Advancement of Science 강연에서 규소화합물의 열안정성으로 인해 규소를 기반으로 한 생명체는 고온에서도 생존할 수 있다고 밝혔다.

과학자들은 규소생명체의 존재 가능성을 화학적으로 규명하려 시도했다. 인체의 주요 구성 원소인 탄소로부터 유추해 그와 같은 족 원소인 규소를 떠올릴 수 있었다. 그러나 규소의 화학적 성질은 탄소와 매우 다르다. 규소가 내보이는 성질은 인간의 기대에 부합할 수 없었다. 유기화학을 참고해, 유기화학에 견줄만 했던 규소수소화학 체계의 시도는 실패로 끝났다. 합성 실란(Silane, 수소화 규소), 실록산Siloxane 등 물질의 파생물을 유기물에 복제한다는 것은 도저히 불가능한 일이었기 때문이다.

반면 실리콘을 정교하고 세밀하게 가공한 '칩'은 AI로 대표되는 새로운 생명체를 만들어낼 수 있다. 과학자들이 찾던 규소생명체는 '실리콘칩+AI+강철 외골격+고무 피부'로 이루어진 완전히 새로운 모습으로 등장한다. 과연 인공지능의 발전은 사람들의 기대를 저버리지 않았다. 음성식별, 자율주행 분야에서 인공지능은 이미 우리 삶을 송두리째 바꿔 버렸기 때문이다.

현재 대부분의 스마트 TV에는 음성식별 기능이 내재돼 있어 시끄러운 환경에서도 채널을 돌리거나 음량을 조정하는 등의 기본적인 조작을 할 수 있다. 음성식별 기능은 운전 중에 그 진가가 제대로 발휘된다. 운전자는 운전대를 꽉 잡은 상태에서 음성으로 내비게이션 목적지를 선택하거나 에어컨을 트는 조작을 할 수 있다. 이는 인공지능이 적용된 아주 간단한 예일 뿐이다.

미래의 메타버스에서는 AI가 주체가 되어 대규모 제조와 생산을 진행할 것이다. 메타버스 세계가 빠르게 확장돼 현실 세계의 10배, 100배까지 커졌을 때, 인간 프로그래머만으로 이 일을 다 해낼 수는 없다. 사실상 인간 프로그래머는 규칙을 제정하는 역할을 맡아 마치 '창조주'처럼 메타버스의 규칙을 정한다. 그리고 나면 AI가 '짠!' 하고 등장해 정해진 규칙에 따라 환상적인 세상을 만들어낸다.

　군대개미Army ant를 예로 들어 보자. 개미들의 행위는 매우 단순하다. 즉, 촉각을 통해 제한적인 정보를 단순하게 교환한다. 한 마리만 놓고 보면, 오르막을 오르는 군대개미 한 마리를 평면 위에 올려두면 그 개미는 죽을 때까지 쉬지 않고 이리저리 기어 다니기만 한다. 그러나 수백만 마리를 한데 모아두면 군집Community을 형성한 군대개미는 예측 불가능한 '슈퍼 생명체'가 되어 심오하다 못해 놀랍기까지 한 '집단지성'을 드러낸다. 군집은 강을 건너기 위해 '개미공'까지 만들 수 있다. 비록 '공' 바깥쪽에 있는 개미는 계속 물에 빠져 죽을 테지만 대大를 위해 소小를 희생한 군집은 안전한 곳에 이르러 다시 방대한 군집으로 거듭난다.

　단순한 규칙, 엄청난 수량으로 군집의 '지성'을 창조하는 것, 이는 AI의 특기다. 메타버스는 AI가 마음껏 뛰어놀 수 있는 최적의 놀이터가 된다.

메타버스에 올라탈 준비가 되었는가?

6장과 7장에서 플랫폼과 단말기 디바이스에 대해 알아봤다. 시장에는 플랫폼 경제를 논한 책이 넘쳐나고 VR과 AR 전문서적도 헤아릴 수 없이 많다. 굳이 이것들을 메타버스 안에서 논하는 게 특별한 의미가 있을까?

세계는 융합발전의 시기로 접어들었다. 이는 현재 시장에서 이루어지는 기술융합, 산업융합을 보면 알 수 있다. 다시 말해 뛰어난 제품 하나로 시장을 휩쓸던 시대는 이미 지났다는 말이다. 기업이 발전하려면 이미 형성된 산업 생태계에 뛰어들거나 새로운 산업 생태계를 창조해야 한다. 하나의 생태계에서, 각 기업의 기술 구조는 비슷해지고 업무와 거래는 서로 연결되며 데이터 자원을 공유한다. 우리는 함께 만들고, 함께 살아가고, 함께 이익을 얻는 규칙을 따라야 한다. 경영자가 서로 관계없는 요소들을 군집으로 파악할 수 있는가? 그 답의 여부에 따라 한 기업의 업무 경계가 결정된다.

사람들은 흔히 '산을 보면 산이라 하고, 물을 보면 물이라 한다'라는 말로 인식의 첫 번째 단계를 표현한다. 한마디로 홍멍은 홍멍, 이더리움은 이더리움, 게임은 게임이라는 말이다. 홍멍, 이더리움, 게임, VR과 AR 사이에 숨겨진 관련성을 깨닫지 못하고 다양한 기술과 분야를 따로 떼어 생각한다면 대상에 대한 인식도 첫 번째 단계에만 머무르게 된다. 여기서는 사물을 이루는 구성 요소를 인식하고 각 요소의 특징과 가치 등을 이해할 수 있다. 그러나 이러한 인식은 서로 단절되어 있고 고립되어 있으며 연관성이 결여돼 있다. 이 인식층에서 변화의 필요성조차 깨닫지 못한다면 변화의 절박성 또한 알 길이 없다.

'산을 봤는데 산이 아니고, 물을 봤는데 물이 아닌' 단계는 인식의 두 번째 층이다. 우리는 종종 사물끼리 연관이 있음을 깨닫고 전체성의 존재는 알아차리지만, 사물 사이의 특수성을 간과하곤 한다. 게임은 VR, AR과 관계가 있고 VR과 AR은 네트워크와 관계가 있고 네트워크는 5G, 6G와 관계가 있고…. 이처럼 일반적인 연계는 사물 간의 특수성과 차이를 간과한다. 만약 사물의 발전을 가로막는 제약 조건을 간과한 채 수박 겉핥기식으로 피상적인 부분만 논한다면 실제로 일을 시작할 때 어디서부터 손을 대야 할지 막막해진다. 이 단계에서는 언어의 뜻이 굉장히 모호하다. 그래서 일부 개념은 비난을 사기도 한다.

'산은 역시 산이고, 물은 역시 물'이라고 생각한다면 인식의 세 번째 단계로 진입한 것이다. 이 단계에서는 사물의 전체성을 파악하면서도 각 사물의 특수성을 분석할 수 있다. 사물들의 보편적인 관계의 본질을 파악하면서 그 관계에 존재하는 문제점까지 단박에 잡아낼 수 있는 것이다. 이 단계에 이르면 현황을 바꿀 능력도 갖추게 된다. 메타버스는 종합성, 개괄성, 구체성, 운용성을 모두 갖춘 개념으로, 이를 제대로 이해하려면 반드시 인식의 3단계에 도달해야 한다. 메타버스의 본질을 파악해야만 행동에 나설 수 있기 때문이다.

이제 책장을 덮고 생각해 보자. 메타버스에 대한 당신의 인식은 어디에 있는가? 메타버스에 올라탈 준비가 되었는가?

맺음말

새로운 세상의 탄생

뜻이 맞는 사람들이 모여 힘을 합친 끝에 이 책이 만들어졌다. 시대의 선두주자들은 우리 시대가 어디로 흘러가는지 보았다. 그래서 신속히 모여 곧바로 목표를 정하고 각자 맡을 부분을 조정하고 여러 분야의 자원을 조합했다. 그렇게 분담과 협업을 한 끝에, 단 2개월 만에 이 책을 출판할 수 있었다.

2021년 6월 8일, 공저팀과 편집팀의 1차 미팅이 있었다. 차오웨이빙喬衛兵 사장은 부임한 지 얼마 되지 않았는데도 새로운 흐름에 지대한 관심과 열정을 품고 '메타버스' 시리즈 도서를 출간할 계획을 세웠다. 당시 나는 런민人民대학교 경영대학원의 마오지예毛基業 원장과 함께 디지털 전환에 관련된 책을 집필 중이었다.

많은 업계에서 디지털화 기술을 종합적으로 응용해 새로운 조직 모델과 비즈니스 모델을 신속히 구축하는 데 그치지 않고 각종 생산 요소를 재조합해 신흥 디지털 생태계를 만드는 것을 보았다. 이처럼 분야를 가리지 않고 대대적으로 이루어지는 디지털 전환에는 새로운 산업 규칙과 경제사상이 담겨 있다. 이른바 새로운 이론이라는 것은 이런 새로운 시도 속에서 생겨났다.

그러나 '디지털 전환의 이상적 형태'가 무엇이냐는 물음에 대한 답을 찾지 못해 곤혹스러웠다. 디지털 전환의 이상적인 최종 형태를 찾아야만 각 업계도 이를 목표로 각 기업의 현황을 고려해 디지털화 발전의 길을 찾을 수 있다. 수많은 전통 산업의 디지털 전환 사례는 하나같이 DTO(Data Transfer Object, 데이터 전송 객체) 개념을 제시했다. 디지털 트윈 개념을 빌려 미래의 조직은 모두 디지털 트윈 조직이어야 한다고 했다. 디지털 세계에서 생각하고 결정하고, 현실 세계에서 실행한다. 그러나 이 개념은 독자가 쉽게 받아들이기에는 상당히 추상적이었다.

마침 이환환易歡歡이 잔뜩 흥분해서 '메타버스'에 관해 이야기하면서 자신의 위챗 애칭도 'All in 메타버스 큰 미래'라고 바꿨다. 그때, 나는 메타버스가 바로 줄곧 찾아 헤매던 디지털 전환의 이상적인 형태이며 매우 구상적이면서도 전파력 강한 개념으로 표현되었음을 깨달았다. 그래서 동료들이 쓴 각종 분석 보고서를 살펴보고 로블록스를 모델로 삼아 5G, VR과 AR, 블록체인, 게임을 종합적으로 분석해 대략적인 발전 방향을 도출했다.

2017년 『디지털생태론數字生態論』을 쓸 때부터 디지털 경제 분야에 대한 연구를 시작했다. 이 책에서 디지털 경제의 최소 단위가 디지털화된 산업 생태계이며 디지털 경제는 사실 새로운 경제체제의 대명사라고 말한 바 있다. 디지털 경제체제는 매우 거대하다. 그런데 전통 상품의 생산, 유통, 소비 등 각 부분은 모두 전통 경제학 사상과 밀접한 연관이 있고 순수하게, 디지털 경제의 매력과 특징을 완전하게 보여 줄 수 있는 시나리오가 결여돼 있었다.

그에 비해 메타버스는 완전하면서도 자치가 이루어지는 경제체제를 제공한다. 즉, 순수한 디지털 제품의 생산에서 소비에 이르는 산업 체인은 거시적 산업 체인과 비교했을 때, 경제학적 의미상의 특징은 모두 갖추고 있으면서 디지털 제품만 취급하고 물리적인 생산 과정이 없다는 점만 다르다. 이러한 특징은 디지털 경제를 연구하는 데 최적의 모델이다. 과거에 경제를 연구할 때처럼 이런저런 성립 불가능한 가설을 내놓으며 얼핏 보기에만 그럴싸한 결론을 도출할 필요가 없어졌다. 이런 연구법은 그 자체로도 문제가 심각하며 거기에서 얻은 결론이라면 더욱 말할 필요도 없다.

그러나 현실 세계는 매우 복잡다단하다. 사회학, 경제학 분야의 연구는 늘 어떠한 창조적 관점도 반박할 수 있는 반례를 찾아낼 수 있다. 생각의 진전을 막는 전통 경제학의 속박을 뿌리치려면 전통 경제학이 끼어들 수조차 없는 파격적인 사례를 찾아내야 한다. 더 중요한 것은 새로운 디지털 경제 이론에 따라 세계의 발전 방향을 예측하고 산업의 목표를 예상해 기업들이 실제로 행동에 나섰을 때 실질적인 도움을 줄 수 있어야 한다.

메타버스 경제학은 이런 특징을 모두 갖췄다. 디지털 세계에서 디지털 상품을 생산하는 동시에 디지털 세계에서만 소비한다. 과거에는 이와 같은 경제 순환 체인이 없었다. 전통 경제학의 연구 대상은 물리적 상품과 관련된 것이다. 거시경제학이든 미시경제학이든, 신자유주의 경제학이든 신제도주의 경제학이든, 메타버스 중의 경제 현상에 대해서는 모두 일언반구 말을 얹을 능력이 없다.

이런 점에서 메타버스는 디지털 경제 이론을 탄생시키고 검증할 최적의 연습장이다. 이론은 실천에서 비롯된다. 선도적인 이론은 선도적인 실천에서 비롯되고 위대한 이론은 위대한 실천에서 비롯된다. 우리처럼 산업을 연구하는 사람에게 환골탈태 수준의 철저한 산업 변혁보다 더 큰 감동과 기쁨을 주는 것이 어디 있을까?

메타버스는 단순한 경제가 아니라 '사회'이며 더욱이 M세대가 만든 포스트모던 사회다. 메타버스에는 경제 현상은 물론이고 문화 현상과 사회 현상도 있다. 국가, 민족, 지역, 시간의 경계를 초월한 이 사회는 어떤 문명을 만들어낼까? 기대감에 벌써 가슴이 두근거린다.

메타버스에서는 존재와 허무, 자아와 우주, 육체와 정신의 사변과 통일이 우리 눈앞에 고스란히 드러난다. 〈매트릭스〉는 줄곧 질문을 던진다. 인간은 가상 세계에서 계속 살아갈 수 있는가? 네오가 사람들을 이끌고 끝내 매트릭스를 파괴하는 데 성공했지만 밤이 지나고 날이 밝은 뒤의 물리적 세계가 과연 우리가 꿈꾸는 이상적인 터전일까? 적어도 인류가 물리세계에서만 살 수는 없다는 점은 모두 수긍할 것이다. 이런 문제들도 끊임없이 우리를 메타버스로 불러들여 새로운 세상을 창조하는 데 동참시킨다.

이 책은 전광석화와 같은 속도로 탄생했다. 창작 과정도 매우 '메타버스'적이었다. 과거 디지털 경제를 연구하면서 깨달은 바에 과학기술 분야의 가장 놀랄 만한 변혁을 결합해 향후 발전 방향의 윤곽을 정리했다. 한 번 언급한 바를 중복해서 설명하는 구조를 만들려했지만 종종 의도와는 다르게 진행되어 버렸다. 왕웨이王巍 이사장이 말한 것처럼 제대로 된 학술 저서와 비교하면 내놓기 민망할 정도의 졸작이다. 메타버스를 살아가는 M세대가 보면 이미 한참 늦었다. 다행히 원래 모든 우주는 완벽하지 않은 법이니 진화하면서 더 환상적인 세상을 만들 수 있을 것이다. 그러므로 이 책은 우주대폭발처럼 새로운 세상의 탄생을 알리는 시작일 뿐이다.

이 책이 출간되기까지 많은 분의 도움이 있었다. 중역출판사中譯出版社의 많은 분이 애써 주었고 중관춘 빅데이터산업연맹도 큰 힘을 보태 주었다. 허쥔和君 그룹, 원펑디지털文峰數字 관계자 여러분께도 감사드린다. 2021년 제1회 메타버스 서밋 포럼 및 신간 발표회를 준비해 준 담당자 여러분께도 감사의 인사를 전한다. 그리고 이 책의 서문을 써 주고 추천해 준 분들께도 감사드린다. 마지막으로 이 책이 나오기까지 두 달 동안 나의 부재를 이해하고 지지를 아끼지 않은 아내와 가족들에게 감사를 전한다.

메타버스는 철학자들이 명상하는 공간이 아니라
데이터화된, 네트워크화된, 지능화된 광활한 세상이며
우리가 설계하고 수정하고
운영하고 경험하고 파악할 수 있는 초현실 세계이자
우리의 생존에 관계하고, 관여하고, 창조하고,
조작할 수 있는 현실 세계이다.

주석

1) 『스노우 크래쉬』에 나오는 문장이다. "명함 뒷면에는 그의 연락처들이 너저분하게 쓰여 있었다. 전화번호, 국제음성통화 위치탐지기 코드, 사서함, 전자통신웹 사이트 주소 6개, 그리고 '메타버스' 속 주소였다."

2) 우샤오(吳嘯)의 『'메타버그'-21세기의 출애굽기("元宇宙"-21世紀的出埃及記)』 참고.

3) 출처: 제임스 카메론(James Cameron) 감독의 영화 <아바타>. 여기에서는 메타버스 속 분신을 가리키는 용어로 사용한다.

4) 표본화 과정에서 지켜야 하는 규칙으로 샘플링 정리(Sampling Theorem)라고도 한다. 표본화 정리는 표본 주파수와 신호 스펙트럼 사이의 관계를 설명하는데 연속 신호 이산화의 기본 근거다. 아날로그/디지털 신호의 전환 과정에서 표본 주파수가 신호 중 최고 주파수의 2배보다 클 때(>), 샘플링 후의 디지털 신호는 원 신호의 정보를 온전하게 재생한다. 일반적으로 실제 응용 중에는 샘플링 주파수가 최고 신호 주파수의 2.56~4배가 되게 한다.

5) 마인크래프트는 3D 1인칭 시점으로 진행되는 샌드박스 게임이다. 플레이어는 3차원 공간 내에서 다양한 종류의 블록을 자유롭게 만들고 부술 수 있으며 플레이어만의 세계를 창의적으로 구축하고 탐색할 수 있다.

6) 이 책에서 로블록스에 대한 소개는 VI 연구원의 동영상을 참고하였음. 이에 대해 사의를 표함.

7) 밀레니얼 세대(Millennial Generation)는 M세대, 또는 멀티태스킹 세대(Multitasking Generation), 멀티미디어 세대(Multimedia Generation)라고 불린다. 이 세대의 특징은 다음과 같다. 하나, 동시에 다양한 종류의 인스턴트 메신저를 사용할 수 있다. 둘, SNS와 인터넷 게임을 하는 데 대부분의 시간을 소비한다. 이런 점에서 보면, 밀레니얼 세대는 '메타버스 세대'와 쌍둥이처럼 닮았다.

8) <미미일소흔경성(微微一笑很傾城)>은 구만(顧漫)의 원작 소설을 영화로 각색한 것이다. 게임에서 만난 대학생 남녀가 현실에서도 사랑하게 된다는 판타지 로맨스 스토리다.

9) 이성적 소비자, 아니면 감성적 쇼핑중독자-'Z세대' 소비문화 분석[J]. 정신(曾昕). 교육가. 2021(23).

10) 천거레이(陳格雷). Z세대 서브컬처 서클 조사[Z/OL]. https://t.qianzhan.com/daka/detail/210325-91d9232f.html, 2021-03-25[2021-06-21].

11) 궈커왕(果壳网, guokr.com). 배우면서 때때로 놀기: 동물들의 놀이[Z/OL]. https://

www.guokr.com/article/439441/, 2014-11-11[2021-06-21].

12) 원이(文一). 위대한 중국 산업혁명-'정치경제학 발전' 일반 원리 비판 개요[M]. 베이징: 칭화대학출판사, 98쪽.

13) 궈성증권 보고서 「메타버스: 인터넷의 다음 스테이션」 참고.

14) 카이거(凱哥). 그림 한 장으로 정보화와 디지털화의 본질적인 차이 이해하기 [Z/OL]. http://cloud.tencent.com/developer/article/1576411,2020-01-17[2021-06-21].

15) 『화웨이 데이터의 길(華爲數据之道)』 7장 1단락, 172쪽에서 인용.

16) 로블록스 게임은 약간 다르다. 로블록스는 이용자가 로블록스 플랫폼에서 새로운 게임을 창조하도록 하고 있다.

17) 원이(文一). 위대한 중국 산업혁명-'정치경제학 발전' 일반 원리 비판 개요[M]. 베이징: 칭화대학출판사, 176쪽.

18) 『서유기』에서 손오공이 동해 용궁에서 훔쳐 무기로 사용한 여의봉을 말하는데, 혼란한 국면을 진정시키는 힘이 있다.

19) 메타버스 '신(新)인프라 건설'을 위한 국가발전개혁위원회(National Development and Reform Commission, 國家發展和改革委員會) 연구과제 성과를 차용했다. 런민(人民)대학교 경영대학원장 마오지예(毛基業)와 그의 학생도 이 과제에 참여했다. 여기에서는 과제의 골자는 유지하되, 비밀유지를 고려해야 하는 관계로 일부 내용을 첨삭했다.

20) 참고: 헤이샤(黑匣). 잊혀진 천재: 그는 1957년에 최초의 VR 기기를 만들었다[Z/OL]. https://www.leiphone.com/category/zhuanlan/aPQEC6l7exN5QScy.html,2016-04-11[2021-06-21].

21) 스팀은 현재 세계 최대 게임 유통 플랫폼이다.

22) 이 부분의 내용은 화웨이가 자회사의 AR 통찰과 응용 보고 백서를 참고함.

23) 아이튠즈는 미디어 플레이어 응용프로그램으로 2001년 1월 10일, 애플이 샌프란시스코 맥 월드 엑스포(Macworld Expo)에서 처음으로 소개했다. 디지털 음악과 동영상을 플레이 및 관리하는 데 쓰이며 지금까지도 애플 컴퓨터 중 가장 사랑받는 아이팟의 문서를 관리하는 주요 툴이다. 이 밖에 아이튠즈는 고객이 디지털 음악, 영화, TV 프로그램, 아이팟 게임, 각종 팟캐스트(Podcast) 및 SP레코드(standard playing record)를 다운로드 구매하기 쉽도록 아이튠즈 스토어(iTunes Store)에도 접속할 수 있다(인터넷이 연결되고 애플이 해당 지역에서 이 서비스를 실시하는 경우에 한함).

무한한 가능성을 잉태한 미래에의 관념이
미래 그 자체보다 더 중요한 것이다.
소유보다 희망에, 현실보다 꿈에 한층 더 많은 매력이 있는 것이다.

베르그송

미래를 생각지 않는다면 아무것도 가질 수 없다.

J. 골즈워드

무엇인가를 의논할 때는 과거를,
무엇인가를 누릴 때에는 현재를,
무엇인가를 할 때에는 미래를 생각하라.
A. 쥬벨

과거를 뒤돌아보지 말라. 현재를 믿으라.
그리고 씩씩하게 미래를 맞으라.
롱펠로우